ISO 9001:2015 / ISO 14001:2015 / ISO 45001:2018

质量/环境/职业健康安全一体化管理体系成套文件

经典案例

第2版

——制造业和核电厂卷

主　编　宋其玉
副主编　张丕钢　郝志杰
参　编　余修敏　黄　华　谭颖洁　徐　飞
　　　　吴怡敏　李作坤　张　婷　康红宾
审　稿　吴炳泉

国际标准化组织陆续出版的 ISO 9001：2015、ISO 14001：2015 和 ISO 45001：2018 三个新版标准，采用了统一的结构模式，提出了更高的要求，为企业建立一体化管理体系提供了新的依据。

本书为帮助企业建立更加适宜、更注重实效、更具操作性的一体化管理体系，依据三个新版标准的要求，采用新结构模式给出了两套崭新的文件化信息案例：

（1）适用于制造业的"简约管理手册"和 32 个"程序文件"。手册简明扼要、总揽全局、重点突出，程序文件全面细致、特点鲜明、相互贯通，两者结合形成了制造业一体化管理体系文件化信息的主体。

（2）适用于核电厂的"综合管理手册"。该手册考虑了核行业的特点，注重专业性、系统性、实用性，并引用了核电运营活动中形成的各类相关文件，形成了核电厂一体化管理体系文件化信息系统。

本书为一体化管理体系文件化信息的编写者提供了全新的思路，可供组织的领导者、管理者、执行者以及审核员、咨询师参考。

图书在版编目（CIP）数据

质量/环境/职业健康安全一体化管理体系成套文件经典案例. 制造业和核电厂卷/宋其玉主编. —2 版. —北京：机械工业出版社，2019.3（2023.1 重印）
ISBN 978-7-111-62189-8

Ⅰ.①质… Ⅱ.①宋… Ⅲ.①质量管理体系 – 国际标准 – 案例 – 汇编②环境管理 – 国际标准 – 案例 – 汇编③劳动卫生 – 卫生管理 – 国际标准 – 案例 – 汇编④劳动保护 – 劳动管理 – 国际标准 – 案例 – 汇编　Ⅳ.①F273.2②X92

中国版本图书馆 CIP 数据核字（2019）第 042944 号

机械工业出版社（北京市百万庄大街 22 号　邮政编码 100037）
策划编辑：李万宇　　责任编辑：李万宇
责任校对：郑　婕　　封面设计：张　静
责任印制：单爱军
北京虎彩文化传播有限公司印刷
2023 年 1 月第 2 版第 2 次印刷
184mm×260mm·25.25 印张·642 千字
标准书号：ISBN 978-7-111-62189-8
定价：98.00 元

凡购本书，如有缺页、倒页、脱页，由本社发行部调换

电话服务	网络服务
服务咨询热线：010-88361066	机 工 官 网：www.cmpbook.com
读者购书热线：010-68326294	机 工 官 博：weibo.com/cmp1952
	金 书 网：www.golden-book.com
封面无防伪标均为盗版	教育服务网：www.cmpedu.com

序

中共中央和国务院 2017 年 9 月 5 日发布的《关于开展质量提升行动的指导意见》（以下简称《指导意见》）指出："提高供给质量是供给侧结构性改革的主攻方向，全面提高产品和服务质量是提升供给体系的中心任务。"《指导意见》为我国开展质量提升行动，推动我国经济发展进入质量时代指出了明确方向。

为深入推进供给侧结构性改革和"放管服"改革，全面实施质量强国战略，贯彻落实《指导意见》，国务院 2018 年 1 月 17 日发布《关于加强质量认证体系建设促进全面质量管理的意见》（国发〔2018〕3 号）（以下简称《意见》）。《意见》对推进质量认证体系建设，强化全面质量管理，推动我国经济高质量发展做出了全面部署，指出："质量认证是市场经济条件下加强质量管理、提高市场效率的基础性制度。"《意见》要求："运用新版 ISO 9001 质量管理体系等国际先进标准、方法提升认证要求，以互联网、大数据等新技术改造传统认证模式，通过质量管理体系认证的系统性升级，带动企业质量管理的全面升级。""将质量认证工作作为实施质量强国战略、开展质量提升行动的重要举措，加大推进力度，强化督促检查，抓好试点示范，以点带面，全面提升质量管理水平，努力建设质量强国。"

国际标准化组织（以下简称"ISO"）从 1986 年开始制定并陆续发布的 ISO 9000 质量管理体系系列标准，是国际公认的先进质量管理方法。随后，ISO 从 1996 年起陆续发布了 ISO 14000 环境管理体系系列标准，并汲取了 OHSAS 18001 标准的经验，于 2018 年 3 月 12 日正式发布 ISO 45001 职业健康安全管理体系标准。多年来，ISO 根据相关管理技术的发展、市场经济的变化和相关方的需求和期望，对管理体系标准进行适时换版升级，以期日臻完善。当今，世界各国企业以 ISO 9001、ISO 14001 和 ISO 45001 管理体系标准为依据建立质量、环境和职业健康安全管理体系（以下简称"一体化管理体系"），并分别进行认证，已成为提高产品和服务质量、增强环境和职业健康安全绩效、提升管理水平的有效手段。企业获得的管理体系认证证书，是国际贸易的"通行证"，是市场经济的"信誉证"，是日常管理的"助推器"。

《指导意见》和《意见》的发布，进一步激发了我国企业贯彻实施以 ISO 9001 标准为主体的一体化管理体系建设并获得认证的积极性。

发展核电，优化能源结构，减少环境污染，促进制造业产业升级，惠及民生福祉。秦山核电（包括中核核电运行管理有限公司、秦山核电有限公司、核电秦山联营有限公司和秦山第三核电有限公司）历经 30 多年的拼搏，逐渐发展壮大，当前已有 9 台核电运行机组在安全、可靠运行，是目前中国规模最大的核电基地。秦山核电 30 万千瓦机组是中国大陆自行设计、建造的第一座核电站。它的建成发电，结束了中国大陆无核电的历史，实现了零的突破，标志着"中国核电从这里起步"，被誉为"国之光荣"，获得了"中国的脊梁——全国优秀企业 500 强"的荣誉称号。秦山核电站在运行和管理中，积极与国际接轨，采用国际通用的核电站综合性能指标要求考核核电站的运行能力,不断改善、提高安全运行水平,向世界同类核电站先进水平迈进。秦山核电站一直严格按照国际原子能机构的安全标准和国家核安全法规的要求实施管理,早在 2000 年初就引进了国际标准化组织(ISO)标准的管理方法,并于 2007 年实施了环境管理体系的认证,2014 年实施了质量、环境和职业健康安全管理体系一体化认证。秦山核电的发展得益于一体化管理体系的建立、实施、保持和改进,得益于一体化管理体系认证活动的监督,也得益于众多制造业企业等协作方的支持。

《质量/环境/职业健康安全一体化管理体系成套文件经典案例(第 2 版)——制造业和核电厂卷》(以下简称《案例》)的编写参考了秦山核电一体化管理体系文件的相关内容,汲取了国内外企业的成熟经验,并得到相关专家的指导和帮助。我们相信,《案例》的出版,一定能助力我国制造业和核电厂一体化管理体系有效性的提升,促进我国制造业和核电厂质量、环境和职业健康安全管理的全面升级。

中核核电运行管理有限公司
副总经理

前　言

ISO 9001：2015《质量管理体系　要求》、ISO 14001：2015《环境管理体系　要求及使用指南》和 ISO 45001：2018《职业健康安全管理体系　要求及使用指南》三个新版标准已由国际标准化组织先后陆续出版。三个新版标准与之前的相关版本相比，变化巨大，具有"里程碑"式的意义，对各企业建立、实施、保持和改进一体化管理体系提出了更高的新要求：

第一，关注所处环境，兼顾内外部因素的影响；

第二，立足市场经济，考虑相关方的需求和期望；

第三，着眼战略格局，体现战略层面与战术层面的结合；

第四，基于风险思维，强调风险的应对和机遇的把握；

第五，融入业务活动，通过过程控制获得预期结果；

第六，注重应用效果，强调体系的灵活性、适用性和实效性。

同时，三个新版标准采用了统一的结构模式，为企业建立一体化管理体系也带来了更大的便利。

各企业在运用新版标准建立以及今后进一步优化一体化管理体系文件化信息时，需要寻求更加适宜、更注重实效、更具操作性的形式。为此，本《质量/环境/职业健康安全一体化管理体系成套文件经典案例（第2版）——制造业和核电厂卷》（以下简称《案例》）的出版，提供了新版标准一体化管理体系文件化信息的两套完整的参考资料，并在附件中就核电企业"六位一体"整合管理体系建设进行了初步探讨。

（1）第一篇《新模式质量/环境/职业健康安全一体化管理体系成套文件化信息案例（制造业卷）》（以下简称《新模式案例》）：依据三个新版管理体系标准的要求，采用一种新模式，给出了一套崭新的文件化信息结构。《新模式案例》包括了两个部分：一是总揽全局、简明扼要、突出重点的《简约管理手册》；二是内容全面、特点鲜明、相互贯通、浑然一体的32个程序文件。《新模式案例》为一体化管理体系文件化信息的编写者提供了全新的思路，为各企业的领导者、管理者、执行者以及审核人员在实际工作中提供了新的有益借鉴。

《新模式案例》的主要特点是：文件化信息结构新颖，提供了简约式管理手册（俗称"小手册"）和32个详尽的程序文件（俗称"大程序"），内容全面丰富，适用于制造业的科研、生产和服务企业。

（2）第二篇《核电厂质量、环境和职业健康安全综合管理手册案例（核电厂卷）》（以下简称《核电手册案例》）：依据三个新版管理体系标准的要求，参照了 HAF 003—1991《核电厂质量保证安全规定》、EJ/T 9001—2014《核工业质量管理体系要求》和 GJB 9001C—2017《质量管理体系要求》的相关内容，并考虑了核行业的特点，引用了核电厂或核行业企业已经编写的适用管理文件和程序文件。《核电手册案例》只给出了《综合管理手册》，该手册注重专业性、系统性、实用性和可操作性，适用于我国核电厂和核行业的制造、科研和施工等企业。该手册的编写参考了秦山核电站（包括中核核电运行管理有限公司、秦山核电有限公司、核电秦山联营有限公司、秦山第三核电有限公司）现行实用管理手册的相关内容。

《核电手册案例》的主要特点是：提供了内容详尽、专业性较强的综合式管理手册（俗称"大手册"），引用了本企业已有的管理文件和程序文件（这些程序文件的编写，也可以参考第一篇的 32 个程序文件），适用于核电厂及核行业的科研、生产和服务企业。

（3）附件《核电企业"六位一体"整合管理体系探讨》：基于"标准化"战略观点，为推动秦山核电各公司管理体系建设的改革，对建立"六位一体"整合管理体系进行了初步探讨，以期与各同行企业交流经验并得到指导。

两套资料提供了两种各具特色的一体化管理体系文件化信息的典型模式，期望为我国企业一体化管理"工具箱"增添可选择的新工具。各企业在建立或修订新版一体化管理体系文件化信息时，可将其作为借鉴和参考。我们相信，《案例》的出版一定能促进各企业一体化管理体系有效性的提升，促进我国管理体系认证事业的发展。

没有统一的管理体系结构或文件形式，使用者切忌照抄照搬，应结合本企业的实际情况进一步充实和完善，使其更具适宜性、充分性和可操作性，以融入企业的核心业务活动。两套资料在内容和形式上都做了大胆尝试，在编写过程中，汲取了国内外的先进经验，参考了某些出版物的观点，特别是得到了中核核电运行管理有限公司和兴原认证中心有限公司的帮助，在此一并表示诚挚的谢意。

不足之处在所难免，编者对任何指正或建议都不胜感激！

主编　宋其玉

目 录

序
前言
第一篇　新模式质量/环境/职业健康安全一体化管理体系成套文件化信息案例
　　　　（制造业卷） ·· 1
　　第一章　简约管理手册 ··· 2
　　　　1　目的和范围 ··· 8
　　　　　　1.1　目的 ·· 8
　　　　　　1.2　范围 ·· 8
　　　　2　规范性引用文件 ·· 9
　　　　　　2.1　依据标准 ·· 9
　　　　　　2.2　参照标准或法规 ·· 9
　　　　3　术语、定义和缩略语 ·· 10
　　　　　　3.1　术语及定义 ·· 10
　　　　　　3.2　缩略语 ·· 10
　　　　4　公司简介 ··· 12
　　　　5　企业文化和政策声明 ·· 13
　　　　　　5.1　企业宗旨和战略方向 ··· 13
　　　　　　5.2　企业文化 ·· 13
　　　　　　5.3　政策声明 ·· 13
　　　　　　5.4　战略目标和年度目标 ··· 14
　　　　6　组织结构 ··· 15
　　　　　　6.1　公司组织结构图 ··· 15
　　　　　　6.2　组织结构说明 ·· 15
　　　　　　6.3　管理者代表任命书 ··· 16
　　　　　　6.4　职业健康安全事务代表任命书 ··· 16
　　　　7　公司领导层和各部门职责 ··· 18
　　　　　　7.1　公司领导层职责 ··· 18
　　　　　　7.2　各部门职责 ·· 19
　　　　8　管理体系过程框架图 ·· 22
　　　　9　产品或服务及工艺（服务）流程图 ·· 23
　　　　　　9.1　公司和服务产品介绍 ··· 23
　　　　　　9.2　工艺（或服务）流程图 ··· 23
　　　　10　管理体系文件化信息架构图 ··· 24
　　　　　　10.1　文件化信息层次 ··· 24
　　　　　　10.2　文件化的信息说明 ··· 24

11	程序文件和职责对照表	25
12	简约管理手册控制	27
12.1	手册标识和受控状态	27
12.2	编写、审批和发放	27
12.3	更改和修订	27
12.4	使用	27
12.5	管理与解释	28

附录A 公司所在区域示意图 … 29
附录B 公司平面示意图 … 30
附录C 公司管网布置图 … 31
附录D 综合管理手册修订记录 … 32

第二章 程序文件汇编 … 33

1	经营环境管理程序（B4.0-01）	37
2	相关方需求和期望管理程序（B4.0-02）	41
3	工作人员的协商和参与管理程序（B5.0-01）	45
4	风险与机遇管理程序（B6.0-01）	49
5	环境因素管理程序（B6.0-02）	53
6	危险源辨识和风险机遇评价管理程序（B6.0-03）	61
7	合规义务管理程序（B6.0-04）	75
8	目标及其实现的策划程序（B6.0-05）	79
9	基础设施管理程序（B7.0-01）	83
10	过程运行环境管理程序（B7.0-02）	89
11	监视和测量资源管理程序（B7.0-03）	95
12	组织知识管理程序（B7.0-04）	99
13	人力资源管理程序（B7.0-05）	103
14	沟通和交流管理程序（B7.0-06）	109
15	文件化信息管理程序（B7.0-07）	113
16	产品和服务实现过程的策划和控制管理程序（B8.0-01）	119
17	产品和服务要求管理程序（B8.0-02）	125
18	设计和开发管理程序（B8.0-03）	129
19	采购控制管理程序（B8.0-04）	143
20	生产和服务提供管理程序（B8.0-05）	149
21	产品和服务的放行管理程序（B8.0-06）	157
22	不合格输出的控制管理程序（B8.0-07）	163
23	环境和职业健康安全运行过程的策划和控制管理程序（B8.0-08）	167
24	应急准备和响应管理程序（B8.0-09）	177
25	顾客和相关满意评价程序（B9.0-01）	183
26	环境和职业健康安全绩效监测与评价管理程序（B9.0-02）	187
27	合规性评价程序（B9.0-03）	193
28	数据和信息分析与评价程序（B9.0-04）	199

29	内部审核程序（B9.0-05）	203
30	管理评审程序（B9.0-06）	209
31	事件（事故）报告、调查和处理程序（B10.0-01）	215
32	改进、不符合和纠正措施控制程序（B10.0-02）	223

第二篇 核电厂质量、环境和职业健康安全综合管理手册案例（核电厂卷） …… 235
第三章 综合管理手册 …… 236

- 0.1 发布令 …… 242
- 0.2 公司概况 …… 243
- 0.3 公司组织结构 …… 244
- 0.4 管理者代表任命书 …… 245
- 0.5 职业健康安全事务代表任命书 …… 246
- 0.6 企业文化及综合方针和目标 …… 247
- 0.7 综合手册管理 …… 249
- 1 目的 …… 250
- 2 依据/参考/引用文件 …… 251
- 3 术语、定义和缩略语 …… 252
- 4 组织所处的环境 …… 258
  - 4.1 理解组织及其所处的环境 …… 258
  - 4.2 理解员工及其他相关方的需求和期望 …… 260
  - 4.3 确定一体化管理体系的范围 …… 262
  - 4.4 管理体系及其过程 …… 263
- 5 领导作用与工作人员参与 …… 264
  - 5.1 领导作用和承诺 …… 264
  - 5.2 综合方针 …… 266
  - 5.3 公司岗位、职责和权限 …… 267
  - 5.4 工作人员的协商和参与 …… 269
- 6 策划 …… 271
  - 6.1 应对风险和机遇的措施 …… 271
    - 6.1.1 应对风险和机遇措施的策划 …… 271
    - 6.1.2 环境因素 …… 273
    - 6.1.3 危险源辨识和风险机遇的评价 …… 275
    - 6.1.4 合规义务 …… 277
    - 6.1.5 环境和职业健康安全管理措施的策划 …… 279
  - 6.2 综合目标及其实现的策划 …… 281
  - 6.3 变更的策划 …… 283
- 7 支持 …… 284
  - 7.1 资源 …… 284
    - 7.1.1 （资源）总则 …… 284
    - 7.1.2 人员 …… 284

  7.1.3 基础设施 …… 285
  7.1.4 过程运行环境 …… 288
  7.1.5 监视和测量资源 …… 290
  7.1.6 组织的知识 …… 292
 7.2 能力 …… 294
 7.3 意识 …… 297
 7.4 沟通和交流 …… 299
 7.5 文件化信息 …… 301

8 核电营运 …… 306
 8.1 核电营运的策划和控制 …… 306
 8.2 产品和服务要求 …… 309
 8.3 产品和服务的设计和开发 …… 312
 8.4 外部提供的过程、产品和服务的控制 …… 318
 8.5 生产和服务提供 …… 324
  8.5.1 核电运行和服务提供的控制 …… 324
  8.5.2 标识和可追溯性 …… 327
  8.5.3 顾客或外部供方的财产 …… 329
  8.5.4 防护 …… 330
  8.5.5 交付后活动 …… 332
  8.5.6 更改控制 …… 334
 8.6 产品和服务的放行 …… 336
 8.7 不合格输出的控制 …… 338
 8.8 环境管理运行策划和控制 …… 343
 8.9 职业健康安全管理运行策划和控制 …… 346
 8.10 环境和职业健康安全应急准备和响应 …… 350

9 绩效评价 …… 352
 9.1 监视、测量、分析和评价 …… 352
  9.1.1 （绩效监测）总则 …… 352
  9.1.2 顾客和相关方满意度 …… 354
  9.1.3 分析与评价 …… 356
  9.1.4 合规性评价 …… 358
 9.2 内部审核 …… 360
 9.3 管理评审 …… 362

10 改进 …… 365
 10.1 （改进）总要求 …… 365
 10.2 事件（事故）、不符合和纠正措施 …… 366
 10.3 持续改进 …… 371

附录 A 公司所在区域平面示意图 …… 372
附录 B 公司平面示意图 …… 372

附录C 公司管网布置图 ·· 372
附录D 引用公司文件清单（规范性附录） ·· 373
附录E 综合管理手册修订记录（规范性附录） ·· 383
附件：核电企业"六位一体"整合管理体系探讨 ··· 384
参考文献 ··· 392

第一篇

新模式质量/环境/职业健康安全一体化管理体系

成套文件化信息案例
（制造业卷）

第一章

简约管理手册

文件编号	LT/QEH-01
版　本	Ⅱ版
发放编号	第×××号
受控状态	□是　　□否

蓝天麒玉实业有限公司
质量/环境/职业健康安全

简约管理手册
（制造业卷）

编制：_____　　日 期：_____

审核：_____　　日 期：_____

批准：_____　　日 期：_____

201×年××月××日发布　　　　　　　201×年××月××日实施

蓝天麒玉实业有限公司 简约管理手册 发布令	版本/状态	Ⅱ/0
	章节页次/总页	1/1
	手册页次/总页	1/28

发布令

  公司为确保产品和服务质量、环境和职业健康安全活动满足顾客和相关方的需求和合规义务的要求，依据 ISO 9001：2015《质量管理体系　要求》、ISO 14001：2015《环境管理体系　要求及使用指南》和 ISO 45001：2018《职业健康安全管理体系　要求及使用指南》三个标准，结合公司实际情况和产品和服务的特点，建立质量/环境/职业健康安全一体化管理体系（以下简称"一体化管理体系"），编制《质量/环境/职业健康安全简约管理手册》（以下简称《简约管理手册》或手册），现予发布，并予201×年××月××日实施。

  《简约管理手册》对一体化管理体系的过程顺序和相互作用进行了宏观描述，是质量、环境、职业健康安全管理的大纲和法规性文件，是指导公司建立、实施、保持和改进一体化管理体系的纲领和行动准则，也是公司对遵守适用合规义务、保证顾客/相关方权益、保护环境、维护员工健康与安全并持续改进绩效的承诺。

  公司各部门和全体员工须认真学习，严格遵照执行。

总经理：×××

201×年××月××日

蓝天麒玉实业有限公司 简约管理手册 目录	版本/状态	Ⅱ/0
	章节页次/总页	1/2
	手册页次/总页	2/28

目　录

章　次	章节名称	手册页次
1	目的和范围 1.1　目的 1.2　范围	4
2	规范性引用文件 2.1　依据标准 2.2　参照标准或法规	5
3	术语、定义和缩略语 3.1　术语及定义 3.2　缩略语	6-7
4	公司简介	8
5	企业文化和政策声明 5.1　企业宗旨和战略方向 5.2　企业文化 5.3　政策声明 5.4　战略目标和年度目标	9-10
6	组织结构 6.1　公司组织结构图 6.2　组织结构说明 6.3　管理者代表任命书 6.4　职业健康安全事务代表任命书	11-13
7	公司领导层和各部门职责 7.1　公司领导层职责 7.2　各部门职责	14-17
8	管理体系过程框架图	18
9	产品或服务及工艺（服务）流程图 9.1　公司和服务产品介绍 9.2　工艺（或服务）流程图	19
10	管理体系文件化信息架构图 10.1　文件化信息层次 10.2　文件化的信息说明	20

蓝天麒玉实业有限公司 简约管理手册 目　录	版本/状态	Ⅱ/0
	章节页次/总页	2/2
	手册页次/总页	3/28

章　次	章节名称	手册页次
11	程序文件和职责对照表	21-22
12	简约管理手册控制 　12.1　手册标识和受控状态 　12.2　编写、审批和发放 　12.3　更改和修订 　12.4　使用 　12.5　管理与解释	23-24
附录A	公司所在区域示意图	25
附录B	公司平面示意图	26
附录C	公司管网布置图	27
附录D	综合管理手册修订记录	28

蓝天麒玉实业有限公司 简约管理手册 1 目的和范围	版本/状态	Ⅱ/0
	章节页次/总页	1/1
	手册页次/总页	4/28

1.1 目的

公司依据 ISO 9001：2015《质量管理体系 要求》、ISO 14001：2015《环境管理体系 要求及使用指南》和 ISO 45001：2018《职业健康安全管理体系 要求及使用指南》，为建立一体化管理体系编制了本《简约管理手册》，旨在：

（1）稳定提供满足顾客要求及符合适用法律法规和其他要求的产品和服务的能力，并通过体系的有效应用增强顾客和相关方满意度。

（2）提升公司环境绩效，实现符合适用法律法规和其他要求的环境管理的预期结果，为保护环境、公司自身和相关方带来价值，从而为"经济发展、社会发展和环境保护"的可持续性做出贡献。

（3）向员工和为公司工作的人员提供符合适用法律法规和其他要求的健康安全的工作条件，并主动改进职业健康安全绩效，以预防与工作相关的伤害和健康损害。

本手册以七项原则（以顾客为关注焦点、领导作用、全员积极参与、过程方法、改进、循证决策和关系管理）为基础，依据适用的合规义务（法律法规和其他要求），结合公司实际情况以及产品和服务的特点，宏观描述了一体化管理体系，并确定其文件化信息的结构，通过进一步实施、保持和改进，确保其适宜性、充分性和有效性。

1.2 范围

本公司确定了以下一体化质量/环境/职业健康安全管理体系范围：

（1）××××（产品或服务）的设计、开发、生产和服务，及其质量、环境和职业健康安全相关活动。

（2）主要外包过程包括：部分结构件的加工、焊接、涂装，压力容器封头压制以及部分运输、理化试验和监视测量设备的校准（检定）等过程的委托服务。

（3）三个依据标准（ISO 9001：2015、ISO 14001：2015 和 ISO 45001：2018）中的要素均适用，无不适用条款。

（4）公司所在地址为"××省/市××县/区××××路××××号院"。

（5）包括"第六章 组织结构"中所示的公司管理人员和岗位（部门）。

注：（如有时）各分场所的情况（地址、与总部距离及相关业务活动）。

蓝天麒玉实业有限公司	版本/状态	Ⅱ/0
简约管理手册 2 规范性引用文件	章节页次/总页	1/1
	手册页次/总页	5/28

下列文件对于本《简约管理手册》的应用是必不可少的。凡是注日期的引用文件，仅注日期的版本适用于本手册。凡是不注日期的引用文件，其最新版本（包括所有的修改单）适用于本手册。

2.1 依据标准

公司依据如下三个标准建立一体化管理体系：
（1）ISO 9001：2015《质量管理体系 要求》。
（2）ISO 14001：2015《环境管理体系 要求及使用指南》。
（3）ISO 45001：2018《职业健康安全管理体系 要求及使用指南》。

2.2 参照标准或法规

公司在建立一体化管理体系时，同时参照了如下标准或法规：

注：可针对行业特点在《简约管理手册》中明确参照的主要管理标准或行业法规/规范。

（1）EJ/T 9001—2014《核工业质量管理体系要求》。
（2）HAF 003—1991《核电厂质量保证安全规定》。
（3）GJB 9001C—2017《质量管理体系要求》。

3 术语、定义和缩略语

3.1 术语及定义

本《简约管理手册》及其相关体系文件中采用了 ISO 9000：2015《质量管理体系 基础和术语》以及 ISO 14001：2015《环境管理体系 要求及使用指南》和 ISO 45001：2018《职业健康安全管理体系 要求及使用指南》标准中的术语和定义。

3.2 缩略语

本《简约管理手册》及其相关体系文件中使用了如下缩略语。

（1）部门：泛指公司设置的各管理部门和执行部门。

（2）管理部门：指公司设置的具有管理职能的部门，如各部和办公室、综合管理部、财务部、工会等。

（3）执行部门：指公司管理部门下设置的生产或辅助部门，如车间、计量化验室、各库房、文件档案室等。

（4）三个依据标准：特指 ISO 9001：2015《质量管理体系 要求》、ISO 14001：2015《环境管理体系 要求及使用指南》和 ISO 45001：2018《职业健康安全管理体系 要求及使用指南》标准。

（5）一体化管理体系：指质量、环境和职业健康安全三位一体的管理体系。

（6）简约管理手册：宏观规定公司管理体系的文件，也可简称"手册"或"本手册"。

（7）文件：三个依据标准中"保持形成文件的信息（成文信息）"，本公司称为"文件"。

（8）记录：三个依据标准中"保留形成文件的信息（成文信息）"，本公司称为"记录"。

（9）程序文件：三个依据标准中要求将某一过程"保持形成文件的信息（成文信息）"以支持该过程的运行，或根据公司的需要对某一过程建立的形成文件的信息（成文信息）。

（10）"三同时"制度：

① 环境保护"三同时"：我国 2015 年 1 月 1 日施行的《环境保护法》第 41 条规定："建设项目中防治污染的设施，应当与主体工程同时设计、同时施工、同时投产使用。防治污染的设施应当符合经批准的环境影响评价文件的要求，不得擅自拆除或者闲置。"

② 安全生产"三同时"：我国《劳动法》第六章第五十三条明确要求："劳动安全卫生设施必须符合国家规定的标准。新建、改建、扩建工程的劳动安全卫生设施必须与主体工程同时设计、同时施工、同时投入生产和使用。"我国《安全生产法》第二十八条规定："生产经营单位新建、改建、扩建工程项目的安全设施，必须与主体工程同时设计、同时施工、同时投入生产和使用，安全设施投资应当纳入建设项目概算。"根据

蓝天麒玉实业有限公司	版本/状态	Ⅱ/0
简约管理手册 3 术语、定义和缩略语	章节页次/总页	2/2
	手册页次/总页	7/28

我国《职业病防治法》第十六条规定:"建设项目的职业病防护设施所需要费用应当纳入建设项目工程预算,并与主体工程同时设计、同时施工、同时投入生产和使用。"

(11)"五不放过"原则:2004年02月17日国务院办公厅文件《关于加强安全工作的紧急通知》(国办发〔2004〕7号)提出"四不放过":即"对责任不落实,发生重特大事故的,要严格按照事故原因未查清不放过、责任人员未处理不放过、整改措施未落实不放过、有关人员未受到教育不放过"的"四不放过"原则;2001年04月21日《国务院关于特大安全事故行政责任追究的规定》(国务院令第302号),提出"严肃追究有关领导和责任人的责任"。一般将其综合为国家对发生事故后共同遵守的"五不放过"原则,其具体内容是:

① 事故原因未查清不放过。
② 责任人员未处理不放过。
③ 责任人和群众未受教育不放过。
④ 整改措施未落实不放过。
⑤ 事故责任人未处理不放过。

蓝天麒玉实业有限公司 简约管理手册 4 公司简介	版本/状态	Ⅱ/0
	章节页次/总页	1/1
	手册页次/总页	8/28

公司简介

（略）

通信地址：　　　　　　　　邮编：
电　　话：　　　　　　　　传真：
电子信箱：　　　　　　　　网址：

蓝天麒玉实业有限公司 简约管理手册 5 企业文化和政策声明	版本/状态	Ⅱ/0
	章节页次/总页	1/2
	手册页次/总页	9/28

5.1 企业宗旨和战略方向

5.1.1 企业宗旨
（略）

5.1.2 战略方向
（略）

5.2 企业文化

5.2.1 企业愿景
（略）

5.2.2 企业使命
（略）

5.2.3 企业理念
（略）

5.2.4 企业价值观
（略）

5.3 政策声明

5.3.1 综合管理方针
立足创新发展，满足社会需求；
实施名牌战略，提高质量水平；
务求节能减排，力行以人为本；
遵守法律法规，实现持续改进。

5.3.2 方针内涵阐述
（1）立足创新发展，满足社会需求：坚持科学发展观，以科技创新为龙头，秉持顾客与相关方满意、员工自豪、社会认可的宗旨。

（2）实施名牌战略，提高质量水平：实施全面控制，打造行业精品，实施全方位服务，让用户使用放心产品。

（3）务求节能减排，力行以人为本：保护环境，确保污染预防，避免或减少污染物的排放，合理有效使用能源和自然资源，加强劳动保护，关注员工权益，杜绝重大安全事故及职业病患的发生。

（4）遵守法律法规，实现持续改进：遵循法律法规要求，做遵纪守法的模范，坚持预防为主，实施文明管理和生产，防患于未然，实现综合绩效的提升。

蓝天麒玉实业有限公司 简约管理手册 5 企业文化和政策声明	版本/状态	Ⅱ/0
	章节页次/总页	2/2
	手册页次/总页	10/28

5.4 战略目标和年度目标

5.4.1 战略目标

（1）增加产品合格率，减少质量损失率。
（2）环保设施正常运行，各类污染物排放符合相关国家、行业、地区标准。
（3）节约能源和资源，单位产品消耗指标逐年下降。
（4）减少职业伤害，杜绝重大人身伤害和死亡事故。
（5）改善作业场所条件，保证职业工作人员健康，降低职业病发生率。
（6）提高顾客和相关方满意度。

5.4.2 年度目标

依据战略目标按照《目标及其实现的策划程序》的规定，每年建立《年度质量/环境职业健康安全目标》，该目标需：

（1）与综合管理方针保持一致，包括其相关承诺。
（2）可行时，是可测量的，并分解到各部门或岗位。
（3）实施年终考核。

蓝天麒玉实业有限公司	版本/状态	Ⅱ/0
简约管理手册	章节页次/总页	1/3
6 组织结构	手册页次/总页	11/28

6.1 公司组织结构图

公司组织结构如图1所示。

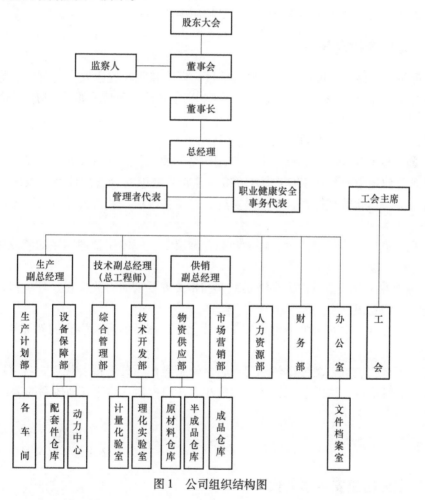

图1 公司组织结构图

6.2 组织结构说明

（1）公司最高管理者（也称"领导层"）由总经理、各副总经理、总工程师和工会主席等组成，公司经营业务由总经理全权负责。

（2）公司由办公室（下设文件档案室）、综合管理部、生产计划部（下设各车间）、设备保障部（下设动力中心、配套件仓库）、技术开发部（下设计量化验室、理化实验室）、物资供应部（下设原材料仓库、半成品仓库）、市场营销部（下设成品仓库）、人力资源部、财务部、工会等十个部门组成。

· 15 ·

(3) 车间分为下料、机加、冲压、热处理、电镀、铆焊、装配、组装（含试验台）、包装等九个车间。

(4) 公司建立了完整的工会组织，由工会主席主持负责工会委员会的职责。

(5) 其他党群机构未包括在公司组织结构图中。

6.3 管理者代表任命书

为全面贯彻一体化管理体系，加强对质量、环境和职业健康安全管理的领导，按照领导层的分工，特任命×××副总经理为我公司质量、环境和职业健康安全管理者代表。

兹授权公司管理者代表如下职责和权限：

(1) 确保按 ISO 9001：2015《质量管理体系　要求》、ISO 14001：2015《环境管理体系　要求及使用指南》和 ISO 45001：2018《职业健康安全管理体系　要求及使用指南》标准建立一体化管理体系，并加以实施、保持和改进，并将公司核心业务融入管理体系之中。

(2) 向最高管理者报告质量、环境和职业健康安全一体化管理体系的绩效和所有改进需求。

(3) 确保在全公司范围内提高满足顾客和相关方要求的有关质量、环境保护及职业健康安全方面的意识。

(4) 负责质量、环境和职业健康安全一体化管理体系的有关事宜的外部沟通、协调和联络。

公司管理者代表可委派公司各部门一名主管领导作为分管理者代表。各部门的分管理者代表经我批准后，协助公司管理者代表在本部门推动一体化管理体系的运行。

总经理：×××
201×年××月××日

6.4 职业健康安全事务代表任命书

经公司工会委员会推荐，我任命×××为公司职业健康安全事务代表。

职业健康安全事务代表在公司职业健康安全管理体系中代表员工履行以下职责：

(1) 参与公司发展战略和资源配置等重大问题的协商讨论与审查。

(2) 参与商讨影响公司内工作、办公场所职业健康安全的任何变化，收集和反映员工关于职业健康安全事务的意见，享有代表权。

(3) 组织员工参与职业健康安全管理方针和目标的制订。

(4) 组织员工参与危险源辨识、风险评价和确定控制措施。

蓝天麒玉实业有限公司	版本/状态	Ⅱ/0
简约管理手册 6　组织结构	章节页次/总页	3/3
	手册页次/总页	13/28

（5）组织员工参与职业健康安全管理方案和运行准则的实施以及适用法律法规和其他要求遵守情况的监督与检查。

（6）组织员工参与事故、事件和职业病的调查与处理。

公司职业健康安全事务代表可委派公司各部门一名管理人员作为员工代表。员工代表可由各部门与其基层工会协商确定，经我批准后协助职业健康安全事务代表在本部门推动职业健康安全管理体系的运行。

总经理：×××

201×年××月××日

蓝天麒玉实业有限公司 简约管理手册 7 公司领导层和各部门职责	版本/状态	Ⅱ/0
	章节页次/总页	1/4
	手册页次/总页	14/28

7.1 公司领导层职责

7.1.1 总经理

（1）贯彻执行与公司有关的法律法规和其他要求，对公司的产品/服务质量及环境和职业健康安全绩效管理负全责，并承担最终责任。

（2）全面领导公司的日常工作，任命管理者代表和职业健康安全事务代表。

（3）组织制定并批准公司质量、环境、职业健康安全综合管理方针、目标、指标和公司级管理方案，批准公司重大措施计划。

（4）批准颁布《简约管理手册》，并落实各级责任制，确保一体化管理体系运行所必要的资源配备和资金支持。

（5）确保公司内各级人员有越级反映体系运行中问题的权力。

（6）主持管理评审。

（7）分管人力资源部、财务部和办公室的工作。

7.1.2 各副总经理

（1）在总经理的领导下，各副总经理按分工主持分管相关部门的工作，并向领导层报告与分管部门相关的工作情况和改进建议。

（2）策划、组织、指导、协调、监督和检查其分管部门的质量、环境和职业健康安全活动，对其分管部门工作中发生的问题进行纠正。

（3）组织制定、修订分管部门的质量、环境和职业健康安全规章制度，并组织实施、检查、解决运行中发生的问题。

（4）协助公司其他领导在分管部门内开展相关工作，并就有关问题与其进行协商沟通。

（5）落实分管部门重大事故隐患的整改工作，在紧急情况下有权停止工作、生产并组织进行处理。

7.1.3 总工程师

（1）组织制定公司中、长期科研与技术发展规划、年度科研计划，对产品质量以及环境、职业健康安全绩效负技术方面的责任。

（2）负责产品设计和工艺开发过程的策划，组织相关部门或人员在设计过程中开展评审、验证、确认活动，领导解决关键性的技术问题。

（3）组织对重大技术以及新技术、新器材和新工艺的使用进行论证，充分考虑其在质量、环境、职业健康安全方面的风险并在技术上做出结论。

（4）分管技术开发部和综合管理部的工作。

7.1.4 管理者代表

（1）确保质量、环境、职业健康安全一体化管理体系的建立、实施和保持，主持公司管理体系的策划工作。

（2）向管理层报告质量、环境、职业健康安全管理体系的绩效和运行情况并提出改进建议。

（3）确保在全公司范围内提高全员的满足顾客和相关方要求的与质量、环境保护及职业健康安全方面的相关意识。

（4）审核简约管理手册，批准程序文件。

（5）审批目标、指标和公司级管理方案，批准重要环境因素、重大风险清单，批准公司一般改进措施计划，组织管理评审工作。

（6）负责一体化管理体系的有关事宜的外部的沟通、协调和联络。

（7）主持重大事故的调查分析和处理。

（8）批准内部审核计划，主持内部审核，任命审核组长。

（9）组织管理评审。

7.1.5 职业健康安全事务代表

职业健康安全事务代表的职责在其任命书中已明确。

7.2 各部门职责

7.2.1 办公室

（1）负责公司行政事务（包括公文收发、车辆、消防、保卫、生活）的管理。

（2）负责公司文秘档案、会议组织工作，归口一体化管理体系记录的管理。

（3）负责公司外来文件以及法律法规和其他要求的归口管理。

（4）负责公司信息交流和内外部沟通的归口管理，并与相关方进行重大问题的交流。

（5）负责公司固定资产、办公和生活场所设施和设备的管理。

（6）负责公司办公和生活场所的工作环境的归口管理。

（7）负责本部门与一体化管理体系相关事宜的处理。

7.2.2 综合管理部

（1）负责归口公司一体化管理体系的总体策划和统筹执行。

（2）负责公司一体化管理体系中管理文件（包括手册、程序文件和规章制度）的归口管理。

（3）负责公司目标、指标和方案的归口管理。

（4）负责公司监视和测量设备的归口管理。

（5）负责公司环境和职业健康安全运行控制、应急准备和相应的归口管理。

（6）负责公司监视和测量活动（过程、产品和绩效的监视和测量）的归口管理。

（7）负责公司不合格品、事件和不符合的归口管理。

（8）负责公司统计技术的应用和数据分析的归口管理。

蓝天麒玉实业有限公司 简约管理手册 7 公司领导层和各部门职责	版本/状态	Ⅱ/0
	章节页次/总页	3/4
	手册页次/总页	16/28

（9）负责公司持续改进、纠正和预防措施的归口管理。
（10）负责公司内部审核和管理评审的组织工作。
（11）负责本部门与一体化管理体系相关事宜的处理。

7.2.3　生产计划部
（1）负责公司产品实现策划的归口管理。
（2）负责公司生产计划的制定，并适时制定相关质量计划。
（3）负责公司生产和服务提供（生产和服务提供的控制、过程的确认、标识和可追溯性、顾客产品的保护和维护、产品防护）的归口管理。
（4）负责本部门和生产车间环境和职业健康安全的策划、运行控制、应急准备的统筹管理。
（5）负责本部门和各生产车间过程监视和测量以及环境和职业健康安全绩效的监视和测量的统筹管理。
（6）负责本部门和各生产车间事件和不符合的统筹管理。
（7）负责本部门和各生产车间持续改进、纠正和预防措施的归口管理。
（8）负责本部门和各生产车间与一体化管理体系相关事宜的处理。

7.2.4　设备保障部
（1）负责公司与生产场所的基础设施的归口管理。
（2）负责公司与生产场所的工作环境的归口管理。
（3）负责公司生产场所基础设施和工作环境中的环境和职业健康安全的运行控制。
（4）负责本部门与一体化管理体系相关事宜的处理。

7.2.5　技术开发部
（1）负责公司一体化管理体系中技术文件（包括图样、工艺文件、技术规程或规范等）的归口管理。
（2）负责公司产品设计及工艺过程开发的归口管理。
（3）负责公司设计和开发活动中的环境和职业健康安全的运行控制。
（4）负责本部门与一体化管理体系相关事宜的处理。

7.2.6　物资供应部
（1）负责公司采购活动（供方评价、采购信息和采购产品的验证）的归口管理。
（2）负责公司采购活动中的环境和职业健康安全的运行控制。
（3）负责公司仓储活动中的环境和职业健康安全的运行控制。
（4）负责本部门与一体化管理体系相关事宜的处理。

7.2.7　产品销售部
（1）负责公司销售活动（与产品有关要求的确定、评审以及与顾客沟通）的归口管理。

蓝天麒玉实业有限公司 简约管理手册 7　公司领导层和各部门职责	版本/状态	Ⅱ/0
	章节页次/总页	4/4
	手册页次/总页	17/28

(2) 负责公司顾客产品的识别和验证的归口管理。
(3) 顾客满意的调查和相关问题的处理。
(4) 负责公司销售活动中的环境和职业健康安全的运行控制。
(5) 负责本部门与一体化管理体系相关事宜的处理。

7.2.8　人力资源部
(1) 负责公司各部门和各类人员职责和权限的确定。
(2) 负责公司人力资源的归口管理。
(3) 负责本部门与一体化管理体系相关事宜的处理。

7.2.9　财务部
(1) 负责公司一体化管理体系财务资源归口管理。
(2) 经公司领导批准后，保证公司一体化管理体系的相关资金支持。
(3) 负责本部门与一体化管理体系相关事宜的处理。

7.2.10　工会
(1) 收集有关员工劳动保护的法规。
(2) 维护和监督员工职业健康、劳动保护和安全保障的权益。
(3) 建立员工代表的协商机制。
(4) 负责公司员工劳动保护用品的购买和发放。
(5) 建立员工体检数据库。

蓝天麒玉实业有限公司 简约管理手册 8　管理体系过程框架图	版本/状态	Ⅱ/0
	章节页次/总页	1/1
	手册页次/总页	18/28

（1）图2展示了本公司一体化管理体系融入PDCA的模式，可帮助了解各过程之间的相互关系。

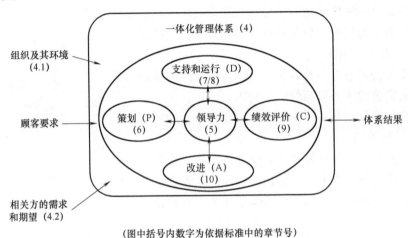

（图中括号内数字为依据标准中的章节号）

图2　PDCA模式与管理体系结构之间的关系

（2）P（计划Plan）-D（实施Do）-C（检查Check）-A（改进Action）循环能够应用于一体化管理体系及其所有过程。

蓝天麒玉实业有限公司 简约管理手册 9 产品或服务及工艺（服务）流程图	版本/状态	Ⅱ/0
	章节页次/总页	1/1
	手册页次/总页	19/28

9.1　公司和服务产品介绍

（略）

9.2　工艺（或服务）流程图

图3给出了公司工艺（或服务）的流程图。

（略）

图3　工艺（或服务）流程图

蓝天麒玉实业有限公司	版本/状态	Ⅱ/0
简约管理手册	章节页次/总页	1/1
10 管理体系文件化信息架构图	手册页次/总页	20/28

10.1 文件化信息层次

本公司一体化管理体系文件化信息，按图4所示三个层次展开：

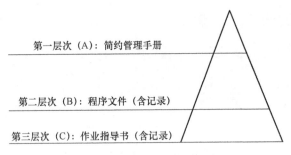

图4 文件化信息三层次结构图

10.2 文件化的信息说明

公司《简约管理手册》是对公司一体化管理体系宏观的规范性描述；程序文件是依"过程导向"概念分别对各过程的文件化信息具体性的途径描述（如图5所示），本手册引用了公司32个程序文件；作业指导书是对某项活动文件化信息详细的操作性描述，可由各程序文件分别引用，也可单独存在（本《案例》未给出，由企业自行制定）。

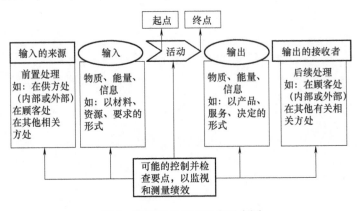

图5 程序文件过程导向示意图

蓝天麒玉实业有限公司	版本/状态	Ⅱ/0
简约管理手册	章节页次/总页	1/2
11 程序文件和职责对照表	手册页次/总页	21/28

本公司针对相关过程建立了32个程序文件。表1是本手册引用的程序文件及其职责对照（表中明确了各条款的归口部门和配合部门）。

表1 程序文件和职责对照表

序号	标准章节名称	展开程序文件 编号	展开程序文件 文件名称	办公室	综合管理部	生产计划部	设备保障部	技术开发部	物资供应部	产品销售部	人力资源部	财务部	工会
1	4 组织所处的环境	B4.0-01	经营环境管理程序	○	★	○	○	○	○	○	○	○	○
2		B4.0-02	相关方需求和期望管理程序	○	★	○	○	○	○	○	○	○	○
3	5 领导作用	B5.0-01	工作人员的协商和参与管理程序	○	○	○	○	○	○	○	○	○	★
4	6 策划	B6.0-01	风险与机遇管理程序	○	★	○	○	○	○	○	○	○	○
5		B6.0-02	环境因素管理程序	○	★	○	○	○	○	○	○	○	○
6		B6.0-03	危险源辨识和风险机遇评价管理程序	○	★	○	○	○	○	○	○	○	○
7		B6.0-04	合规义务管理程序	★	○	○	○	○	○	○	○	○	○
8		B6.0-05	目标及其实现的策划程序	○	★	○	○	○	○	○	○	○	○
9	7 支持	B7.0-01	基础设施管理程序	★	○	○	★	○	○	○	○	○	○
10		B7.0-02	过程运行环境管理程序	★	★	★	○	○	○	○	○	○	○
11		B7.0-03	监视和测量资源管理程序	○	○	★	○	○	○	○	○	○	○
12		B7.0-04	组织知识管理程序	○	○	○	○	★	○	○	○	○	○
13		B7.0-05	人力资源管理程序	○	○	○	○	○	○	○	★	○	○
14		B7.0-06	沟通和交流管理程序	○	○	○	○	○	○	★	○	○	○
15		B7.0-07	文件化信息管理程序	★	★	○	○	★	○	○	○	○	○
16	8 运行	B8.0-01	产品和服务实现过程的策划和控制管理程序	○	☆	★	○	☆	○	○	○	○	○
17		B8.0-02	产品和服务要求管理程序	○	☆	○	○	☆	○	★	○	○	○
18		B8.0-03	设计和开发管理程序	○	○	○	○	★	○	○	○	○	○
19		B8.0-04	采购控制管理程序	★	☆	○	○	○	★	○	○	○	○
20		B8.0-05	生产和服务提供管理程序	○	○	★	○	☆	○	○	○	○	○
21		B8.0-06	产品和服务的放行管理程序	○	○	★	○	○	○	○	○	○	○
22		B8.0-07	不合格输出的控制管理程序	○	○	★	○	○	○	★	○	○	○
23		B8.0-08	环境和职业健康安全运行过程的策划和控制管理程序	○	★	○	○	○	○	○	○	○	○
24		B8.0-09	应急准备和响应管理程序	○	★	○	○	○	○	○	○	○	○

蓝天麒玉实业有限公司 简约管理手册 11 程序文件和职责对照表					版本/状态	Ⅱ/0						
					章节页次/总页	2/2						
					手册页次/总页	22/28						
												（续）
序号	标准章节名称	展开程序文件		办公室	综合管理部	生产计划部	设备保障部	技术开发部	物资供应部	产品销售部	人力资源部	财务部	工会
			编号	文件名称									
25	9 绩效评价	B9.0-01	顾客和相关方满意评价程序	○	★	○	○	○	○	★	○	○	○
26		B9.0-02	环境和职业健康安全绩效监测与评价管理程序	○	★	○	○	○	○	○	○	○	○
27		B9.0-03	合规性评价程序	○	★	○	○	○	○	○	○	○	○
28		B9.0-04	数据和信息分析与评价程序	○	★	○	○	○	○	○	○	○	○
29		B9.0-05	内部审核程序	○	★	○	○	○	○	○	○	○	○
30		B9.0-06	管理评审程序	○	☆	○	○	○	○	○	○	○	○
31	10 改进	B10.0-01	事件（事故）报告、调查和处理程序	○	★	○	○	○	○	○	○	○	☆
32		B10.0-02	改进、不符合和纠正措施控制程序	○	★	○	○	○	○	○	○	○	○

注：各部门栏中的"★"表示归口部门；"☆"表示协办部门；"○"表示配合部门。

蓝天麒玉实业有限公司 简约管理手册 12　简约管理手册控制	版本/状态	Ⅱ/0
	章节页次/总页	1/2
	手册页次/总页	23/28

12.1　手册标识和受控状态

（1）《简约管理手册》封面右上角框格内明确标识文件编号、版本、发放编号和受控状态。《手册》内的所有页框格上端为该页的指示信息，左面为文件的章节名称，右面为版本/（修改）状态、本章节页次和总页次。

（2）《简约管理手册》版本以字母"Ⅰ/N、Ⅱ/N、Ⅲ/N……"表示。其中字母"Ⅰ、Ⅱ、Ⅲ……"表示版本，N表示相应版本的修改状态（如Ⅰ/0、Ⅰ/1……分别表示Ⅰ版的原始状态、第1次修改……；Ⅱ/0、Ⅱ/1……分别表示Ⅱ版的原始状态、第1次修改……）。

12.2　编写、审批和发放

（1）《简约管理手册》由综合管理部组织编写，管理者代表审核，总经理批准。

（2）综合管理部按分发清单将受控版本《手册》发放到公司各部门和公司领导，按《文件控制程序》进行更改和修订管理。

（3）经管理者代表批准可将非受控版本《手册》发放到相关方，不再进行更改和修订控制。

12.3　更改和修订

（1）《简约管理手册》使用期间，由各部门主管人员汇总有关内容的修改建议，并及时反馈到综合管理部。综合管理部一年至少对手册的充分性和适宜性进行一次评审，必要时按《文件控制程序》进行更改或修订，任何更改或修订均需经管理者代表审核、总经理批准。

（2）《简约管理手册》局部更改可采用换页或在原页中进行划改的方式，《简约管理手册》本版的所有更改均在"附录H：手册修订记录"中记录，可追踪每次的更改内容。

（3）当涉及修改内容较多时可由管理者代表批准换版，新版《简约管理手册》发布时，在发布令中声明废止旧版。

（4）更换旧页或换版后废止的文件由综合管理部统一收回处理。

12.4　使用

（1）《简约管理手册》受控版本持有者调离工作岗位时，需在综合管理部办理移交手续，如有丢失应及时声明。

（2）《简约管理手册》持有者应妥善保管，未经同意不得复制、外借、外赠、涂改，保持其清晰完整。

蓝天麒玉实业有限公司 简约管理手册 12 简约管理手册控制	版本/状态	Ⅱ/0
	章节页次/总页	2/2
	手册页次/总页	24/28

12.5 管理与解释

（1）《简约管理手册》由综合管理部负责管理，版权属于本公司。

（2）《简约管理手册》由综合管理部负责解释，如有分歧由管理者代表裁定。

蓝天麒玉实业有限公司 简约管理手册 附录 A　公司所在区域示意图	版本/状态	Ⅱ/0
	章节页次/总页	1/1
	手册页次/总页	25/28

附录 A　公司所在区域示意图

蓝天麒玉实业有限公司 简约管理手册 附录 B 公司平面示意图	版本/状态	Ⅱ/0
	章节页次/总页	1/1
	手册页次/总页	26/28

附录 B 公司平面示意图

蓝天麒玉实业有限公司	版本/状态	Ⅱ/0
简约管理手册	章节页次/总页	1/1
附录C 公司管网布置图	手册页次/总页	27/28

附录C 公司管网布置图

蓝天麒玉实业有限公司 简约管理手册 附录 D 综合管理手册修订记录	版本/状态	Ⅱ/0
	章节页次/总页	1/1
	手册页次/总页	28/28

附录 D 综合管理手册修订记录

序号	章/节号	页次	版本/修改状态	修改单编号	更改授权人/日期	批准授权人/日期

第二章

程序文件汇编

蓝天麒玉实业有限公司
质量/环境/职业健康安全
一体化管理体系

程序文件汇编
（制造业卷）

文件编号	B4.0-01
版　本	Ⅱ版
发放编号	第××号
受控状态	□是　　□否

LTQY 有限公司
质量/环境/职业健康安全
一体化管理体系程序文件

1
经营环境管理程序

编制：_____　　日期：_____

审核：_____　　日期：_____

批准：_____　　日期：_____

20××年××月××日发布　　20××年××月××日实施

LTQY 有限公司程序文件	文件编号	B4.0-01
	版本/状态	Ⅱ/0
经营环境管理程序	页次/总页	1/2

1 目的和范围

确定与公司宗旨和战略方向相关并影响公司实现质量/环境/职业健康安全管理体系预期结果能力的经营环境中的内外部因素，并对其进行监视和评审。

本程序适用于对公司所处的经营环境确定、监视和评审。

2 职责

（1）综合管理部归口管理公司经营环境中内外部因素。
（2）各部门配合归口部门关于经营环境内外部因素的管理工作。
（3）管理者代表审核、总经理批准《风险和机遇对策实施控制总表》。

3 工作程序

3.1 经营环境内外部因素的监视

3.1.1 各部门依据公司宗旨和战略方向，适时识别、收集并确定本部门自身业务活动中影响实现一体化管理体系预期结果能力（包括需要考虑的有利和不利因素或条件）的经营环境内、外部因素，如：

（1）外部因素，包括国际、国内、地区和本地的各种法律法规、技术、竞争对手、市场变动和价格、文化、社会和经济因素，以此来促进对外部环境的理解。

（2）内部因素，包括企业的价值观、文化、知识和以往绩效等相关因素，以此来促进对内部环境的理解。

3.1.2 当认为某些因素对公司宗旨和战略方向影响较大时，各部门需初步建立《影响因素分析表》，提交综合管理部。

3.2 经营环境内、外部因素的评审和管理

3.2.1 经营环境内、外部因素评估准则：

（1）对质量/环境/职业健康安全绩效的潜在影响或损害。
（2）可能产生风险和机遇的能力。
（3）对公司决策的影响程度等。

3.2.2 综合管理部组织各部门对其初步建立的《影响因素分析表》，依据上述准则对其潜在风险和机遇进行逐项评估，以确定其对公司质量/环境/职业健康安全带来的风险及其等级或机遇，并传达给相关责任部门。

3.2.3 对风险和机遇采取相应措施：

（1）风险等级为"高"时，责任部门在一周内建立《风险和机遇对策展开表》，以明确适当的因应对策，并上报综合管理部纳入公司《风险和机遇对策实施控制总表》并对其进行追踪管理。

LTQY 有限公司程序文件	文件编号	B4.0-01
	版本/状态	Ⅱ/0
经营环境管理程序	页次/总页	2/2

（2）风险等级为"中"时，责任部门视实际状况在 1 至 3 个月内采取预防性因应对策并由本部门进行管控，必要时建立《风险和机遇对策展开表》并上报综合管理部纳入公司《风险和机遇对策实施控制总表》并对其进行追踪管理。

（3）风险等级为"低"时，责任部门依据《人力资源管理程序》进行必要的培训、辅导，或进一步采取预防性因应对策，以避免风险恶化。

（4）评估出的"机遇"事项，由综合管理部组织确定利用的可能性及其措施，并将其结果纳入《风险和机遇对策实施控制总表》。

《风险和机遇对策实施控制总表》需经管理者代表审定、总经理批准后，由各责任部门实施并追踪管理。

3.3 经营环境内、外部因素的更新

3.3.1 在一体化管理体系的运行过程中，各部门需定期（一般在管理评审之前）针对经营环境内、外部因素的变化，依据 3.1 条款确认后在适当时间将这些变化补充到《影响因素分析表》之中，并由综合管理部依据 3.2 条款组织监视和评审，必要时补充到《风险和机遇对策实施控制总表》之中。

3.3.2 管理评审时，需评审《风险和机遇对策实施控制总表》中经营环境内、外部因素的充分性及其各项内容的执行绩效状况以及更新或调整情况。

3.4 各部门确认有效的、与经营环境内、外部因素有关的风险和机遇对策实施结果，适当时经管理者代表审核、总经理批准后由相关部门依据《文件化信息管理程序》纳入一体化管理体系的相关文件化信息之中。

4 本程序引用的文件

（1）B6.0-01《风险与机遇管理程序》

（2）B7.0-05《人力资源管理程序》

（3）B7.0-07《文件化信息管理程序》

5 本程序产生的文件或记录

（1）B4.0-01-01《影响因素分析表》

（2）B4.0-01-02《风险和机遇对策展开表》

（3）B4.0-01-03《风险和机遇对策实施控制总表》

文件编号	B4.0-02
版　　本	Ⅱ版
发放编号	第××号
受控状态	☐是　　☐否

LTQY 有限公司
质量/环境/职业健康安全
一体化管理体系程序文件

2
相关方需求和期望管理程序

编制：＿＿＿＿＿＿　　日 期：＿＿＿＿＿＿

审核：＿＿＿＿＿＿　　日 期：＿＿＿＿＿＿

批准：＿＿＿＿＿＿　　日 期：＿＿＿＿＿＿

20××年××月××日发布　　20××年××月××日实施

LTQY 有限公司程序文件	文件编号	B4.0-02
	版本/状态	Ⅱ/0
相关方需求和期望管理程序	页次/总页	1/2

1 目的和范围

确定对公司一体化管理体系具有影响或潜在影响的相关方（包括员工）及其需求和期望，并对这些相关方的信息及其相关要求实施监视和评审。

本程序适用于对公司相关方需求和期望的确定、监视和评审。

2 职责

（1）综合管理部归口管理公司相关方的需求和期望。
（2）各部门配合归口部门对职能范围内的相关方信息和要求实施管理。
（3）管理者代表审核、总经理批准《风险和机遇对策实施控制总表》。

3 工作程序

3.1 相关方需求和期望的监视

3.1.1 相关方需求和期望对公司实现一体化管理体系预期结果的能力具有影响或潜在影响。这些相关方可能有（不限于）：

（1）业主，股东。
（2）顾客（包括最终用户或受益人）。
（3）外部供应商（包括承包方或外包方）。
（4）员工及为公司工作的人员。
（5）法律法规监管机关。
（6）合作伙伴或竞争对手。
（7）地方社区团体。
（8）非政府组织（如工会、银行）等。

3.1.2 各部门可通过各种方式收集相关方的信息，确定那些与其质量/环境/职业健康安全具有影响或潜在影响的相关方及其要求，当认为某些项目对公司一体化管理体系影响较大时，需初步建立《相关方要求分析表》，提交综合管理部。

3.2 相关方需求和期望的评审和管理

3.2.1 相关方需求和期望评估准则：

（1）对质量/环境/职业健康安全绩效或决策的潜在影响或损害。
（2）利益相关方可能产生风险和机遇的能力。
（3）相关方被公司决策或活动影响的能力。

3.2.2 综合管理部组织各部门对其初步建立的《相关方要求分析表》，依据上述准则对其潜在风险和机遇进行逐项评估，以确定其给公司质量/环境/职业健康安全带来的风险及其等级或机遇，并传达给相关责任部门。

3.2.3 对风险和机遇采取相应措施：

（1）风险等级为"高"时，责任部门在一周内建立《风险和机遇对策展开表》，以

LTQY 有限公司程序文件	文件编号	B4.0-02
	版本/状态	Ⅱ/0
相关方需求和期望管理程序	页次/总页	2/2

明确适当的因应对策,并上报综合管理部纳入公司《风险和机遇对策实施控制总表》并对其进行追踪管理。

(2) 风险等级为"中"时,责任部门视实际状况在1至3个月内采取预防性因应对策并由本部门进行管控,必要时建立《风险和机遇对策展开表》并上报综合管理部纳入公司《风险和机遇对策实施控制总表》并对其进行追踪管理。

(3) 风险等级为"低"时,责任部门依据《人力资源管理程序》进行必要的培训、辅导,或进一步采取预防性因应对策,以避免风险恶化。

(4) 评估出的"机遇"事项,由综合管理部组织确定利用的可能性及其措施,将其结果纳入《风险和机遇对策实施控制总表》。

3.2.4 有些相关方需求和期望可能为公司需遵循的法律法规和其他要求,经评审确定后需按照《合规义务管理程序》进行管理。

《风险和机遇对策实施控制总表》及确定的合规义务均需管理者代表审定、总经理批准后,由各责任部门实施并追踪管理。

3.3 相关方需求和期望的更新

3.3.1 在一体化管理体系的运行过程中,各部门需定期(一般在管理评审之前)针对相关方需求和期望的变化,依据3.1条款随时重新确认,适当时根据变化的情况修订《相关方要求分析表》;并由综合管理部依据3.2条款随时组织监视和评审,必要时补充到《风险和机遇对策实施控制总表》之中。

3.3.2 管理评审时,需评审《风险和机遇对策实施控制总表》中相关方需求和期望的充分性及其各项内容的执行绩效状况,以及更新或调整情况。

3.4 各部门确认有效的、与相关方需求和期望有关的风险和机遇对策实施结果,适当时经管理者代表审核、总经理批准后,由相关部门依据《文件化信息管理程序》纳入一体化管理体系的相关文件化信息之中。

4 本程序引用的文件

(1) B6.0-01《风险与机遇管理程序》
(2) B7.0-05《人力资源管理程序》
(3) B6.0-04《合规义务管理程序》
(4) B7.0-07《文件化信息管理程序》

5 本程序产生的文件或记录

(1) B4.0-02-01《相关方要求分析表》
(2) B4.0-01-02《风险和机遇对策展开表》
(3) B4.0-01-03《风险和机遇对策实施控制总表》

文件编号	B5.0-01
版　本	Ⅱ版
发放编号	第××号
受控状态	□是　　□否

LTQY 有限公司
质量/环境/职业健康安全
一体化管理体系程序文件

3
工作人员的协商和参与管理程序

编制：_____　　日期：_____

审核：_____　　日期：_____

批准：_____　　日期：_____

20××年××月××日发布　　20××年××月××日实施

LTQY 有限公司程序文件	文件编号	B5.0-01
	版本/状态	Ⅱ/0
工作人员的协商和参与管理程序	页次/总页	1/3

1 目的和范围

为职业健康安全管理体系的发展、计划、实施、绩效评价和改进活动，确保与各层次和部门的员工以及他们的员工代表进行协商和参与。

本程序适用于与公司所有员工的协商和参与。

2 职责

（1）工会归口管理公司员工的协商和参与活动。
（2）各部门配合归口部门组织员工的协商和参与活动。
（3）职业健康安全事务代表指导、监督员工的协商和参与活动。
（4）公司领导层为员工的协商和参与创造条件，并征求员工意见以改进工作。

3 工作程序

3.1 公司建立工会组织

（1）公司依据《工会法》建立基层工会委员会（简称"工会"），并依法维护员工的合法权益。

（2）工会定期召开会员大会或者会员代表大会，讨论决定工会工作的重大问题。经基层工会委员会或者三分之一以上的工会会员提议，可以临时召开会员大会或者会员代表大会。

（3）工会的权利和义务：

① 若公司违反职工代表大会制度和其他民主管理制度，工会有权要求纠正，保障职工依法行使民主管理的权利。

② 工会帮助、指导员工与公司签订劳动合同；若公司处分员工，工会认为不适当的，有权提出意见；若公司违反劳动法律、法规规定，有侵犯员工劳动权益情形，工会应当代表员工与公司交涉，要求公司采取措施予以改正。

③ 工会依照国家规定，对公司新建、扩建企业和技术改造工程中的劳动条件和安全卫生设施与主体工程同时设计、同时施工、同时投产使用进行监督。

④ 工会发现公司各部门有违章指挥、强令员工冒险作业等问题，或者生产过程中发现存在明显重大事故隐患和职业危害时，有权提出解决的建议，公司应当及时研究并予以答复；发现危及职工生命安全的情况时，工会有权向公司建议组织职工撤离危险现场，公司必须及时做出处理决定。

⑤ 工会有权对公司侵犯员工合法权益的问题进行调查，有关单位应当予以协助；员工因工伤亡事故和其他严重危害职工健康问题的调查处理，必须有工会参加。

LTQY 有限公司程序文件	文件编号	B5.0-01
	版本/状态	Ⅱ/0
工作人员的协商和参与管理程序	页次/总页	2/3

⑥ 公司发生停工、怠工事件，工会应当代表员工同公司或者有关方面协商，反映员工的意见和要求并提出解决意见。

⑦ 工会参加公司的劳动争议调解工作，协助公司做好员工集体福利事业，做好工资、劳动安全卫生和社会保险工作。

⑧ 工会会同公司教育员工以国家主人翁态度对待劳动，爱护国家和企业的财产，组织员工开展群众性的合理化建议、技术革新活动，进行业余文化技术学习和职工培训，组织职工开展文娱、体育活动。

3.2 公司建立员工协商和参与机制

（1）及时征求员工代表的意见，提供协商和参与所需要的时间、培训和资源。

（2）提供及时、清晰、易懂的与职业健康安全管理体系相关的信息。

（3）确定并消除参与的障碍或壁垒，并减少那些不能消除的障碍或壁垒（可能包括未响应员工的声音或建议，语言或识读障碍，报复或威胁报复，劝阻或惩罚员工参与的政策或做法）。

（4）公司领导层不仅重视各部门管理者的协商和参与活动，更需考虑从事基层工作的非管理员工的协商和参与活动。

（5）在以下方面的活动，与非管理员工进行适当的协商是不可缺少的：

① 确定相关方的需求和期望。

② 建立职业健康安全方针。

③ 适用时，分配组织角色、职责和权限。

④ 确定如何满足法律法规要求及其他要求。

⑤ 建立职业健康安全目标和实施计划。

⑥ 确定外包、采购和承包商的适用控制。

⑦ 确定需要进行监视、测量和评价的内容。

⑧ 计划、建立、实施和保持和审核方案。

⑨ 确保持续改进。

（6）在以下方面的活动，非管理员工的适当参与是不可缺少的：

① 确定他们协商和参与的机制。

② 识别危险源、风险和机遇的评价。

③ 确定消除危险源和减少职业健康安全风险的活动。

④ 确定能力要求、培训需求、培训和培训评价。

⑤ 确定如何沟通及沟通的内容。

⑥ 确定控制措施及其有效的实施和应用。

⑦ 调查事件和不符合并确定纠正措施。

提供免费培训和尽量利用工作时间培训，会消除员工参与的重大障碍。

LTQY 有限公司程序文件	文件编号	B5.0-01
	版本/状态	Ⅱ/0
工作人员的协商和参与管理程序	页次/总页	3/3

3.3 适当保留员工协商和参与的相关记录（如《相关会议记录/纪要》《员工合理化建议》《员工意见反馈单》等）。

4 本程序引用的文件

《中华人民共和国工会法》（2016年修订）

5 本程序产生的文件或记录

（1）B5.0-01-01《相关会议记录/纪要》
（2）B5.0-01-02《员工合理化建议》
（3）B5.0-01-03《员工意见反馈单》

文件编号	B6.0-01
版　　本	Ⅱ版
发放编号	第××号
受控状态	□是　　□否

LTQY 有限公司
质量/环境/职业健康安全
一体化管理体系程序文件

4
风险与机遇管理程序

编制：_____　日期：_____

审核：_____　日期：_____

批准：_____　日期：_____

20××年××月××日发布　　20××年××月××日实施

LTQY 有限公司程序文件	文件编号	B6.0-01
	版本/状态	Ⅱ/0
风险与机遇管理程序	页次/总页	1/3

1 目的和范围

策划一体化管理体系时，确定需要应对的风险和机遇及其应对措施，以确保管理体系能够实现其预期结果，增强有利影响，预防或减少不利影响，实现改进。

本程序适用于公司确定需要应对的风险和机遇及其相关措施。

2 职责

（1）综合管理部归口风险和机遇并策划其应对措施的管理。
（2）各部门配合归口部门对职能范围内有关的风险和机遇的确定、评价和管理。
（3）管理者代表指导本程序的实施。

3 工作程序

3.1 确定需要应对的质量/环境/职业健康安全管理的风险和机遇，目的在于：
（1）确保一体化管理体系能够实现其预期结果。
（2）预防或减少不利影响，增强有利影响。
（3）实现持续改进。

在策划过程中需考虑员工的有效参与，适当时，包括其他相关方的参与。

3.2 风险和机遇确定

（1）确定应对的风险和机遇时，需考虑如下因素：
① 公司所处的经营环境中的内外部因素（见《经营环境管理程序》）。
② 公司相关方的需求和期望（见《相关方需求和期望管理程序》）。
③ 与环境管理体系运行有关的环境因素（见《环境因素管理程序》）。
④ 与职业健康安全管理体系运行有关的危险源和风险（见《危险源辨识和风险机遇评价管理程序》）。
⑤ 适用于公司的一体化合规义务（见《合规义务管理程序》）。
⑥ 一体化管理体系的范围中，包括那些可能具有的环境影响和危害因素有关的潜在紧急情况（见《环境因素管理程序》和《危险源辨识和风险机遇评价管理程序》）。

（2）各部门需结合自身的核心活动分别确定（识别）所处环境中的内外部因素、相关方的需求和期望以及环境因素、危险源和合规义务中的风险和机遇。

3.3 风险和机遇评价准则和评价实施

（1）在《经营环境管理程序》《相关方需求和期望管理程序》《环境因素管理程序》《危险源辨识和风险机遇评价管理程序》《合规义务管理程序》和《合规性评价程序》中，分别建立对内外部因素、相关方要求、环境因素、危险源和合规义务的风险/机遇的评价准则。

LTQY 有限公司程序文件	文件编号	B6.0-01
	版本/状态	Ⅱ/0
风险与机遇管理程序	页次/总页	2/3

（2）按照各程序中确定的风险和机遇评价准则，对内外部因素、相关方要求、环境因素、危险源和合规义务的风险/机遇实施评价，并对其程度进行分级。

3.4 控制措施的策划、方式和确定

公司对风险和机遇控制的重点，在于重要风险和机遇，对非重要风险和机遇可按行之有效的惯例对其管理。

3.4.1 重要风险和机遇控制措施的策划

在建立、实施、保持和改进一体化管理体系时，需考虑已确定的重要风险和机遇：

（1）在公司的一体化管理体系中或其他业务过程中融入并实施这些与重要风险和机遇相关的需策划的管理措施。

（2）在策划这些措施时，需考虑其可选的技术方案、财务、运行和经营要求。

（3）针对评价出的重要风险和机遇的不同等级，策划其相应的控制措施。

（4）策划应对风险和机遇的控制措施时，需考虑：

① 确定足以应对风险和机遇的控制措施。

② 在一体化管理体系过程中整合并实施这些措施。

③ 评价这些措施（包括其变更）的有效性。

应对措施需与风险和机遇的影响（如对产品和服务符合性的潜在影响、环境影响和潜在的事件的程度）相适应。

3.4.2 重要风险和机遇控制措施的方式

应对风险和机遇的措施，可考虑如下方式：

（1）可选择规避风险，为寻找机遇承担风险，消除风险源，改变风险的可能性或后果，分担风险，或通过信息充分的决策而保留风险。

（2）机遇可能导致采用新实践、新工艺、推出新产品、开辟新市场、赢得新顾客、建立合作伙伴关系、利用新技术和其他可行之处，以应对公司或其相关方的要求。

3.4.3 重要风险和机遇控制措施的确定

内外部因素、相关方要求、环境因素、危险源、合规义务和一体化管理体系范围中的风险/机遇，分别按相关程序确定其控制措施。

3.5 对风险和机遇进行变更管理

（1）一体化管理体系运行过程中，对产品、服务、活动、过程和其他因素（如法律、法规）的变化情况进行监视，必要时进行评审，以适时变更原来策划的风险和机遇的结果，并采取新的相关措施。

（2）在永久或临时性的计划变更情况下，该评价需在变更发生前进行。

3.6 在策划一体化管理体系时，必要时需保持：

（1）需要应对的风险和机遇的文件化信息。

LTQY 有限公司程序文件	文件编号	B6.0-01
	版本/状态	Ⅱ/0
风险与机遇管理程序	页次/总页	3/3

（2）对风险和机遇所需过程的文件化信息，其详尽程度需使人确信这些过程能按策划得到实施。

4　本程序引用的文件

（1）B4.0-01《经营环境管理程序》
（2）B4.0-02《相关方需求和期望管理程序》
（3）B6.0-02《环境因素管理程序》
（4）B6.0-03《危险源辨识和风险机遇评价管理程序》
（5）B6.0-04《合规义务管理程序》
（6）B9.0-03《合规性评价程序》

5　本程序产生的文件或记录

无

文件编号	B6.0-02
版　　本	Ⅱ版
发放编号	第××号
受控状态	□是　　□否

LTQY 有限公司
质量/环境/职业健康安全
一体化管理体系程序文件

5
环境因素管理程序

编制：_____　　日期：_____

审核：_____　　日期：_____

批准：_____　　日期：_____

20××年××月××日发布　　　　　20××年××月××日实施

LTQY 有限公司程序文件	文件编号	B6.0-02
	版本/状态	Ⅱ/0
环境因素管理程序	页次/总页	1/7

1 目的和范围

对环境管理体系范围内涉及的活动、产品、服务中的环境因素进行识别、评价，以确定重要环境因素，并对其制定相应的控制措施。

本程序适用于公司在所界定的环境管理体系范围内，确定并控制活动、产品和服务中的环境因素。

2 职责

（1）综合管理部归口管理环境因素。
（2）各部门负责所属范围环境因素识别、评价和控制。
（3）管理者代表监督、指导本程序的实施。

3 工作程序

3.1 环境因素识别和评价的关注点

3.1.1 在考虑生命周期观点的基础上，对界定的环境管理体系范围内的活动、产品和服务中的环境因素及其相关的环境影响予以确定，并对其重要性进行评价。

3.1.2 确定（识别）环境因素需考虑的内容

（1）能够直接控制的和能够施加影响的环境因素及其相关的环境影响（环境因素可能与公司使用的由其他方提供的产品和服务有关，也可能与公司向其他方提供的产品和服务有关，包括与外包过程有关的产品和服务）；

（2）三种时态，即公司过去、现在和将来的活动、产品和服务中有关的环境因素及其相关的环境影响；

（3）三种状态：既要考虑正常状态和异常状态的生产服务活动，还要可合理预见潜在的紧急情况下可能对环境造成的影响；

（4）八种（释放或存在）形式：即向大气排放、水体排放、土地排放以及原材料和自然资源的使用、能源的使用、能量释放（如热、辐射、振动、噪声和光等）、废物和副产品的产生、空间利用等；

（5）八项业务：即活动、产品和服务提供过程中的产品和服务、过程、设施设备的设计和开发，原材料的提取，运行或制造过程（包括仓储），设施、公司资产及基础设施的运行与维护，外部供应商的环境绩效与环境实践，产品配送与服务交付（包括包装），产品存储、使用和报废处理，废物产生、管理和处置（包括回收、再循环、再利用）等。

3.1.3 环境因素识别的方法

环境因素识别可采用如下一种或全部方法：

LTQY有限公司程序文件	文件编号	B6.0-02
	版本/状态	Ⅱ/0
环境因素管理程序	页次/总页	2/7

① 现场观察。
② 询问、交谈。
③ 会议讨论。
④ 查阅有关记录等。

3.2 环境因素评价准则和方法

3.2.1 环境因素评价准则

(1) 环境影响的规模（污染源或污染点数量）、环境影响的严重程度（如污染排放浓度和排放总量）、发生的频率、环境影响持续的时间等。
(2) 有关合规义务的要求。
(3) 能源、资源、原辅材料使用量、可循环利用率、可再生性、资源储量等。
(4) 相关方的关注程度。
(5) 本公司环境方针和目标的水平，及其公众和社会形象。
(6) 对该环境因素现有控制措施的充分性等。

3.2.2 环境因素评价方法

(1) 本公司采用的环境因素评价方法为定性判定（是非判断法）和半定量多因子打分评价法相结合。资源、能源类环境因素只使用是非判断法评价，污染物类环境因素可使用打分法评价或两者相结合的方法。

(2) 是非判断法：

凡属于下列情况之一者，不论哪种类型的环境因素可直接判定为重要环境因素：
① 已经或接近违反环境保护有关法律法规的现状和行为。
② 污染物排放超过或接近国家、地方、行业的排放标准的情况。
③ 被国家列入危险废物名录的固体废物排放。
④ 本公司（或行业）工业固体废物排放的限定数量。
⑤ 单位产品或服务的能源、原材料消耗或使用量（或价值）高于（主管部门或自身）规定量值，或高于同行业水平。
⑥ 可能引发事故或紧急情况（包括自然灾害发生）的环境因素。
⑦ 相关方有合理抱怨或要求的环境因素。
⑧ 危险化学品、易燃易爆物品运输、装卸、储存、使用等涉及潜在的紧急情况和事故的环境因素。
⑨ 辐射超过规定量值的环境因素和可能引发放射性泄漏的环境因素等。

(3) 多因子打分评价法：

综合管理部根据实际情况确定评价重要环境因素的依据，设定各种环境影响因子的等级和分值，制定《多因子打分评价法环境因素评价打分标准》（见本程序附录A），该《标准》分别给出重要环境因素及其紧急优先项、中度优先项和一般优先项的阈值。

LTQY 有限公司程序文件	文件编号	B6.0-02
	版本/状态	Ⅱ/0
环境因素管理程序	页次/总页	3/7

3.2.3 环境因素分级

环境因素评价时，一般依据其环境影响的大小分为非优先项、一般优先项、中度优先项和紧急优先项四个级别。其中一般优先项、中度优先项和紧急优先项视为重要环境因素。采用是非判断法时，依据评价人员的经验直接判定环境因素的级别；采用多因子打分评价法时，依据得分所处的阈值范围确定环境因素的级别。

3.3 环境因素识别和评价的实施

3.3.1 各部门的环境因素识别和评价

（1）依据"3.1 环境因素识别和评价的关注点"，各部门组织有关人员对本部门从事业务中的活动、产品、服务进行环境因素识别。识别可按相关工序或工作流程逐步进行。

（2）依据"3.2 环境因素评价准则和方法"，对已识别的环境因素进行初步评价，确定本部门的环境因素的级别，并明确各级重要环境因素是否存在潜在的紧急情况（紧急情况通常指发生的事情是不可预见的或突发的，并带来危险，需要立即采取应对措施，尽力控制，是一种小概率大危害的事件，如火灾、爆炸、大量危险化学品的泄漏、放射性物质泄漏等）。

（3）形成部门级的《环境因素识别、评价表》上报综合管理部。

3.3.2 归口部门的环境因素识别和评价

（1）综合管理部组织公司相关人员组成的评审组对各部门上报的《环境因素识别、评价表》进行评审，对其初步评价的结果进行再评价。

（2）评审组再评价：

① 可对公司内那些具有相同特性的活动、产品、服务进行分组或分类，以便于平衡和比较。

② 可对各部门的环境因素识别和评价结果进行补充或修订，以取得一致的认识。

③ 形成公司级的"环境因素识别、评价表"，确定公司的重要环境因素及其分级，明确重要环境因素中存在的潜在紧急情况。

3.4 环境因素的控制

公司对环境因素的重点，在于重要环境因素，对非环境因素可按行之有效的惯例对其管理。

3.4.1 重要环境因素控制措施的策划

在建立、实施、保持和持续改进一体化管理体系时，必须考虑这些已确定的重大风险：

（1）在公司的一体化管理体系中或其他业务过程中融入并实施这些与重大风险相关的需策划的管理措施。

（2）在策划这些措施时，需考虑其可选的技术方案、财务、运行和经营要求。

（3）针对评价出的重要环境因素的不同等级，策划其相应的风险控制措施。

LTQY 有限公司程序文件	文件编号	B6.0-02
	版本/状态	Ⅱ/0
环境因素管理程序	页次/总页	4/7

3.4.2 重要环境因素控制措施类型

为实现综合目标需确定其控制措施。控制措施的力度应与环境因素影响的性质和程度相适应，并按《目标及其实现的策划程序》进行管理。控制措施按以下三种形式实施。

（1）管理方案：

① 对紧急优先项重要环境因素，需建立环境目标和管理方案。

② 对中度优先项重要环境因素，视情况决定是否建立环境目标和管理方案。

（2）运行管理规定：对所有重要环境因素（包括一般优先项、中度优先项和紧急优先项），均需制定运行管理规定。

（3）应急预案：对潜在的紧急情况，均需制定应急预案。

3.5 控制措施的制定和实施

3.5.1 综合管理部根据上述结果，汇总公司级的《环境因素识别、评价表》和《重要环境因素清单》，明确重要环境因素及其控制措施类型，报管理者代表审批后下发各部门，并作为各部门对重要环境因素控制措施的制定和实施的依据。

3.5.2 仅属于一个部门的重要环境因素和潜在紧急情况，由所属部门制定和实施控制措施；涉及多个部门的重要环境因素，由综合管理部牵头组织制定控制措施，并由相关部门分头实施。

3.5.3 控制措施的制定和实施，必须关注与重要环境因素和潜在紧急情况相应的合规义务，符合相应合规义务要求是控制措施的基本要求。

3.5.4 在实施上述确定的重要环境因素控制措施时，综合管理部组织定期对重要环境因素进行环境绩效的监视、测量、分析和评价以及合规性评价，以了解环境因素的发展和变化的情况，并采取与发展和变化情况相适应的措施。

3.6 环境因素的更新

3.6.1 综合管理部每年定期组织各部门对环境因素的识别和评价情况进行修订，并对其环境影响进行重新评价。重新评价的结果需反映在修订版公司级《环境因素识别、评价表》和公司级《重要环境因素清单》中。

3.6.2 当出现下列情况时，综合管理部需及时组织相关人员对环境因素进行再识别与评价。并更改相应公司级环境因素识别、评价表和公司级重要环境因素清单。

（1）本公司的活动、产品和服务有重大变化时（如进入新的阶段、引入新的作业方式、新设备、新材料等）。

（2）国家有关的法律法规和其他要求有重要变化时。

（3）相关方提出要求或合理抱怨时。

（4）本公司的组织结构发生较大变化时。

（5）发生严重的环境污染事故后。

（6）管理评审或持续改进有要求时。

LTQY 有限公司程序文件	文件编号	B6.0-02
	版本/状态	Ⅱ/0
环境因素管理程序	页次/总页	5/7

3.7 重要环境因素的沟通

3.7.1 参与环境因素识别和评价的人员需具有良好的沟通交流能力,熟悉相关业务情况,并经过相应的培训,具备一定的环境保护知识。

3.7.2 评价出的重要环境因素及对其制定的控制措施,需在相关部门进行沟通,以协调控制措施的实施。

3.7.3 与相关方有关的重要环境因素及对其制定的控制措施,需告知相关方,必要时书面通知,并对其控制措施的执行情况进行监督检查。

3.8 综合管理部负责保存、传递环境因素识别和评价过程中公司级的有关记录和文件,各部门保存环境因素识别和评价过程中与本部门有关的记录和文件。

4 本程序引用的文件

B6.0-05《目标及其实现的策划程序》

5 本程序产生的文件或记录

(1) B6.0-02-01《环境因素识别、评价表》

(2) B6.0-02-02《重要环境因素清单》

6 附录

附录A 多因子打分评价法环境因素评价打分标准

LTQY有限公司程序文件	文件编号	B6.0-02
	版本/状态	Ⅱ/0
环境因素管理程序	页次/总页	6/7

附录 A　多因子打分评价法环境因素评价打分标准

A1　评价因子设定

A1.1　发生的概率。
A1.2　环境影响的严重程度。
A1.3　环境影响的范围。
A1.4　相关方的关注程度。

A2　因子数值

A2.1　发生的概率（A值）：

序号	发生的概率（频次）	A值
1	连续发生～每天一次	5
2	每天一次～每周一次	4
3	每周一次～每月一次	3
4	每月一次～每年一次	2
5	少于每年一次	1

A2.2　环境影响的严重程度（B值）：

序号	环境影响的严重程度	B值
1	影响极严重	5
2	影响严重	4
3	影响较严重	3
4	一般影响	2
5	轻微影响	1

A2.3　环境影响的范围（C值）：

序号	环境影响的范围	C值
1	跨地区的影响	5
2	本地区或本市范围	4
3	本市局部范围	3
4	组织周边范围	2
5	组织内部	1

LTQY 有限公司程序文件	文件编号	B6.0-02
	版本/状态	Ⅱ/0
环境因素管理程序	页次/总页	7/7

A2.4 相关方的关注程度（D 值）：

序　号	相关方的关注程度	D 值
1	社会极为关注	5
2	地区性极为关注	4
3	地区性一般关注	3
4	不为关注	1

A3　影响因素数值计算及阈值设定

A3.1　将每个环境因素的影响因子 A、B、C、D 相乘得出的积即为影响因素数值 M。
A3.2　阈值设定
A3.2.1　一般情况

序号	M 数值的阈值	因素类别	优先项类别	可采用的控制措施
1	M≥200	重要环境因素	紧急优先项	● 建立环境目标、指标和管理方案 ● 制定运行控制程序 ● 对潜在的紧急情况，制定紧急预案
2	125≤M<200		中度优先项	● 视情况建立环境目标、指标和管理方案 ● 制定运行控制程序 ● 必要时，对潜在的紧急情况，制定紧急预案
3	50≤M<125		一般优先项	● 只需制定运行控制程序
4	M<50	非重要环境因素	非优先项	● 保持现有的控制措施，无须改善

A3.2.2　特殊情况

当 B、C、D 因子中，有一个因子为 5 分者，该项环境因素即为重要环境因素，并视情况按中度优先项或紧急优先项对待。

A4　环境因素信息的管理

A4.1　环境因素识别和重要环境因素评价的信息，应形成文件，并传达到与重要环境因素有关的部门和层次。

A4.2　在环境管理体系策划和实施时，应充分使用这些信息作为建立环境管理体系的基础。

A4.3　保存环境因素识别和重要环境因素评价的记录，将这些信息作为历史数据予以留存。

文件编号	B6.0-03
版　本	Ⅱ版
发放编号	第××号
受控状态	□是　　□否

LTQY 有限公司
质量/环境/职业健康安全
一体化管理体系程序文件

6
危险源辨识和风险机遇评价管理程序

编制：_____　日期：_____

审核：_____　日期：_____

批准：_____　日期：_____

20××年××月××日发布　　　20××年××月××日实施

LTQY 有限公司程序文件	文件编号	B6.0-03
	版本/状态	Ⅱ/0
危险源辨识和风险机遇评价管理程序	页次/总页	1/12

1 目的和范围

对本职业健康安全危险源进行辨识与风险/机遇评价，确定重大风险和重要机遇，并对其确定相应的控制措施。

本程序适用于公司在所界定的职业健康安全管理体系范围内，确定并控制活动、产品和服务中的危险源。

2 职责

（1）综合管理部归口危险源辨识和风险/机遇的管理。

（2）各部门负责所属范围职业健康安全危险源的辨识、风险/机遇评价和控制措施的确定。

（3）管理者代表、职业健康安全事务代表监督、指导本程序的实施。

3 工作程序

3.1 危险源辨识的关注点

3.1.1 工作活动分类

（1）进行工作活动分类是危险源辨识的必要准备过程。应以合理的和易管理的方式（如按业务流程）将本公司所有工作活动进行分组，并搜集与其有关的必要信息。

（2）工作活动分类的方式可包括本公司的地理位置、活动或所提供服务的阶段、计划的和被动性的工作、确定的任务及不经常发生的任务等。

3.1.2 危险源辨识过程需考虑的因素（但不限于）

（1）工作的组织形式、社会因素（包括工作负荷，工作时间，欺骗、骚扰和恐吓），领导作用和组织的文化。

（2）常规和非常规活动或情形以及产生的危险源，包括：

① 工作场所的基础设施、设备、材料、物质和其他自然条件。

② 产品和服务的设计、研究、开发、测试、生产、装配、施工、交付服务、维护和处置。

③ 人为因素。

④ 工作实际是如何履行的。

（3）公司内外部曾经发生的相关事件、包括紧急情况及其原因。

（4）潜在紧急情况。

（5）人员，考虑内容包括：

① 有机会进入工作场所的人员及其活动（包括员工、承包商、访问者及其他人员）。

② 在工作场所附近的可能受到公司活动影响的人员。

LTQY 有限公司程序文件	文件编号	B6.0-03
	版本/状态	Ⅱ/0
危险源辨识和风险机遇评价管理程序	页次/总页	2/12

③ 在不受公司直接控制的地点的员工。

（6）其他情况，包括：

① 对工作区域、过程、装置、机器/设备、操作程序和工作组织的设计，包括其对员工参与的能力和需要的适应性。

② 由公司控制下的工作相关活动在工作场所附近所形成的情况。

③ 公司不能控制的在工作场所附近发生的可能导致工作场所内人员伤害和健康损害的情况。

（7）公司及其运行、过程、活动和职业健康安全管理体系实际发生或建议的变更。

（8）关于危险源的知识和信息的变化。

3.1.3 危险源辨识还需考虑的其他问题

（1）危险源辨识的状态和时态：

① 三种状态：正常（如每天正常工作过程中可能发生的危险源），异常（如程序或计划变更、设备维护或检修、动力的中断等过程中可能发生的危险源），紧急（如火灾、爆炸、危险化学品泄漏以及其他突发事件情况下的危险源）。

② 三种时态：过去（如已经发生过的伤害事故），现在（如作业活动、设备或设施等现在的健康安全控制状态中的问题），将来（如作业活动将发生变化，设备、设施、工艺或材料更新可能发生的职业健康安全问题）。

（2）危险源的两大类型：

① 能量：机械能、热能、电能、化学能、放射能、生物因素、人机工程因素（如生理、心理）或危险物质（危险化学品等）的意外释放。

② 导致能量或危险物质约束或限制措施受到破坏或失效的各种因素。物的故障：物的不安全状态（如设备、设施和场所的自身缺陷等）；人的失误：人的行为结果偏离了被要求的标准（如主动行为、过失行为）；环境因素，作业活动环境方面的问题（如温度、湿度、噪声、振动、照明或通风换气系统等）。

（3）危险因素的两种来源：

① 本公司的活动、产品和服务产生的危险因素。

② 相关方活动给本公司带来的危险因素。

（4）危险因素的类别：

危险因素的类别可能有物体打击、车辆伤害、机械伤害、起重伤害、触电、淹溺、灼烫、火灾、意外坠落、坍塌、放炮、火药爆炸、化学性爆炸、物理性爆炸、中毒和窒息和其他伤害等。

3.1.4 危险源辨识的方法

危险源辨识的方法可采用如下一种或全部：

LTQY 有限公司程序文件	文件编号	B6.0-03
	版本/状态	Ⅱ/0
危险源辨识和风险机遇评价管理程序	页次/总页	3/12

① 现场观察。
② 询问、交谈。
③ 会议讨论。
④ 查阅有关记录等。

3.2 职业健康安全风险和职业健康安全管理体系其他风险的评价

3.2.1 风险评价的原则

（1）评价已确定的危险源产生的职业健康安全风险时，应当考虑现有措施的有效性。

（2）确定和评价与建立、实施、运行和保持职业健康安全管理体系相关的其他风险。

（3）评价职业健康安全风险的方法和准则应当在其范围、性质和时机内界定，确保是主动而非被动的系统性应用。

（4）保持和保留这些准则和方法的成文信息。

3.2.2 风险评价准则

（1）由于该危险源发生，危险事件或有害暴露的可能性（详见附录A）。

（2）该危险源发生危险事件或有害暴露后，引发的人身伤害或健康损害的严重性（详见附录A）。

（3）相关合规义务（法律法规和其他要求）对该危险源的关注度。

（4）本公司职业健康安全方针和目标的水平，及其公众和社会形象。

（5）对该危险源现有控制措施的充分性。

3.2.3 风险评价方法

（1）本公司采用的风险评价方法为定性判定（是非判断法）和作业条件危险性评价法（LEC法）相结合。采用后者评价后认为级别较低时，可采用前者的方法进行验证，符合规定的可直接列入重大风险。

（2）是非判断法。凡属于下列情况之一者可直接判定为重大风险：

① 不符合职业健康安全法律法规和行业、地方规定、相关标准（协议）以及应遵守的其他要求。

② 相关方的重大合理抱怨。

③ 曾发生的事故而又未制定适当措施，或虽然制定了措施但未有效实施的。

④ 直接观察到可能发生的事故隐患等。

上述直接判定的重大风险，可按附录A《风险评估分级和控制》的规定根据其可能发生事故的严重性和可能性分别确定风险等级。

（3）作业条件危险性评价法（LEC法）。《作业条件危险性评价法（LEC法）》（见附录B），是一种定量计算每一种危险源所带来的风险评价方法。它用与系统危险性有

LTQY有限公司程序文件	文件编号	B6.0-03
	版本/状态	Ⅱ/0
危险源辨识和风险机遇评价管理程序	页次/总页	4/12

关的三个因素指标之乘积来评价系统人员伤害危险的大小。

3.2.4 风险分级

风险评价时，一般依据对风险可接受的程度（风险水平）分为可接受风险（Ⅴ级）、一般风险（Ⅳ级）、中度风险（Ⅲ级）、高度风险（Ⅱ级）、不可接受风险（Ⅰ级）五个级别，其中Ⅲ级、Ⅱ级和Ⅰ级视为重大风险。采用是非判断法评价时，依据评价人员的经验直接判定风险的级别；采用LEC法评价法时，依据得分所处的阈值范围确定风险的级别。

3.3 危险源辨识和风险评价实施

3.3.1 各部门的危险源辨识和风险评价

（1）依据"3.1危险源辨识的关注点"，各部门组织有关人员对本部门从事业务中的活动、产品、服务进行危险源辨识。辨识可按相关工序或工作流程逐步进行。

（2）依据"风险评价准则和方法"，对已辨识的危险源进行初步评价，确定本部门的风险的级别，并明确各级重大风险是否存在潜在的紧急情况（紧急情况通常指发生的事情是不可预见的或突发的，并带来危险，需要立即采取应对措施，尽力控制，是一种小概率大危害的事件，如火灾、洪灾、爆炸、地震、山体滑坡等）。

（3）形成部门级的《危险源辨识和风险评价表》上报综合管理部。

3.3.2 归口部门的危险源辨识和风险评价

（1）综合管理部组织公司相关人员组成的评审组对各部门上报的《危险源辨识和风险评价表》进行评审，对其初步评价的结果进行再评价。

（2）评审组再评价时：

① 可对公司内那些具有相同特性的活动、产品、服务进行分组或分类，以便于平衡和比较。

② 可对各部门的危险源辨识和风险评价结果进行补充或修订，以取得一致的认识。

③ 形成公司级的《危险源辨识和风险评价表》，确定公司的重大风险及其分级，明确重大风险中存在的潜在紧急情况。

3.4 风险控制

3.4.1 非重大风险控制措施

公司对危险源带来的相关风险控制的重点在于重大风险，对非重大风险可按行之有效的惯例对其管理。

3.4.2 重大风险控制措施的策划

在建立、实施、保持和持续改进一体化管理体系时，必须考虑这些已确定的重大风险：

（1）在公司的一体化管理体系中或其他业务过程中融入并实施这些与重大风险相关的需策划的管理措施。

LTQY有限公司程序文件	文件编号	B6.0-03
	版本/状态	Ⅱ/0
危险源辨识和风险机遇评价管理程序	页次/总页	5/12

（2）在策划这些措施时，需考虑其可选的技术方案、财务、运行和经营要求。

（3）针对评价出的重大风险的不同等级，策划其相应的风险控制措施。

（4）在确定控制措施或考虑变更现有控制措施时，应按如下顺序考虑降低风险：

① 消除。

② 替代。

③ 工程控制措施。

④ 标志、警告和（或）管理控制措施。

⑤ 个体防护装备。

风险控制措施的力度应与问题的性质相适应。

3.4.3 重大风险控制措施类型

为实现综合目标需确定其控制措施。控制措施的力度应与重大风险的性质和程度相适应，并按《目标及其实现的策划程序》进行管理。控制措施有以下三种形式：

（1）管理方案：

① 对Ⅰ级和Ⅱ级风险，需建立环境目标和管理方案。

② 对Ⅲ级风险，视情况决定是否建立职业健康安全目标、指标和管理方案。

（2）运行管理规定：对所有重大风险，均需制定运行管理规定，并按程序规定进行管理。对Ⅲ级风险可只制定运行管理规定。

（3）对潜在的紧急情况，均需制定应急预案。

3.4.4 风险控制措施的制定和实施

（1）综合管理部根据上述结果，汇总公司级的《危险源辨识和风险评价表》《重大风险清单》和《职业健康安全重要机遇评价分析表》，报管理者代表审批后下发各部门，并作为各部门对重大风险控制措施的制定和实施的依据。

（2）仅属于一个部门的重大风险、潜在紧急或重要机遇，由所属部门制定和实施控制措施；涉及多个部门时，由综合管理部牵头组织制定控制措施，并由相关部门分头实施。

（3）控制措施的制定和实施，必须关注与重大风险和潜在紧急情况相应的合规义务，符合相应的合规义务要求是控制措施的基本要求。

（4）在实施上述确定的重大风险和重要机遇控制措施时，综合管理部组织定期对重大风险进行环境绩效的监视、测量、分析和评价以及合规性评价，以了解其发展和变化的情况，并采取与发展和变化情况相适应的措施。

3.5 职业健康安全机遇和职业健康安全管理体系的其他机遇的识别、评价和控制

3.5.1 机遇识别和评价考虑的因素

（1）公司、方针、过程或活动的计划变更时，提升职业健康安全绩效的职业健康安全机遇，以及：

LTQY 有限公司程序文件	文件编号	B6.0-03
	版本/状态	Ⅱ/0
危险源辨识和风险机遇评价管理程序	页次/总页	6/12

① 使工作、工作组织和工作环境适应于员工的机遇。
② 消除危险源和降低职业健康安全风险的机遇。
（2）其他改进职业健康安全管理体系的机遇。

3.5.2 机遇识别、评价的方法和分级

（1）管理者代表和职业健康安全事务代表每半年召开各部门联席会议，依据"3.5.1 机遇识别和评价考虑的因素"对职业健康安全机遇和职业健康安全管理体系的其他机遇（公司可能引入的有利于减低风险的内容，如新技术、新实践、新工艺、新产品、新措施、新方法等）进行识别和评价。

（2）机遇评价可分为两类：
① 一般机遇：对公司职业健康安全和职业健康安全管理体系影响较小的机遇可确定为一般机遇。
② 重要机遇：对公司职业健康安全和职业健康安全管理体系影响较大的机遇可确定为重要机遇。

（3）在联席会议上经讨论确定，并经管理者代表和职业健康安全事务代表认可相关机遇。

3.5.3 机遇的控制及实施

（1）综合管理部依据联席会议形成的共识，整理出《职业健康安全机遇评价分析表》，明确机遇的级别，并有针对性地确定职业健康安全控制措施。

（2）必要时安排相关部门形成作业方法或补充到原有的作业方法之中，经管理者代表批准后下发相关部门实施。

3.6 风险和机遇的更新

3.6.1 综合管理部每年第一季度组织各部门对危险源的辨识进行修订，并对有关风险/机遇进行重新评价。重新评价的结果需反映在修订版公司级《危险源辨识和风险评价表》《重大风险清单》和《职业健康安全重要机遇评价分析表》中。

3.6.2 出现下列情况时，综合管理部应及时组织相关人员对危险源进行辨识及其风险评价，并更改相应公司级《危险源辨识和风险评价表》《重大风险清单》和《职业健康安全重要机遇评价分析表》：
① 本公司的活动、产品和服务有重大变化时（如引入新产品、新工艺等）。
② 国家有关的法律法规和其他要求有重要变化时。
③ 相关方提出要求或合理抱怨时。
④ 组织结构发生较大变化时。
⑤ 发生严重的职业健康安全事故后。
⑥ 管理评审或持续改进有要求时。

LTQY 有限公司程序文件	文件编号	B6.0-03
	版本/状态	Ⅱ/0
危险源辨识和风险机遇评价管理程序	页次/总页	7/12

3.7 重大风险和重要机遇的沟通

3.7.1 参与危险源辨识和风险/机遇评价的人员需具有良好的沟通交流能力，熟悉相关业务情况，并经过相应的培训，具备一定的职业健康安全知识。

3.7.2 评价出的重大风险/重要机遇及对其制定的控制措施，需在相关部门进行沟通，以协调控制措施的实施。

3.7.3 与相关方（如承包方或分承包方）有关的重大风险/重要机遇及对其制定的控制措施，需告知相关方，必要时书面通知，并对其控制措施的执行情况进行监督检查。

3.8 综合管理部负责保存、传递危险源辨识和风险/机遇评价过程中公司级的有关记录和文件，各部门负责保存危险源辨识和风险/机遇评价过程中与本部门有关的记录和文件。

4 本程序引用的文件

B6.0-05《目标及其实现的策划程序》

5 本程序产生的文件或记录

（1）B6.0-03-01《危险源辨识和风险评价表》

（2）B6.0-03-02《重大风险清单》

（3）B6.0-03-03《职业健康安全重要机遇评价分析表》

6 附录

附录 A 风险评估分级和控制

附录 B 作业条件危险性评价法（LEC 法）

LTQY有限公司程序文件	文件编号	B6.0-03
	版本/状态	Ⅱ/0
危险源辨识和风险机遇评价管理程序	页次/总页	8/12

附录 A 风险评估分级和控制

A1 伤害的严重程度

A1.1 轻微伤害，例如：
① 表面损伤、轻微割伤和擦伤、粉尘对眼睛的刺激。
② 烦躁和刺激（如头痛）、导致暂时性不适的疾病。

A1.2 伤害，例如：
① 划伤、烧伤、脑震荡、严重扭伤、轻微骨折。
② 耳聋、皮炎、哮喘、与工作有关的上肢损伤、导致永久性轻微功能丧失的疾病。

A1.3 严重伤害，例如：
① 截肢、严重骨折、中毒、复合伤害、致命伤害。
② 职业癌症、其他导致寿命严重缩短的疾病、急性不治之症。

A2 伤害的可能性

A2.1 应考虑的问题
① 暴露人数。
② 暴露在危险源中的频次和持续时间。
③ 服务（例如：供电、供水、供气）中断的可能性。
④ 装置、机械部件和安全装置的失灵或失控的可能性。
⑤ 暴露于恶劣气候的可能性。
⑥ 个体防护装备所提供的保护和个体防护装备的使用率。
⑦ 不安全行为（无意识的错误或故意违反程序），如：
a. 可能不知道哪是危险源；
b. 可能不具备执行工作任务所需的知识、体能或技能（如未经培训）；
c. 低估所暴露的风险；
d. 低估安全工作方法的实用性和有效性。

A2.2 可能性分类
① 可能：可能性很大或完全可以预料。
② 有可能：可能（但不经常）或可能性小（完全意外）。
③ 不可能：实际不可能或很不可能。

LTQY 有限公司程序文件	文件编号	B6.0-03
	版本/状态	Ⅱ/0
危险源辨识和风险机遇评价管理程序	页次/总页	9/12

A3 风险评估分级和控制

A3.1 根据危险源引起伤害的严重程度和可能性,将其产生的风险水平分为5级(见表1):

表1 风险水平分级确定表

可能性	严重程度（后果）		
	轻微伤害	伤害	严重伤害
不可能	可接受风险（Ⅴ级）	一般风险（Ⅳ级）	中度风险（Ⅲ级）
有可能	一般风险（Ⅳ级）	中度风险（Ⅲ级）	高度风险（Ⅱ级）
可能	中度风险（Ⅲ级）	高度风险（Ⅱ级）	不可接受风险（Ⅰ级）
备注	可将Ⅰ、Ⅱ、Ⅲ级风险确定为重大风险		

A3.2 风险水平的分级控制（见表2）:

表2 风险水平的分级控制表

风险水平	制定控制措施的原则
可接受风险（Ⅴ级）	按惯例实施控制，无须采取特别的措施，也不必保持文件和记录
一般风险（Ⅳ级）	执行现有的控制措施，一般无须增加另外的控制措施。如果有只需少量的资源投入即可获得更佳效果的解决方案，可考虑采用这样的改进措施；需要监测以确保控制措施得以保持
中度风险（Ⅲ级）	宜努力降低风险，需保持或新建立控制措施，但应慎重考虑并限定过高的预防成本。当风险的后果属于"严重伤害"时，需要持续监视和评价，以便更准确地确定伤害的可能性，从而确定是否需要采取改进控制措施
高度风险（Ⅱ级）	对于尚未进行的工作，则不宜启动，直到风险降低为止；为了降低风险，可能要配置大量的资源。对于必须进行的工作，则应同时考虑采取应急准备和响应
不可接受风险（Ⅰ级）	未进行的工作不能启动，已开始进行的工作立即停工，直至采取措施使风险降低为止。如果即使投入大量的资源也不可能降低风险时，就必须禁止该项工作

LTQY 有限公司程序文件	文件编号	B6.0-03
	版本/状态	Ⅱ/0
危险源辨识和风险机遇评价管理程序	页次/总页	10/12

附录 B 作业条件危险性评价法（LEC 法）

B1 作业条件危险性评价法

《作业条件危险性评价法（LEC 法）》是一种定量计算每一种危险源所带来的风险的方法。它用与系统危险性有关的三个因素指标之乘积来评价系统人员伤害危险水平的大小。

B2 "LEC 法"的简化公式

"LEC 法"的简化公式是 $D = LEC$，式中：D—风险值（危险等级划分）；L—发生事故的可能性；E—暴露在危险环境的频繁程度；C—发生事故产生的后果。

B3 "L"表示"发生事故的可能性"

发生事故的可能性通常用概率来表示，绝对不可能发生的概率为 0，而必然发生的概率为 1。从安全角度来说，绝对不可能发生是不可能的，所以人为地将可能性极小的分数定为 0.1，而必然要发生的分数定为 10，介于两者之间的可确定为相应的中间值。表 1 给出了事故发生的可能性（L）。

表 1 发生事故的可能性（L）

分数值	发生事故的可能性（L）
10	完全可能预料
6	相当可能
3	可能，但不经常
1	可能性小，完全意外
0.5	很不可能，可以设想
0.2	极不可能
0.1	实际不可能

B4 "E"表示"暴露在危险环境的频繁程度"

通常出现在危险环境中的时间越长危险越大。规定连续出现在危险环境的情况为

LTQY 有限公司程序文件	文件编号	B6.0-03
	版本/状态	Ⅱ/0
危险源辨识和风险机遇评价管理程序	页次/总页	11/12

10,非常罕见的为 0.5,介于两者之间的可确定为相应的中间值。表 2 给出了暴露于危险环境的频繁程度(E)的推荐值。

表 2 暴露于危险环境的频繁程度(E)的推荐值

分数值	频繁程度(E)
10	连续暴露
6	每天工作时间内暴露
3	每周一次,或偶然暴露
2	每月一次暴露
1	每年几次暴露
0.5	非常罕见地暴露

B5 "C"表示"发生事故产生的后果"

指事故造成的人员伤害或财产损失的严重程度。因变化的范围很大,所以规定的分数值为 1~100。表 3 给出了发生事故的后果(C)的推荐值。

表 3 发生事故的后果(C)的推荐值

分数值	后果(C)
100	大灾难,许多人死亡
40	灾难,数人死亡
15	非常严重,一个人死亡
7	严重,重伤
3	重大,致残
1	引人注目,不利于基本的健康安全要求

B6 "D"表示"危险源的风险值"

每一个危险源的 L、E、C 值估计出来后,就可以求出该危险源的风险值 D。为了确定危险源的风险水平,还应该确定风险级别的阈值,即界限值。表 4 结出了确定风险等级的界限推荐值(D)。

LTQY 有限公司程序文件	文件编号	B6.0-03
	版本/状态	Ⅱ/0
危险源辨识和风险机遇评价管理程序	页次/总页	12/12

表4 风险等级界限推荐值（D）

D值	危险程度	风险水平等级	备注
D≥320	极其危险，不能继续作业	Ⅰ级	重大风险
320>D≥200	高度危险，需立即整改	Ⅱ级	
200>D≥100	显著危险，需要整改	Ⅲ级	
100>D≥50	一般危险，需要注意	Ⅳ级	一般风险
D<50	稍有危险，可以接受	Ⅴ级	可接受风险

B7 "LEC法"的局限性

由于L、E、C三个数值都是人为评价的结果，因此它仍然是一种定性的方法。不同的人对其评价不同，D值可能有较大差别。因此，由这种方法得出的风险水平来划分风险等级是不完全可靠的，仍然需要进行协商和调整。

文件编号	B6.0-04
版　　本	Ⅱ版
发放编号	第××号
受控状态	□是　　□否

LTQY 有限公司
质量/环境/职业健康安全
一体化管理体系程序文件

7

合规义务管理程序

编制：_____　日期：_____

审核：_____　日期：_____

批准：_____　日期：_____

20××年××月××日发布　　20××年××月××日实施

LTQY 有限公司程序文件	文件编号	B6.0-04
	版本/状态	Ⅱ/0
合规义务管理程序	页次/总页	1/3

1 目的和范围

获取、识别、应用、更新适用于本公司环境、职业健康安全的合规义务（法律法规和其他要求），以确保本公司的活动、产品和服务符合相应的合规义务（法律法规和其他要求）。

本程序适用于公司确定、获取并应用与环境因素和职业健康安全危险源有关的合规义务（法律法规和其他要求）。

2 职责

（1）办公室归口法律法规和其他要求的管理。

（2）各部门负责对所属范围内适用的环境、职业健康安全的法律法规和其他要求的识别、应用和更新，并传达给员工并遵照执行。

（3）管理者代表监督、指导本程序的实施。

3 工作程序

3.1 法律法规和其他要求

3.1.1 法律法规

如果适用，与公司环境和职业健康安全管理体系有关的强制性法律法规要求，可能包括：

（1）政府机构或其他相关权力机构的要求。

（2）国际的、国家的和地方的法律法规。

（3）许可、执照或其他形式授权中规定的要求。

（4）监管机构颁布的法令、条例或指南。

（5）法院或行政裁决。

3.1.2 其他要求

如果适用，与公司须采纳或选择的，与其环境和职业健康安全管理体系有关的其他相关方的要求，可能包括：

（1）与社区团体或非政府组织达成的协议。

（2）与公共机构或客户达成的协议。

（3）公司的要求。

（4）自愿性原则或业务守则。

（5）自愿性标志或环境承诺。

（6）与公司签订的合同所约定的义务。

（7）相关的公司标准或行业标准。

LTQY 有限公司程序文件	文件编号	B6.0-04
	版本/状态	Ⅱ/0
合规义务管理程序	页次/总页	2/3

3.2 合规义务的获取和分级

（1）可从质监局、环保局、安监局、消防局、劳动局等行业主管部门收集获取与本公司相关的最新环境、职业健康安全合规义务，并通过政府机构、行业协会、出版机构、图书馆、报纸杂志、书店、互联网、会议、相关方等渠道进一步核实或补充。

（2）依据合规义务对公司的环境和职业健康安全管理体系的重要程度进行分级。与公司环境和职业健康安全管理体系重要环境因素和重大风险相关的，或可能导致组织的风险和机遇的法律法规要求和其他要求可称为"重要合规义务"，其他的可称为"一般合规义务"。

3.3 合规义务的确认

（1）各部门对收集获取的合规义务进行初步确认后，识别出适用的部分（可能是全文，也可能是某些条款），编制部门《适用合规义务清单（草案）》（注明其分级情况），报办公室。

（2）办公室负责对各部门上报的部门《合规义务清单（草案）》进行核实、确认后，形成公司《合规义务清单》（注明其分级情况）。

（3）编制《合规义务清单》时，按环境、职业健康安全进行分类，每一类按国际、国家、省、市等次第登录，并注明其级别。

（4）办公室将公司《合规义务清单》报管理者代表批准后，按《文件化信息管理程序》的规定发放至各部门，必要时将相关内容传达到相关方。

3.4 合规义务的应用和管理

（1）法律法规要求和其他要求可能导致组织的风险和机遇。

（2）在建立、实施、保持和持续改进一体化管理体系时，必须考虑合规义务可能的风险和机遇：

① 在公司的一体化管理体系中或其他业务过程中融入并实施这些与合规义务相关的需策划的管理措施。

② 在策划这些措施时，需考虑：

a. 考虑到控制的层级和环境、职业健康安全管理体系的输出；

b. 其可选的技术方案、财务、运行和经营要求。

（3）在确定重要环境因素和重大风险控制措施的类型时，同时关注与其相关的重要合规义务的要求。控制措施的制定和实施，需关注与其相应的合规义务，符合相应合规义务要求是控制措施的基本要求（见《环境因素管理程序》和《危险源和风险管理程序》）。

（4）确定法律法规要求和其他要求的应用时，需明确其沟通的渠道，并将其要求贯彻到相关活动中，必要时体现在相关的作业指导书或规章制度中。公司文件的要求或规定不得低于相关法规的要求或规定，可在公司的相关文件中引用相关法规的要求或规

LTQY 有限公司程序文件	文件编号	B6.0-04
	版本/状态	Ⅱ/0
合规义务管理程序	页次/总页	3/3

定,并按其执行。

(5) 在《合规性评价程序》中,评价这些措施的有效性,必要时进行改进。

3.5 合规义务的更新

(1) 各部门对合规义务及时进行跟踪,发现有变化时及时报告办公室。

(2) 办公室经评审后,必要时更新修订公司《合规义务清单》,并经管理者代表批准后发布新版公司《合规义务清单》至各部门。

(3) 对过期或作废的法律法规和其他要求文本,应及时收回,并按《文件化信息管理程序》的规定进行管理。

4 本程序引用的文件

(1) B7.0-07《文件化信息管理程序》

(2) B6.0-01《风险与机遇管理程序》

(3) B6.0-02《环境因素管理程序》

(4) B6.0-03《危险源辨识和风险机遇评价管理程序》

(5) B9.0-03《合规性评价程序》

5 本程序产生的文件或记录

B6.0-04-01《合规义务清单》

文件编号	B6.0-05
版　本	Ⅱ版
发放编号	第××号
受控状态	☐是　　☐否

LTQY 有限公司
质量/环境/职业健康安全
一体化管理体系程序文件

8
目标及其实现的策划程序

编制：_____　　日期：_____

审核：_____　　日期：_____

批准：_____　　日期：_____

20××年××月××日发布　　　　　20××年××月××日实施

LTQY 有限公司程序文件	文件编号	B6.0-05
	版本/状态	Ⅱ/0
目标及其实现的策划程序	页次/总页	1/3

1 目的和范围

依据综合方针，考虑公司的风险和机遇以及重要环境因素、重大风险、适用合规义务，建立质量、环境和职业健康安全目标（以下简称"综合目标"），对实现目标的措施进行策划，并考虑可能的一体化管理体系变更的策划。

本程序适用于公司一体化管理体系综合目标的策划和管理。

2 职责

（1）综合管理部归口综合目标及其实现策划和一体化管理体系变更的策划的管理。

（2）各部门负责本部门目标以其相关措施的制定和实施。

（3）管理者代表审核、总经理批准公司综合目标及其相关实现措施以及一体化管理体系变更策划的输出。

3 工作程序

3.1 综合目标

3.1.1 公司建立综合目标的总要求：

① 与综合方针保持一致。

② 可测量（如可行）或能够进行绩效评价。

③ 考虑到：

a. 适用的要求（包括合规义务）；

b. 风险和机遇评价的结果；

c. 与员工和员工代表（如有）协商的结果；

④ 得到监视。

⑤ 予以沟通。

⑥ 适当时予以更新。

其中质量目标还需与产品和服务合格率以及增强顾客满意度有关；环境和职业健康安全目标还需考虑环境因素和危险源评价结果；职业健康安全目标还需考虑与员工和员工代表协商的输出。

3.1.2 公司综合目标的分类：

（1）战略目标，是公司在较长时间段内质量、环境和职业健康安全管理可实现的结果，其基本内容在《简约管理手册》（见手册第五章5.4.1）中已明确，综合管理部需组织各部门策划相应的措施并予以实现。

（2）年度行动目标，是公司在一年内各部门或岗位的质量、环境和职业健康安全管理可实现的结果。每年底（包括新建立一体化管理体系时），为实现公司战略目标综合

LTQY 有限公司程序文件	文件编号	B6.0-05
	版本/状态	Ⅱ/0
目标及其实现的策划程序	页次/总页	2/3

管理部组织各部门建立下一年度的行动目标。年度行动目标需分解到各部门或岗位,并形成《年度质量/环境/职业健康安全目标》,经管理者代表审核,总经理批准后下发到各部门,相应部门需策划应对的措施并予以实现。

3.2 实现目标措施的策划

3.2.1 建立实现目标的措施时,需确定:

① 目标的内容(指标)。
② 控制的风险或机遇(包括重要环境因素、职业健康安全重大风险)。
③ 所需的资源(包括技术方案、采取的措施和步骤以及所需经费等)。
④ 具有相关职责和权限的责任部门或人员。
⑤ 评价的准则和方法(包括监视的指标)。
⑥ 如何能将实现目标的措施融入其业务过程。
⑦ 实施的时间表。

保持和保留目标及其实现策划的文件和记录。

3.2.2 针对公司综合目标,公司可按如下需要建立适当的措施:

(1) 管理方案:对于相关风险可能带来的损失大、机遇所带来的利益大且所涉及的资源多的事项,一般需按上述3.2.1条款的所有要求建立相关《专题管理方案》。

(2) 运行管理规定:对于相关风险可能带来的损失较小、机遇所带来的利益较小的事项,一般需考虑上述3.2.1条款的相关要求,按《产品和服务实现过程的策划和控制管理程序》和《环境和职业健康安全运行过程的策划和控制管理程序》的规定建立日常的运行管理规定或制度。

(3) 应急预案:对于潜在的紧急情况,考虑上述3.2.1条款的相关要求,均需按《应急准备和响应管理程序》的规定建立较长时期内使用的应急预案。

3.2.3 实现目标措施的实施

(1) 运行管理规定和应急预案,按其职责和权限,由各相关部门或人员按其规定予以实施,并按《文件化信息管理程序》管理。

(2) 管理方案的实施:

① 管理方案经管理者代表审核、总经理批准后,由责任部门或人员按规定组织实施,并记录实施的情况。

② 综合管理部对管理方案实施情况进行监督检查,对发现的问题督促责任部门按《改进、不符合和纠正措施控制程序》的规定进行整改。

③ 管理方案的更改:

a. 当实际情况(如目标,活动、产品和服务,运行条件等)发生变化时,责任部门可提出更改申请;

b. 综合管理部审议,报管理者代表重新审核、总经理重新批准。

LTQY 有限公司程序文件	文件编号	B6.0-05
	版本/状态	Ⅱ/0
目标及其实现的策划程序	页次/总页	3/3

④ 管理方案的评审：综合管理部应定期或按计划的时间间隔对管理方案进行评审，必要时进行调整，以确保目标与指标的实现。

3.3 综合目标的检查与考核：

（1）综合管理部根据公司一体化管理体系运行的情况对长期战略目标的实现情况进行检查，并形成管理评审输入。

（2）综合管理部依据年度行动目标考核办法，每半年对各部门行动目标的实现情况进行考核，并将结果报告管理者代表。

3.4 体系变更的策划

（1）当公司确定需要对综合管理体系进行变更（如方针、目标、产品、过程、服务、合规义务、内外部环境、相关方的需求和期望、管理体系范围等发生较大变化）时，变更按所策划的方式实施。

（2）对于综合管理体系的变更策划，公司需考虑：

① 变更目的及其潜在后果。

② 一体化管理体系的完整性。

③ 资源的可获得性。

④ 职责和权限的分配或再分配等。

（3）公司对其过程、一体化管理体系的变更需评价相关的风险并识别相关的机遇，适当时明确应对措施。变更无论是有计划性、永久性的或是临时性的，评价均需在变更实施前进行，以确保管理体系的预期结果的实现。

（4）变更的策划及其输出均需形成文件化信息，并经管理者代表审核、总经理批准发布。

4 本程序引用的文件

（1）B7.0-07《文件化信息管理程序》

（2）B8.0-01《产品和服务实现过程的策划和控制管理程序》

（3）B8.0-08《环境和职业健康安全运行过程的策划和控制管理程序》

（4）B8.0-09《应急准备和响应管理程序》

（5）B10.0-02《改进、不符合和纠正措施控制程序》

5 本程序产生的文件或记录

（1）B6.0-05-01《年度综合行动目标》

（2）B6.0-05-02《专题管理方案》

文件编号	B7.0-01
版　本	Ⅱ版
发放编号	第××号
受控状态	□是　　□否

LTQY 有限公司
质量/环境/职业健康安全
一体化管理体系程序文件

9
基础设施管理程序

编制：_____　　日期：_____

审核：_____　　日期：_____

批准：_____　　日期：_____

20××年××月××日发布　　20××年××月××日实施

LTQY有限公司程序文件	文件编号	B7.0-01
	版本/状态	Ⅱ/0
基础设施管理程序	页次/总页	1/4

1 目的和范围

确定、提供并维护所要求的基础设施，以确保公司产品质量、环境和职业健康安全绩效的实现。

本程序适用于公司各类设施、设备的管理。

2 职责

（1）设备保障部归口生产场所的基础设施管理。

（2）办公室归口办公和生活公共场所的基础设施管理，并归口信息和通信技术的管理。

（3）各部门确保对本部门使用的基础设施的控制。

（4）分管副总经理监督、指导本程序的实施。

3 工作程序

3.1 确定、提供并维护为满足生产要求、环境及职业健康安全目标所需的基础设施。

3.2 设施和设备的范围

（1）生产场所所需的设施和设备，包括：

① 生产设施（如厂房、实验室、库房以及各类露天设施等）。

② 生产设备（如硬件或软件的机电设备、装置、生产线、机具以及各类工艺装备等）。

③ 环境和职业健康安全设施和设备（如污水处理站、消声器、除尘器等）。

④ 动力设施和设备（如供水、供电、供气系统等）。

⑤ 运输设备（包括各类起吊装卸设备、输送带等）。

（2）办公和生活场所所需的设施和设备，包括：

① 办公和生活场所（如办公楼、职工宿舍、食堂等）。

② 办公和生活设备（如电脑、打印机、复印机、空调、冰箱等）。

③ 交通车辆（如班车等）。

（3）信息和通信技术（如局域网和通信网络）等。

3.3 设施和设备分类

（1）根据设施和设备对公司产品质量或环境保护和职业健康安全的影响程度，将设施和设备分为三类：

① 重要设施和设备（A类）：过程控制中的主要或关键设施和设备，它将直接影响最终产品质量或环境保护和职业健康安全效果。

LTQY有限公司程序文件	文件编号	B7.0-01
	版本/状态	Ⅱ/0
基础设施管理程序	页次/总页	2/4

② 一般设施和设备（B类）：过程控制中的非关键设施和设备，它可能间接影响最终产品质量或环境保护和职业健康安全效果。

③ 辅助设施和设备（C类）：非直接用于过程控制的起辅助作用的设施和设备，它对最终产品的质量或环境保护和职业健康安全效果的影响不大。

（2）设备保障部和办公室分别编制生产场所和办公和生活场所《设施和设备台账》，作为公司固定资产进行管理。

3.4 设施的管理

（1）设备保障部对新、改、扩建的建筑物进行管理，按"三同时"的原则（即同时设计、同时施工、同时使用）对有关环境保护和职业健康安全设备进行管理，完工后办理交工手续。

（2）生产场所所需的设施由设备保障部进行后续管理，办公和生活场所所需的设施交由办公室进行后续管理。

（3）设备保障部和办公室分别对各类设施进行日常维护、保养，并于每年年底对A、B类设施编制年度《设施维修计划》，并经主管领导批准后按其实施。

3.5 设备的管理

（1）设备采购：

各类设备的采购执行《采购控制管理程序》的有关规定。

（2）设备的验收：

① 采购的设备到公司后或自制设备加工完成后，C类由使用部门组织验收，A、B类由归口部门组织验收。验收合格后，相关资料由主管部门存档。

② 对验收不合格的设备，由采购部门与供方协商处理。

（3）设备的建账及出入库：

① 验收合格的设备，由主管部门编入《设施和设备台账》并分别编写《固定资产卡片》。

② 采购部门根据归口部门的许可办理报销和入库手续，使用部门在领用时办理出库手续并妥善使用。

（4）设备的使用、维护和保养：

① 必要时，使用部门确定（编写或引用）设备操作规程，使用人员应严格按照设备的操作规程或使用说明书进行操作。

② 使用部门负责对设备进行日常维护与保养，归口部门负责对设备进行大、中修。

③ 各部门需编制本部门的《设备检修记录》或《设备保养点检卡》，并按其规定由使用者对设备进行必要的日常维护、保养，并在点检卡中予以记录。

④ 归口部门于每年12月底前分别对需要大、中修的A、B类设备分别编制下年度的《设备检修计划》，经主管领导批准后执行。

LTQY 有限公司程序文件	文件编号	B7.0-01
	版本/状态	Ⅱ/0
基础设施管理程序	页次/总页	3/4

⑤ C类设备的检修一般由使用部门进行，使用部门不能检修时报归口部门进行检修。

⑥ 设备出现故障妨碍运行时，需及时通知归口部门派专人进行检修。

⑦ 设备维修后，需填写《设备检修记录》或《设备保养点检卡》。

（5）设备的技术改造：

① 如需对设备进行技术改造，由使用部门提供完整的书面改造方案和有关资料，经归口部门组织有关人员论证，并提交主管领导批准后组织实施。

② 归口部门对改造后的设备组织进行评审，确保消除不可接受风险后经主管领导批准后投入使用。使用的前半年内由归口部门进行跟踪检查，对发现的问题进行适当处理。

③ 设备技术改造的改造方案及其论证、改造的实施情况以及改造后的评审，需形成完整的《设备技术改造项目资料》。

（6）设备的封存：

① 闲置或长期不使用设备，经使用部门负责人审核、主管领导批准可进行封存处理，并保证其合适的储存环境。

② 封存设备启封使用时，应做好维护保养，试运行正常，并经归口部门组织评审符合要求后，经主管领导批准后使用。

③ 封存和启用情况应在《设施和设备台账》和《固定资产卡片》中予以注明。

（7）设备的调用：

归口部门在职权范围内有权组织设备的平衡调拨工作，转入/出部门应办理好《固定资产卡片》的转移手续，并在《设施和设备台账》上予以注明。

（8）设备的报废：

① 对无法修复或无维修价值的设备，由使用部门填写《设备报废审批表》，归口部门负责人审核、主管领导批准后办理报废手续。

② 设备报废后，由归口部门负责隔离存放、妥善保管，并统一处置。

（9）特种设备除按上述的规定进行管理外，并由设备保障部按照《特种设备安全监察条例》进行管理。

3.6 支持性服务管理

（1）办公室负责对公司信息和通信技术的统一管理，以满足公司产品质量以及环境和职业健康安全的要求。

（2）建立并实施信息系统：

① 确定信息的需求，按规定收集、贮存、传递、处理和利用信息。

② 信息管理需满足顾客和相关方的需要。

③ 必要时，建立局域网，以利于内外部信息交流。

LTQY 有限公司程序文件	文件编号	B7.0-01
	版本/状态	Ⅱ/0
基础设施管理程序	页次/总页	4/4

(3) 通信技术的配置需适应一体化管理体系运行的需要,必要时建立公司内部通信网络并使用 WiFi 通信技术,以利于内外部沟通。

4 本程序引用的文件

(1)《特种设备安全监察条例》(国务院令第 373 号,2016 年 6 月 1 日实施)

(2) B8.0-04《采购控制管理程序》

5 本程序产生的文件或记录

(1) B7.0-01-01《设施和设备台账》(略)

(2) B7.0-01-02《设施维修计划》(略)

(3) B7.0-01-03《固定资产卡片》(略)

(4) B7.0-01-04《设备检修记录》(略)

(5) B7.0-01-05《设备保养点检卡》(略)

(6) B7.0-01-06《设备技术改造项目资料》(略)

(7) B7.0-01-07《设备报废审批表》(略)

文件编号	B7.0-02
版 本	Ⅱ版
发放编号	第××号
受控状态	□是　　□否

LTQY 有限公司
质量/环境/职业健康安全
一体化管理体系程序文件

10
过程运行环境管理程序

编制：_____　　日期：_____

审核：_____　　日期：_____

批准：_____　　日期：_____

20××年××月××日发布　　20××年××月××日实施

LTQY 有限公司程序文件	文件编号	B7.0-02
	版本/状态	Ⅱ/0
过程运行环境管理程序	页次/总页	1/5

1　目的和范围

确定、提供并维护为满足产品和服务质量以及环境和职业健康安全绩效要求所需的过程运行环境的各种因素,提供良好的工作环境,控制不良影响,以达到协调管理体系运行发展的目的。

本程序适用于与一体化管理体系有关的过程运行环境控制。

2　职责

(1) 办公室归口人为因素的过程运行环境的管理。
(2) 生产计划部归口物理因素的过程运行环境的管理。
(3) 综合管理部归口"5S"管理。
(4) 各部门确保本部门的过程运行环境的控制。
(5) 分管副总经理监督、指导过程运行环境的控制。

3　工作程序

3.1　确定、提供并维护所需的环境,以运行过程,确保获得合格产品和服务以及环境/职业健康安全绩效。适宜的过程运行环境包括:

(1) 人为因素管理(如非歧视、安定、非对抗、减压、预防过度疲劳、稳定情绪等)。
(2) 物理因素管理(如温度、热量、湿度、照明、空气流通、卫生、噪声等)。
(3) "5S"管理。

3.2　人为因素管理

(1) 公司认为,员工所拥有的智慧和能力是组织的重要资源,而且是一种战略性的资源,会成为决定本公司兴衰成败的关键性因素。

(2) 营造团结氛围:

① 公司以人为本,倡导平等、互助、团结的人文关系,领导关心下级,下级尊重领导,员工相互友爱,对那些在工作、生活和情绪上遇到困难的人员及时施加帮助。

② 树立公司与员工合作伙伴关系的理念,肯定员工在公司中的地位,让员工充分感受到人格的尊严和认可,增强员工的归属感和忠诚度,减少员工流失。

(3) 建立激励机制:

① 公司充分发挥员工的聪明才智,发挥员工的创意潜能,给每一位员工充分发展的空间,依赖员工、重视员工,形成良好的互动氛围。

② 营造良好的学习环境,按照《人力资源管理程序》的规定实施有效的培训,满足员工的发展要求,为员工提供学习的机会,鼓励员工知识更新、追求先进、完善自我,提高能力。

LTQY有限公司程序文件	文件编号	B7.0-02
	版本/状态	Ⅱ/0
过程运行环境管理程序	页次/总页	2/5

③ 公司致力于营造提高员工满意度的氛围,使员工感受到良好的人文环境,稳定公司人才队伍,有力地促进公司发展。

(4) 建立沟通机制:

① 公司完善合理化建议制度,加强员工的民主意识,鼓励员工参与管理。通过上情下达、下情上报、互相交流,激发员工的积极性和荣誉感,满足员工的成就感,促进员工的使命感,以增强公司的整体凝聚力。

② 公司加强员工内部沟通,强调运用激励政策发挥员工的积极性和创造性,按照《沟通和交流管理程序》的规定,加强公司各级管理者与员工的密切沟通,建立员工忠诚于公司的新型关系,营造信息和知识全员共享的良好环境。

(5) 归口部门不定期对各部门的过程运行环境中的人为因素进行监督和检查,发现问题及时纠正。

3.3 物理因素管理

(1) 办公室工作环境:

① 办公室配置适用的办公用房,根据业务需要,统一设计和布置,适当装修,有效利用空间,考虑人体功效学的要求,体现公司形象设计理念,做到整洁、美观、通风,能够保持适宜的温度、湿度和职业健康要求,提高工作效率。

② 各部门办公人员负责做好本办公区域和公共环境的维护,保持办公场所环境清洁有序,文件、资料放置有序,便于查找,无乱放杂物和个人生活用品。

(2) 公共场所工作环境:

① 公共环境应美观舒适,整洁有序,安全方便,标识清晰,有必要的防护措施。

② 考虑特殊气候条件下的要求,公共场所应配置必要的防范措施。

(3) 作业场所工作环境:

① 确定各类设备的环境条件,确保重要机房满足适当的工作条件。

② 作业现场整洁有序,设备、工具、材料存放有序,通道畅通,地面清洁无杂物、有安全防护措施、通风照明良好。

③ 空气中化学物质、粉尘、生物因素容许浓度需符合GBZ 2.1—2007《工作场所有害因素职业接触限值 第1部分:化学有害因素》标准规定的要求:

a. 本公司产生这些物质的过程和设备,集中于化工仓库、加工车间、污水处理站、燃料站、水处理厂、复印室等;

b. 生产管理人员需了解和掌握生产所使用设备的工艺流程和毒性作用的主要特点,以及有关的卫生防护资料,并需向相关人员宣讲;

c. 这些场所需考虑机械化和自动化作业,加强密闭,避免直接操作,并采取防尘、防毒、通风措施控制其扩散;

d. 机械通风装置的进风口位置,需设于室外空气比较洁净的地方;相邻工作场所的

LTQY 有限公司程序文件	文件编号	B7.0-02
	版本/状态	Ⅱ/0
过程运行环境管理程序	页次/总页	3/5

进气和排气装置,应合理布置,避免气流短路;

  e. 空气中含有恶臭物质(例如污水处理、化粪池等)及有害物质浓度可能突然增高的工作场所,不得采用循环空气作空气调节;

  f. 局部机械排风系统各类型排气罩遵循形式适宜、位置正确、风量适中、强度足够、检修方便的设计原则,罩口风速或控制点风速应足以将发生源产生的尘、毒吸入罩内,确保达到高捕集效率;

  g. 散发有毒有害气体的设备上的尾气和局部排气装置排出浓度较高的有害气体需引入有害气体回收净化处理设备,经净化达到 GB 16297—1996《大气污染物综合排放标准》要求后排放。如直接排入大气,应引至屋顶(含裙楼楼顶)以上3m高处放空;

  h. 机房内的设备和管道采取有效的密封措施,防止各类跑、冒、滴、漏、堵,杜绝无控制排放;

  i. 超高频辐射、高频电磁场、工频电场、激光辐射、微波辐射、紫外辐射、高温作业、噪声、手传振动等职业接触限值应符合 GBZ 2.2—2007《工作场所有害因素职业接触限值 第2部分:物理因素》标准规定的要求。

  ④ 防暑要求:

  a. 工作流程的设计宜使操作人员远离热源,同时根据其具体条件采取必要的隔热降温措施;

  b. 产生热源的机房应设有避风的天窗,天窗和侧窗应便于开关和清扫;

  c. 当作业地点气温不低于37℃时需采取局部降温和综合防暑措施,并减少接触时间;

  d. 锅炉房、空压机房、配电房、热处理作业间、需设有封闭值班室,值班室内气温不高于室外气温,一般保持在24~28℃;

  e. 夏季室外高温作业时,需为高温作业人员工供应含盐清凉饮料(含盐量在0.1%~0.2%之间),饮料水温不宜高于18℃。

  ⑤ 防寒要求:

  a. 根据本公司所处地域,按国家相关规定实施冬季集中供暖;

  b. 集中采暖场所,当每名员工占用的建筑面积较大时($\geq 50m^2$),仅要求工作地点及休息室设局部采暖设施;

  c. 冷库工作人员执行相关劳保要求。

  ⑥ 防噪声与振动要求:

  a. 具有工艺性噪声的机房应远离其他非噪声作业空间、行政办公区和仓储区;

  b. 噪声较大的设备应将噪声源与操作人员隔开,工艺允许远距离控制的可设置隔声操作(控制)室;

  c. 产生强烈振动的设备需采取防止振动传播的措施;

LTQY有限公司程序文件	文件编号	B7.0-02
	版本/状态	Ⅱ/0
过程运行环境管理程序	页次/总页	4/5

d. 噪声与振动强度较大的设备应安装的底层,对振幅、功率较大的设备应设计配备减振基础或减振支架;

e. 工作地点运行噪声声级超过卫生限值,而采用现代工程技术治理手段仍无法达到卫生限值时,可采用减少工作时间并采取有效个人防护措施。

⑦ 防非电离辐射(射频辐射)要求:

a. 日常工艺过程有可能产生微波或高频电磁场的设备应采取有效的防止电磁辐射能的泄漏措施;

b. 产生非电离辐射的设备应有良好的屏蔽措施。

⑧ 工频超高压电场的防护:

a. 产生工频超高压电场的设备需有必要的防护措施;

b. 从事工频高压电作业场所的电场强度不应超过5kV/m;

c. 高压输电设备,在人通常不去的地方,应当用屏蔽网、罩等设备遮挡起来。

⑨ 照明作业场所的照明卫生要求,应按 GB 50034—2013《建筑照明设计标准》规定执行,并尽量配置节能灯具。

⑩ 美化公司区域环境,在办公、值班或封闭工作场所可摆放适量的观赏植物,创造优美的工作环境和艺术氛围。

3.4 "5S"管理

公司由综合管理部组织实施"5S"管理。

(1) 各部门和岗位人员需做到:

① 整理(Seiri):工作场所内的物品分为"要用的"与"不要用的"。

② 整顿(Seiton):将区分为"要用的"的物品,划出固定摆放位置。

③ 清扫(Seiso):将区分为"不要用的"的物品,清除打扫干净。

④ 清洁(Seiketsu):将整理、整顿、清扫后的工作场所随时保持在美观状态。

⑤ 素养(Shitsuke):通过上述管理活动,让每一位员工都养成好习惯,并且遵守各项规章制度,做到"以公司为家,以公司为荣"。

(2) 归口部门对各部门执行"5S"管理的情况进行监督检查。

3.5 必要时,保留运行环境管理的相关记录。

4 本程序引用的文件

(1) GBZ 2.1—2007《工作场所有害因素职业接触限值 第1部分:化学有害因素》

(2) GBZ 2.2—2007《工作场所有害因素职业接触限值 第2部分:物理因素》

(3) GB 16297—1996《大气污染物综合排放标准》

(4) GB 50034—2013《建筑照明设计标准》

(5) B7.0—05《人力资源管理程序》

LTQY 有限公司程序文件	文件编号	B7.0-02
	版本/状态	Ⅱ/0
过程运行环境管理程序	页次/总页	5/5

（6）B7.0—06《沟通和交流管理程序》

5　本程序产生的文件或记录

运行环境管理相关记录（略）

文件编号	B7.0-03
版 本	Ⅱ版
发放编号	第××号
受控状态	□是　　□否

LTQY 有限公司
质量/环境/职业健康安全
一体化管理体系程序文件

11
监视和测量资源管理程序

编制：_____　　日期：_____

审核：_____　　日期：_____

批准：_____　　日期：_____

20××年××月××日发布　　20××年××月××日实施

LTQY 有限公司程序文件	文件编号	B7.0-03
	版本/状态	Ⅱ/0
监视和测量资源管理程序	页次/总页	1/3

1 目的和范围

对用于验证和证明产品和服务符合要求的以及环境和职业健康安全绩效进行监视和测量资源进行控制和管理,确保监视和测量结果有效和可靠。

本程序适用于对验证及证明产品和服务符合要求以及环境和职业健康安全绩效进行监视和测量资源的控制,包括用于规定要求的监视和测量计算机软件。

2 职责

(1) 综合管理部归口本程序的管理。
(2) 使用部门负责监视和测量资源的维护、送检。
(3) 分管副总经理监督、指导本程序的实施。

3 工作程序

3.1 总要求

(1) 综合管理部负责确定需实施的监视和测量以及所需的监视和测量资源,以确保结果有效和可靠。

(2) 确保所提供的资源:

① 适合所开展的监视和测量活动的特定类型。
② 得到维护,以确保持续适合其用途。
③ 包括的监视和测量设备的计量特性与监视和测量要求相适应。

3.2 监视和测量资源的采购及验收

根据监视和测量项目所需测量能力和测量要求配置监视和测量资源,对其采购和验收执行《采购控制管理程序》。

3.3 监视和测量设备的初次校准

(1) 经验收合格的监视和测量设备,由综合管理部负责送国家计量部门检定合格后方能发放使用。对检定合格的监视和测量设备应贴上表明其状态的唯一标识。

(2) 综合管理部负责建立《监视和测量设备履历表》,记录设备的编号、名称、规格型号、精度等级、生产厂家、校准周期、校准日期、放置地点等,并填写《监视和测量设备一览表》。

(3) 综合管理部负责监视和测量设备的发放,并监督和管理监视和测量设备的日常使用。

3.4 监视和测量装置的周期检定或校准

(1) 每年12月由综合管理部编制下年度的《计量检定/校准计划》,根据计划执行周期检定或校准。

LTQY 有限公司程序文件	文件编号	B7.0-03
	版本/状态	Ⅱ/0
监视和测量资源管理程序	页次/总页	2/3

① 对需外单位检定或校准的设备，由综合管理部负责联系国家法定计量部门进行，并由其出具《计量器具检定/校准报告》和《检定合格证》。

② 对需进行内部自行校准的设备，综合管理部编制相应的《内部校准规程》，规定校准的方法、使用设备、验收标准及校准周期等内容，经管理者代表批准，由综合管理部实施校准并填入《内部校准记录表》和《校准合格证》。

（2）检定或校准标识：

① 将检定或校准"合格标签"贴在检定或校准合格的设备上，以明确其有效期。

② 部分功能或量程检定或校准合格的，贴"限用标签"，标明限用功能的范围。

③ 检定或校准不合格的，贴"不合格标签"，修理后重新校准。

④ 对不便粘贴标签的设备，可将标签贴在包装盒上，或由使用者妥善保管。

（3）对用于规定要求的监视和测量计算机软件，初次使用前应经过验证和确认合格，需要时，再次验证和确认合格，验证和确认结果并填入《软件验证和确认记录表》并出具《软件验证和确认合格证》。

（4）对生产和检验共用的测量设备（如模具），使用前应进行校准或验证，并按规定的周期复检，并填写入《内部校准记录表》并出具《校准合格证》。

（5）对一次性使用的检测设备，使用前需进行校准或检定，并保留记录。

3.5 监视和测量设备的使用、搬运、维护和贮存控制

（1）使用者需严格按照相关说明书使用监视和测量设备，确保设备的测量和监控能力与要求相一致。

（2）使用监视和测量设备时，可进行适当的调整或再调整，但防止发生可能失效的调整，必要时由计量员进行调整。

（3）在使用监视和测量设备前，按规定检查设备是否工作正常，是否在校准/检定有效期内。

（4）使用者在监视和测量设备的使用、搬运、维护和贮存过程中，要遵守使用说明书和操作规程的要求，进行适当的维护和保养，以防止其损坏或失效。

（5）监视和测量设备的校准、修理、报废等状况需记录在《监视和测量设备履历表》中。

3.6 监视和测量设备偏离校准状态的控制

（1）当发现检测设备偏离校准状态时，需停止用其进行检测工作，并及时报告综合管理部。综合管理部追查使用该设备检测的产品流向，再评价以往检测结果的有效性，确定需重新检测的范围并重新检测。综合管理部组织对该设备的故障进行分析、维修并重新校准、检定或验证，并对任何受影响的产品采取适当的措施。

（2）对无法修复的设备，经综合管理部确认后，由主管领导批准报废或做相应处理。

LTQY 有限公司程序文件	文件编号	B7.0-03
	版本/状态	Ⅱ/0
监视和测量资源管理程序	页次/总页	3/3

3.7 监视和测量设备的环境要求

监视和测量设备的使用环境需符合相关技术的规定，由综合管理部负责监督检查。

3.8 对计量人员的要求

综合管理部对监视和测量设备的管理人员（计量员）进行相应的培训，经考核合格后允许其上岗。

3.9 按《文件化信息管理程序》的规定，保留上述对监视和测量设备管理和控制的适当成文信息，作为监视和测量资源适合其用途的证据。

4 本程序引用的文件

（1）B7.0-07《文件化信息管理程序》

（2）B8.0-04《采购控制管理程序》

5 本程序产生的文件或记录

（1）B7.0-03-01《监视和测量设备履历表》（略）

（2）B7.0-03-02《内部校准规程》（略）

（3）B7.0-03-03《监视和测量设备一览表》（略）

（4）B7.0-03-04《计量检定/校准计划》（略）

（5）B7.0-03-05《监视和测量设备记录》（略）

（6）B7.0-03-06《计量器具检定/校准报告》（略）

（7）B7.0-03-07《内部校准记录表》（略）

（8）B7.0-03-08《软件验证和确认记录表》

（9）B7.0-03-09《检定合格证》（略）

（10）B7.0-03-10《校准合格证》（略）

（11）B7.0-03-11《软件验证和确认合格证》

文件编号	B7.0-04
版　　本	Ⅱ版
发放编号	第××号
受控状态	□是　　□否

LTQY 有限公司
质量/环境/职业健康安全
一体化管理体系程序文件

12
组织知识管理程序

编制：_____　　日期：_____

审核：_____　　日期：_____

批准：_____　　日期：_____

20××年××月××日发布　　20××年××月××日实施

LTQY 有限公司程序文件	文件编号	B7.0-04
	版本/状态	Ⅱ/0
组织知识管理程序	页次/总页	1/2

1 目的和范围

需确定必要的组织知识，以利于运行过程，并获得合格产品和服务。
本程序适用于公司一体化管理体系的各相关过程。

2 职责

（1）技术开发部归口管理组织的知识。
（2）各相关部门按运行过程的需要运用相关知识。
（3）总工程师监督、指导本程序的实施。

3 工作程序

3.1 组织的知识是指那些公司特有的知识，通常从其经验中获得，是为实现公司目标所使用和共享的信息。人员及其经验是组织知识的基础，其获取及分享可产生整合效应，从而创造出新的或更新的组织知识。

3.2 在所需的范围内基于如下来源获得相应的知识并予以保持：
① 内部来源（如管理层、管理部门和执行部门）。
② 外部来源（如顾客、供方、相关方、合作伙伴、竞争对手、主管部门、国内外同行及相关机构、媒体等）。

3.3 针对不断变化的需求和发展趋势，技术开发部组织各部门评审公司现有的知识，考虑以下几个方面来确定如何获取或接触更多必要的知识和知识更新：
① 从失败、挫折和成功中汲取经验教训。
② 获取公司内部人员的知识和经验（过程、产品和服务的改进结果）。
③ 获取公司内部存在的知识（包括显性的和隐性的，如知识产权或未形成文件的知识和经验），例如继承原有的计划和进行内部培训、辅导等。
④ 利用国际、国家、行业公开发布的相关知识（如法律法规、标准等）。
⑤ 从顾客、供应商和合作伙伴方面收集知识（例如通过学术交流，专业会议获得）。
⑥ 在与竞争对手比较中，找出差距获取知识。
⑦ 与相关方分享组织的知识，以确保组织的可持续性。
⑧ 根据改进的结果更新必要的组织知识。

3.4 需将与产品、活动和服务相关的质量、环境和职业健康安全的法律法规、标准、文件作为必备知识，予以应用、并保持及时更新。

3.5 组织知识的管理
（1）组织知识的管理需把握获取、分享、创新和应用四个环节。

LTQY 有限公司程序文件	文件编号	B7.0-04
	版本/状态	Ⅱ/0
组织知识管理程序	页次/总页	2/2

（2）应用如下活动中取得的组织知识（不限于）：

① 在设计、生产、工艺运行、服务等过程中获取的经验教训、失效分析，包括对事件的应对措施。

② 典型、批量、惯性问题的发生情况及处置方法、结果记录、分析和结论意见。

③ 先进的管理理念，最佳实践，成熟的技能技艺、检测方法以及科研成果、工艺成果、QC 成果。

④ 产品性能说明书/使用说明书/维护指南及故障分析。

⑤ 知识产权（含专利和企业标准）等。

技术开发部需将上述评审结果向管理层报告，必要时通报相关部门，以利于采取相应的措施。

3.6 组织知识涉及的成文信息

组织知识涉及的成文信息按《文件化信息管理程序》进行管理。

4 本程序引用的文件

B7.0-07《文件化信息管理程序》

5 本程序产生的文件或记录

无

文件编号	B7.0-05
版　本	Ⅱ版
发放编号	第××号
受控状态	□是　　□否

LTQY 有限公司
质量/环境/职业健康安全
一体化管理体系程序文件

13
人力资源管理程序

编制：_____　　日期：_____

审核：_____　　日期：_____

批准：_____　　日期：_____

20××年××月××日发布　　20××年××月××日实施

LTQY 有限公司程序文件	文件编号	B7.0-05
	版本/状态	Ⅱ/0
人力资源管理程序	页次/总页	1/5

1 目的和范围

确保从事影响产品和服务要求符合性以及被确认为可能具有重大环境影响和对职业健康安全有影响的工作人员具有相应的能力。

本程序适用于本公司所有与一体化管理体系有关人员（包括为公司工作的所有人员，如临时工、临时聘用人员等）的能力及意识提升活动。

2 职责

（1）人力资源部归口人力资源的管理。
（2）各部门负责本部门人员能力、培训和意识的管理。
（3）管理者代表审核、总经理批准岗位任职要求与培训计划。
（4）分管副总经理监督、指导本程序的实施。

3 工作程序

3.1 人员能力的总要求
（1）确定对其质量、环境和职业健康安全绩效有或可能有影响的员工所需的能力。
（2）基于适当的教育、培训或经历，确保员工能够胜任（包括辨识危险源的能力）。
（3）任用时，采取措施以获得和保持所必需的能力，并评价所采取措施的有效性。
（4）保留适当的成文信息作为能力的证据。

3.2 人员配置
（1）根据一体化管理体系各工作岗位的能力需求选择能胜任的人员，人员的能力基于受教育的程度、接受的培训、工作经历中积累的技能和经验。
（2）各部门编制适合于各类人员的《部门岗位职责与任职要求》，并交由人力资源部汇总归纳整理后编制各级各类人员的《公司岗位职责与任职要求》。
（3）《公司岗位职责与任职要求》由管理者代表审核、总经理批准后，作为人员选择、招聘、录用和考核的主要依据。
（4）人力资源部负责公司各类人员的配置：
① 配置各部门负责人时，需根据总经理的总体安排进行，并经公司领导层会议通过。
② 配置骨干人员时，需征得公司主管领导同意。
③ 配置其他人员时，需征得所在部门领导同意。

3.3 人员培训
（1）识别对从事影响产品和服务质量、工作场所内环境和职业健康安全活动的人员

LTQY有限公司程序文件	文件编号	B7.0-05
	版本/状态	Ⅱ/0
人力资源管理程序	页次/总页	2/5

的能力需求，适当时根据他们的岗位责任和需要分别对在岗员工、新员工、转岗员工、专业人员、特殊工种人员进行培训。当进入公司的相关方工作人员直接影响到公司的产品/服务质量、环境和职业健康安全时，在征得相关方同意后公司的培训活动可对其同时进行。

（2）在岗员工培训。对在岗员工根据需要按计划分批进行如下基本培训：

① 基础教育：综合管理手册（包括方针和目标），采用标准的基础知识，质量、环保和健康安全意识，相关法律法规和岗位职责等，由人力资源处组织实施。

② 岗位技能培训：包括与所在部门相关的程序文件、工作手册、所在岗位相关作业文件、相关设备性能、操作规程、现场实际操作及出现紧急情况时的应变措施等，由所在部门组织实施。

（3）新员工的培训。对新入职员工在进入工作岗位前进行如下培训：

① 由人力资源部统一组织入职教育（包括公司概况、基本要求和规定等）以及基础教育（同上述基础教育的内容）。

② 由接收部门组织进行岗位技能培训（同前述岗位技能培训内容）。

（4）转岗员工的培训。转岗员工需在进入新工作岗位前，由接收部门组织进行岗位技能培训（同前述岗位技能培训内容）。

（5）专业人员培训。对各类专业人员适时进行相关的管理和技术专业培训，提高其相关专业能力，以适应本公司的发展需要。

（6）特殊工种人员资格培训。下列人员必须获得法定部门或授权人颁发的资格证书，并在人力资源处备案后方能持证上岗：

① 内审员需经过专门机构培训并经管理者代表批准。

② 计量员需经过培训取得计量部门的资格证书。

③ 检验人员需经综合管理部组织培训、考核，并经总工程师授权，有要求时需取得专门机构的资格证书。

④ 特种作业人员（如电工、焊接与热切割作业人员、高处作业人员、制冷与空调作业人员、危险化学品安全作业人员等），按《特种作业人员安全技术培训考核管理规定》经具有资质的机构进行培训考核并取得相应的资格证书。

⑤ 特种设备作业人员（如锅炉、压力容器、压力管道、电梯、起重机械、场（厂）内专用机动车辆的作业人员及其相关管理人员），按《特种设备作业人员监督管理办法》需经过培训考核合格取得《特种设备作业人员证》，方可从事相应的作业。

⑥ 法规规定获得资格证书的人员，需经专业培训。

（7）管理者的培训。对公司最高管理者（层）以及其他所有对一体化管理体系有影响的管理者，按规定时间间隔进行有关质量、环境和职业健康安全知识和岗位技能的培训，并进行适当考核。

LTQY 有限公司程序文件	文件编号	B7.0-05
	版本/状态	Ⅱ/0
人力资源管理程序	页次/总页	3/5

（8）培训计划。

① 每年 11 月底，各部门根据实际需要确定本部门下一年度的培训需求，填写《年度培训申请单》，上报人力资源部。

② 人力资源部根据各部门《年度培训申请单》和公司发展的需求，于每年底制定下一年度的《年度培训计划》（包括公司内部培训和委外培训）。

③《年度培训计划》经总经理批准后下发各部门执行。如需要计划外培训，各部门需填写《计划外培训申请单》，其中内部培训由责任部门批准，委外培训经人力资源部审查管理者代表或分管副总经理批准。

④ 各类培训活动需考虑不同人员的需要，并分层次进行培训。

（9）培训的实施。

① 由人力资源部按《年度培训计划》的要求督促、检查责任部门组织各项培训。

② 内部培训由责任部门按培训计划实施，培训前做好培训准备（包括选定教材、聘任教师、确定考核方式），培训后需按本程序 3.5 条款的规定评价其有效性。

③ 委外培训统一由人力资源部与培训机构联系，及时派遣相关人员参与培训。培训机构需提供相关培训评价意见或相关资质证件。

3.4 采取其他措施

为发挥员工能力，还可以采取以下措施：

① 采取集体或个别教育的方式，以提高员工的意识和责任心。

② 调换工作岗位，以更适合于员工能力的发挥。

③ 按公司规定实施必要的奖励措施，以激发员工的积极性。

④ 按公司规定实施必要的惩罚措施，以使员工汲取教训，必要时予以辞退。

⑤ 按《劳动合同法实施条例》，对员工的劳动合同的签订、续订、变更、解除和终止进行管理。

3.5 有效性评价

（1）有效性评价可采取以下一种或多种方式逐一进行：

① 考核评价，包括笔试、面试、现场提问、答辩、心得报告等的评分或评级。

② 实际操作评价，包括知识的掌握和运用能力、创新能力等。

③ 工作绩效评价，包括培训前后的表现（如合格率、计划完成率、工作效率等的差异）。

④ 采用其他适当的方式进行评价。

（2）内部培训由责任培训部门或所在部门进行评价，委外培训由委外机构进行评价，资质证书是培训评价的重要证据。

（3）人力资源处每年对培训或其他措施的有效性评价进行统计分析，提交《年度培训有效性评估报告》，针对问题制定相应的措施并列入下一年度培训计划中。

LTQY 有限公司程序文件	文件编号	B7.0-05
	版本/状态	Ⅱ/0
人力资源管理程序	页次/总页	4/5

3.6 人员意识

（1）确保在其控制下工作的人员具有相应的质量、环保和职业健康安全意识。

（2）通过各种方式（如培训、宣贯和教育）增强相关员工的工作能力，并使其意识到：

① 遵循方针、目标以及管理体系要求的重要性，包括应急准备和响应的要求。

② 不符合一体化管理体系要求，偏离规定的运行程序以及未履行合规义务可能带来的后果。

③ 与他们的工作相关的重要环境因素、职业健康安全风险及其确定的相关措施，以及与其相关的实际或潜在的影响。

④ 满足相关方要求和法律法规要求的重要性，违反这些要求所造成的后果，以及与他们有关的事件和调查结果。

⑤ 当面临生命或健康的危机时，他们具有脱离险境的能力，以及因此而引起不当后果时的保护能力。

⑥ 个人从事的活动与公司发展的相关性，及其对一体化管理体系的贡献（包括对提升环境和职业健康安全绩效的贡献）。

⑦ 所在岗位的职责及其对于实现质量、环境和安全目标的重要性。

⑧ 公司的企业文化。

⑨ 所从事活动的重要性以及与其他活动的相关性。

⑩ 职业道德行为的重要性等。

3.7 记录要求

（1）每次内部培训由责任部门填写《培训记录表》（其教材、试卷、考勤表、评价结果、培训证书可作为附件），培训后将与培训相关的资料和记录交人力资源部。

（2）委外培训机构提供的相关资料和记录由人力资源部存档。

（3）人力资源部建立《委外培训人员清单》（包括特殊工种和特种设备操作人员），培训后保留相关证书的信息（包括换发证书时间）。

（4）人力资源部应建立教育、培训、技能和经验的档案记录，填写《人员能力履历表》。

（5）人力资源部保存相关教育、培训、技能和经验的适当记录。

4 本程序引用的文件

（1）《特种作业人员安全技术培训考核管理规定》（国家安监总局令第30号，2010年7月1日施行）

（2）《特种设备作业人员监督管理办法》（质检总局令第70号，2011年7月1日施行）

（3）《劳动合同法实施条例》（国务院令第535号，2008年9月18日实施）

LTQY 有限公司程序文件	文件编号	B7.0-05
	版本/状态	Ⅱ/0
人力资源管理程序	页次/总页	5/5

5 本程序产生的文件或记录

（1）B7.0-05-01《岗位职责与任职要求》（略）
（2）B7.0-05-02《人员能力履历表》（略）
（3）B7.0-05-03《年度培训计划》（略）
（4）B7.0-05-04《年度培训申请单》（略）
（5）B7.0-05-05《计划外培训申请单》（略）
（6）B7.0-05-06《培训记录表》（略）
（7）B7.0-05-07《特种作业人员清单》（略）
（8）B7.0-05-08《年度培训有效性评估报告》（略）

文件编号	B7.0-06
版　本	Ⅱ版
发放编号	第××号
受控状态	□是　　□否

LTQY 有限公司
质量/环境/职业健康安全
一体化管理体系程序文件

14
沟通和交流管理程序

编制：_____　　日期：_____

审核：_____　　日期：_____

批准：_____　　日期：_____

20××年××月××日发布　　20××年××月××日实施

LTQY 有限公司程序文件	文件编号	B7.0-06
	版本/状态	Ⅱ/0
沟通和交流管理程序	页次/总页	1/2

1　目的和范围

确保信息沟通和交流畅通，以促进一体化管理体系的有效性。
本程序适用于公司各部门、岗位的所有活动。

2　职责

（1）综合管理部归口内部信息沟通和交流的管理。
（2）市场营销部归口外部信息沟通和交流的管理。
（3）各部门和岗位参与相关的信息沟通和交流活动。
（4）公司主管领导监督、指导本程序的实施。

3　工作程序

3.1　总要求

（1）与一体化管理体系有关的内外部沟通，需考虑：

① 沟通的内容（可能涉及相关过程的运行、法律法规要求及其他要求、重要环境因素和职业健康安全重大风险等）。
② 沟通的时机（一般在发生问题、疑惑或请求支援时进行）。
③ 沟通的对象：
a. 在公司各层级与职能之间；
b. 工作场所内承包商与访问者之间；
c. 其他相关方之间。
④ 沟通的方式：
a. 一般采用灵活机动的方式（可能是正式的、形成文件的，也可能是非正式的、口头的）；
b. 在进行沟通时，需考虑对象的相关因素（如性别、语言、文化与身体状况等）；
c. 确保在沟通过程中，注意倾听沟通对象的意见，特别是负面意见（如投诉），并在事后进行分析以寻求改进；
d. 对沟通的内容做出响应。

（2）在进行内外部沟通时，需考虑信息交流的以下特性，以确保沟通的良好效果：
① 透明性，即对其获得报告内容的方式是公开的。
② 适当性，以使信息满足相关方的需求，并促使其参与。
③ 真实性，不会使那些相信所报告信息的人员产生误解。
④ 事实性、准确性和可靠性。
⑤ 不排除相关信息。

LTQY 有限公司程序文件	文件编号	B7.0-06
	版本/状态	Ⅱ/0
沟通和交流管理程序	页次/总页	2/2

⑥ 使信息可理解。

3.2 内部沟通

（1）在各职能和层次间采取适当形式（会议、协同平台、信息反馈、专题会、定期的例会、报表、黑板报、电话、内部刊物、班前会等）就一体化管理体系的相关信息进行内部沟通，适当时，包括交流管理体系的变更。

（2）确保信息交流过程，使在公司控制下工作的人员能够为持续改进做出贡献。

3.3 外部沟通

① 考虑法律法规要求及其他要求，就一体化管理体系的相关信息与相关方进行沟通。

② 责任部门需与顾客、业主、监理、主管部门、周边社区等相关方就一体化管理体系的有关信息进行适时沟通交流，了解并达成其需求和期望，以增进相互信任。

③ 沟通交流可采取相互认可的适当方式，如会议交流或讨论、文件和资料的传递、数据信息传递、互访、传真、电子邮件等。

3.4 必要时，保留内外部信息沟通和交流记录，如《会议纪要》或《信息沟通反馈单》等。

4 本程序引用的文件

无

5 本程序产生的文件或记录

（1）B7.0-06-01《会议纪要》（略）

（2）B7.0-06-02《信息沟通反馈单》（略）

文件编号	B7.0-07
版　本	Ⅱ版
发放编号	第××号
受控状态	□是　　□否

LTQY 有限公司
质量/环境/职业健康安全
一体化管理体系程序文件

15
文件化信息管理程序

编制：_____　　日期：_____

审核：_____　　日期：_____

批准：_____　　日期：_____

20××年××月××日发布　　20××年××月××日实施

LTQY有限公司程序文件	文件编号	B7.0-07
	版本/状态	Ⅱ/0
文件化信息管理程序	页次/总页	1/5

1 目的和范围

对一体化管理体系文件化信息进行控制，以确保各相关场所使用的形成文件的信息均有效和适用，并提供管理体系运行符合要求的证据。

本程序适用于公司一体化管理体系所有文件和记录，包括来源于内部和外部的。

2 职责

（1）综合管理部归口管理类文件及其记录的控制。
（2）技术开发部归口技术类文件及其记录的控制。
（3）办公室归口外来文件的控制，文件档案室归口文件和记录的归档管理。
（4）各部门按规定使用与本部门相关的文件和记录。
（5）根据授权各级管理人员负责对各类文件（含记录）进行编制、审核、批准。
（6）公司主管领导监督、指导本程序的实施。

3 工作程序

3.1 文件的总体要求

公司一体化管理体系需形成系统的文件化信息。

3.1.1 文件化信息的层次、分类和属性

（1）文件化信息的层次：

公司将一体化管理体系文件化信息分为三个层次：

① 第一层次文件（综合管理手册）：宏观描述质量、环境、职业健康安全一体化管理体系的文件，包括形成文件的质量、环境、职业健康安全综合管理方针、目标与指标等。

② 第二层次文件（程序文件）：根据质量、环境、职业健康安全管理体系要素，描述所需的相互关联的过程和活动的管理文件，是《手册》内容的展开。它们规定了有关要求的实现方法和途径，是提供如何完成某项活动的一致性信息的规范性文件，并包括各自相关的记录。

③ 第三层次文件（作业文件）：针对具体的质量、环境和职业健康安全活动及操作进行描述并做出规定的详细指导性文件。它们是程序文件的一系列支持性文件，是对程序文件的展开、补充和细化，并包括各自相关的记录。

（2）文件化信息的分类

公司将一体化管理体系文件化信息分为以下三种类型：

① 管理类：规定质量、环境和职业健康安全管理活动的要求，如综合管理手册、程序文件、第三层次文件（规章制度、操作规程、实施办法）及其记录等。

LTQY 有限公司程序文件	文件编号	B7.0-07
	版本/状态	Ⅱ/0
文件化信息管理程序	页次/总页	2/5

② 技术类：规定质量、环境和职业健康安全技术活动的方法，如技术标准、工艺规程（文件）、检验规程、图样、说明书及其记录等。

③ 外来文件类：由公司外部的组织（如顾客、供方或其他相关方）提供的文件。

（3）文件化信息的属性

公司将文件化信息按性质分为以下两种：

① 文件：管理体系运行所需的形成文件的信息（可涉及管理体系，包括过程或活动），采用标准中常以"保持形成文件的信息"表示，其主要特征是可以更改（即按一定程序修订为不同版本）。

② 记录：阐明所取得的结果或提供所完成活动证据的文件，采用标准中常以"保留形成文件的信息"表示，其主要特征是不能更改（即一旦形成，不能再修订，只此一个版本）。

（4）各归口部门需按类型分别制定管理范围内的《文件控制清单》和《记录控制清单》，经批准后作为公司文件化信息管理的依据，并随其变更及时更换，以保持其有效性。

3.1.2 文件化信息的内容

策划公司的一体化管理体系文件化信息时，需包括：

（1）采用标准所要求的形成文件的信息。

（2）本公司所确定的、为确保一体化管理体系有效性所需的形成文件的信息。

（3）形成文件化信息的数量及其内容的详略程度需考虑：

① 本公司的规模，以及活动、过程、产品和服务的类型。

② 过程及其相互作用的复杂程度。

③ 证明履行其法律法规及其他要求的必要性。

④ 岗位人员的能力等。

3.2 文件化信息的编制和更改

3.2.1 文件化信息的编制

编制和更改文件化信息时需满足以下要求。

（1）一般要求：

① 文件化信息的内容、格式、层次和字体等体例，按照《文件化信息编写规定》执行。

② 标识和说明（如名称、日期、编写人员、引用文件和编号等）明确。

③ 采用适当的形式（如语言文字、软件版本、图表）和载体（如纸质的、电子的等）。

（2）编制、评审和批准，以保持适宜性和充分性：

① 综合管理手册、程序文件由归口部门组织编制，管理者代表或分管副总经理审

LTQY 有限公司程序文件	文件编号	B7.0-07
	版本/状态	Ⅱ/0
文件化信息管理程序	页次/总页	3/5

核、总经理批准；第三层次文件（含记录）由主管部门编制，管理类文件由该部门负责人审核、分管副总经理批准；技术类文件由主管部门负责人和技术开发部相关人员双重审核、分管副总经理批准。

② 文件的编制、审核和批准分别由不同授权人员进行，不得合并实施，且审核人员的级别不低于编写人员，批准人员的级别不低于审核人员。

3.2.2 文件化信息的更改

对文件化信息需进行评审，必要时予以更改，以保持适用性和完整性：

（1）文件化信息的评审在内审和管理评审之前由归口部门组织进行，每年评审一次，必要时可随时进行。评审的关注点为：

① 适用性和可操作性。

② 可能引入的风险。

（2）文件化信息经评审需要更改时，需由提出部门或人员负责填写《文件化信息更改申请表》，经该文件化信息原批准部门或相应部门负责人批准后，责成相关部门实施更改。

（3）文件化信息的更改方式可能有：

① 在原文上划改：当更改内容较少时，可将要修改的内容划掉并在适当处加写上更改的内容，由文件主管部门责成有关人员统一进行，同时加盖更改人名章。

② 换页：当某页更改内容较多时，可重新打印此页并注明该页的修改状态，由文件主管部门责成有关人员统一进行。修改状态以 A/0、A/1……；B/0、B/1……表示，其中 A/0 为 A 版的原始状态，A/1 为第 1 次修改……；B/0 为 B 版的原始状态，B/1 为 B 版第 1 次修改……

③ 换版：当文件的内容发生重大变化或较多的页数需要更改时，经批准后可以换版。文件版本以字母"A、B、C……"表示，其中字母"A、B……"表示第一、第二……版。

（4）需保持的文件化信息，可采用划改、换页或换版的更改方式；需保留的文件化信息（即记录），不能更改，如当时记录错误可采用划改或换页的方式处理。上述更改或处理均需留有适当的记录。

3.3 文件化信息的控制

3.3.1 文件化信息的一般控制

（1）需控制一体化管理体系的文件化信息，以确保：

① 在需要的场合和时机，均可获得适用的版本。

② 予以妥善保护。

③ 技术文件和图样协调一致，现行有效。

④ 记录完整、可追溯，并能证明产品、活动和服务满足要求的程度。

LTQY 有限公司程序文件	文件编号	B7.0-07
	版本/状态	Ⅱ/0
文件化信息管理程序	页次/总页	4/5

⑤ 产品和服务质量以及环境和职业健康安全绩效形成过程中需要的文件和记录按规定归档。

(2) 为控制文件化信息，适用时，需进行下列活动：

① 按《文件发放登记表》规定的范围，将适用文件（含记录）分发到使用人员或处所。

② 文件化信息需易于检索，对其访问（查阅或修改）需按批准的授权范围进行。

③ 对文件化信息需进行适当的存储和防护，以保持易读性。

④ 按规定进行更改控制（见3.2.2）。

⑤ 按规定进行保留和处置（见3.3.3）。

⑥ 防止作废文件的非预期使用。

⑦ 对所保留的作为符合性证据的记录予以保护，防止其非预期的更改。

3.3.2 外来文件的控制

(1) 对于公司确定的策划和运行综合管理体系所需的来自外部（如顾客、供方、相关方、主管部门等）的文件化信息，需进行适当识别，并予以控制。

(2) 各相关部门收集到的外来文件及时报办公室，办公室编制公司适用的《外来文件清单》，注明适用部门，并经分管副总经理批准后分发到各相关部门使用。

(3) 有关环境和职业健康安全方面的法律法规和其他要求的管理，执行《合规义务管理程序》。

3.3.3 文件化信息的保留和处置

(1) 对所保留的、作为符合性证据的文件化信息应予以保护，防止非预期的更改。

(2) 文件和记录的保留期限，需满足顾客要求和法律法规要求，与其相关的产品和服务寿命周期相适应。

(3) 当某一文件化信息作废时，由原发放部门对照《文件发放登记表》收回。如果出于某种目的归口部门批准需要保留一份或几份该"作废文件"时，可加盖"作废文件，保留"印章，由归口部门保存留用。

(4) 作废文件需销毁时，经归口部门负责人批准后同意销毁，并填写《文件/记录销毁清单》。

(5) 需长期保留的文件化信息，由文件档案室归档管理。

3.3.4 电子版文件化信息的控制

(1) 公司形成的电子版文件化信息，执行《电子版文件化信息的管理规定》，以确保其相关人员在权限之内的访问。

(2) 电子化文件化信息的管理，通常包括规定数据的保护过程，并妥善保存以防止其受到侵害，必要时留有备份，防止丢失、未授权更改、非预期修改、损坏或物理损坏。

LTQY 有限公司程序文件	文件编号	B7.0-07
	版本/状态	Ⅱ/0
文件化信息管理程序	页次/总页	5/5

4　本程序引用的文件

无

5　本程序产生的文件或记录

(1) B7.0-07-01《文件化信息编写规定》（略）

(2) B7.0-07-02《电子版文件化信息的管理规定》（略）

(3) B7.0-07-03《文件控制清单》（略）

(4) B7.0-07-04《记录控制清单》（略）

(5) B7.0-07-05《文件化信息更改申请表》（略）

(6) B7.0-07-06《文件发放登记表》（略）

(7) B7.0-07-07《外来文件清单》（略）

(8) B7.0-07-08《文件/记录销毁清单》（略）

文件编号	B8.0-01
版　　本	Ⅱ版
发放编号	第××号
受控状态	□是　　□否

LTQY 有限公司
质量/环境/职业健康安全
一体化管理体系程序文件

16
产品和服务实现过程的
策划和控制管理程序

编制：_____　日期：_____

审核：_____　日期：_____

批准：_____　日期：_____

20××年××月××日发布　　　　20××年××月××日实施

LTQY有限公司程序文件	文件编号	B8.0-01
产品和服务实现过程的策划和控制管理程序	版本/状态	Ⅱ/0
	页次/总页	1/4

1 目的和范围

为满足产品和服务实现提供的要求，并实施应对已确定的风险和机遇，对所需过程进行策划、实施和控制。

本程序适用于公司产品和服务实现过程的运行策划、实施和控制。

2 职责

（1）生产计划部归口本程序的管理。
（2）综合管理部和技术开发部协助本程序的管理。
（3）相关部门按规定实施相关质量过程的运行。
（4）分管副总经理指导本程序的实施。
（5）公司各主管领导监督、指导本程序的实施。

3 工作程序

3.1 策划、实施和控制的要求

生产计划部组织综合管理部和技术开发部等其他相关部门对本公司产品和服务实现过程进如下策划、实施和控制。

（1）确定产品和服务的要求：如来自法律法规、标准规范、与客户合同的约定以及公司发展战略和利益相关方的需求和期望等。

（2）建立下列内容的准则：

① 对过程的验证、确认、监视、测量、检验和试验活动方面的准则。

② 在采购、加工、包装、运输、销售和售后服务等活动中产品和服务的接收准则。

（3）确定所需的上述过程资源，以使产品和服务符合要求，包括人员、基础设施、过程运行环境、监视和测量资源、组织的知识等。

（4）按照上述建立的准则实施过程控制，以使过程不偏离运行准则。

（5）必要时，在策划、实施和控制中还需考虑如下事项：

① 确定产品通用化、系列化、组合化以及接口、互换性要求，编制产品标准化大纲。

② 按照相关产品或服务标准的要求，确定通用质量特性定性、定量要求及工作项目要求，制定通用质量特性工作计划；结合系统设计，综合权衡、分解通用质量特性定性定量要求，开展通用质量特性分析、设计、验证，提出并落实预防和改进措施。

③ 按照相关软件开发要求，编制软件开发计划，确定并实施软件需求分析、设计、实现、测试、验收、交付等过程，以及相关的策划与跟踪、文档编制、质量保证、配置管理等。

LTQY 有限公司程序文件	文件编号	B8.0-01
产品和服务实现过程的策划和控制管理程序	版本/状态	Ⅱ/0
	页次/总页	2/4

④ 按照 GB/T 19017—2008《质量管理体系 技术状态管理指南》的要求，确定技术状态基线及其技术状态项，编制技术状态管理计划，实施技术状态标识、控制、纪实、审核。

⑤ 按照相关规定要求，分析评估技术、进度、经费分析对产品和服务质量的影响，制定风险管理计划，实施风险控制。

⑥ 收集、分析质量信息，对产品和服务的符合性、过程有效性进行评价，并应用于产品和服务过程的控制和改进。

（6）根据需要对活动的过程或结果的信息予以文件化，并对文件化信息予以保存。在需要时，这些文件化信息可作为证据，证明过程符合策划的要求，产品和服务符合接受准则的要求。

3.2 策划的输出

有关部门需根据职责范围，将产品和服务策划活动的输出结果形成必要的文件或记录，这些文件化信息需与本公司的运作特点和相关产品和服务的特点相适应。

（1）公司产品和服务策划输出的结果，可采用如下形式。

① 产品的质量目标和要求（如产品标准、与客户签订的合同等）。

②《质量计划》《项目计划》或《专项方案》等。

③ 相关过程标准（如规范或准则等）。

④ 相关记录表格等。

（2）策划输出的详略程度需考虑产品和服务的复杂程度及相关的人员能力。

（3）产品和服务策划输出的文件和记录按《文件化信息管理程序》的规定控制。

3.3 策划的变更控制

在策划运行时，需考虑有计划的和可能的变更及这些变更可能对运行造成的影响。

（1）这些变更可能来自于：

① 客户要求的变更。

② 产品或服务执行标准的变更。

③ 公司自身的要求等。

（2）若发生这些策划的变更时，生产计划部需组织相关部门监控并评审产品和服务提供非预期变更的后果。必要时，采取措施以应对或减轻任何不利影响。

3.4 对外包过程的控制

在策划运行时，生产计划部组织技术开发部、物资供应部等部门确定对外包过程的受控要求。

（1）确定公司在产品和服务实现过程中所需的外包过程及其控制要求。

（2）对外包过程需进行评审、批准后实施，对顾客关注的外包过程由公司和顾客共同批准。

LTQY 有限公司程序文件	文件编号	B8.0-01
产品和服务实现过程的策划和控制管理程序	版本/状态	Ⅱ/0
	页次/总页	3/4

（3）对外包过程的实施进行监督，发现问题及时解决。

对外包过程的控制在《采购控制管理程序》中做出了具体的规定。

3.5 编制并实施质量计划

3.5.1 质量计划的概念

（1）质量计划是对特定的客体（如产品、服务、过程、人员、组织、体系、资源），规定由谁及何时应用程序和相关资源的规范。这些程序通常包括所涉及的那些质量管理过程及产品和服务的实现过程；通常质量计划引用质量手册的部分内容或程序文件；质量计划通常是质量策划结果之一。

（2）当某一特定的产品/服务、项目或合同需要时，编制质量计划。质量计划提供了将特定的产品/服务、项目或合同的要求与现有的质量管理体系文件联系起来的机制，合同环境下的质量计划能够提高顾客对公司的信任。

3.5.2 质量计划的类型

质量计划的类型可以有：

（1）同一产品/服务、项目或合同可以编制全面的总体质量计划，也可以编制不同阶段的质量计划，但需相互连贯和协调一致。

（2）当公司的质量管理体系文件大部分不适用新产品/服务、项目或合同时，可编制全面的总体质量计划。

（3）当新产品/服务、项目或合同需要时，也可根据不同阶段的任务编制不同的分项质量计划，如产品设计质量计划、产品设计质量计划、采购质量计划、生产质量计划、检验质量计划、改进计划等。

（4）通用质量特性工作计划、软件质量保证计划、产品标准化大纲、技术状态管理计划、风险管理计划，可单独编制也可包含在质量计划中。

（5）当合同要求时，可根据顾客的要求编制相应的质量计划，并经顾客认可。

3.5.3 质量计划的内容

（1）质量计划的内容一般包括：

① 需达到的质量目标或技术要求。

② 按顺序列出需开展的主要活动。

③ 各阶段中每一项工作的责任部门（或责任人）。

④ 列出说明每一项工作应何时开始和何时完成的时间表。

⑤ 需配置的适当资源。

⑥ 满足工作所需求的作业指导书、记录、设备、工装等，明确主要质量特性和影响质量的诸因素的控制方法和要求。

⑦ 确定验证、检验的方法、项目，合理配置检验器具。

⑧ 适用的统计技术。

LTQY有限公司程序文件 产品和服务实现过程的策划和 控制管理程序	文件编号	B8.0-01
	版本/状态	Ⅱ/0
	页次/总页	4/4

⑨ 通用质量特性工作计划、软件质量保证计划、产品标准化大纲、技术状态管理计划、风险管理计划，可单独编制也可包含在同一质量计划中。

（2）具体某一质量计划的内容可根据其涉及的特定产品/服务、项目或合同及其阶段任务而变化，可在上述内容的基础上适当增加或减少。

3.5.4 质量保证大纲

质量计划在某些行业（如核行业和军工行业）又称为"质量保证大纲"。

（1）必要时，依据核行业或军工行业客户合同需求，公司需编制"质量保证大纲"，质量保证大纲的内容及其调整需征得顾客同意。

（2）核行业的《质量保证大纲》，客户可能要求其符合HAF003—1991和HAD003/01的规定。核行业或军工行业的《质量保证大纲》均需符合合同要求。

3.5.5 质量计划的控制和管理

质量计划的编制、审批、发放、评审、修订及存档程序执行《文件化信息管理程序》的规定。

4 本程序引用文件

（1）GB/T 19017—2008《质量管理体系 技术状态管理指南》

（2）HAF003—1991《核电厂质量保证安全规定》

（3）HAD003/01《核电厂质量保证大纲的制定》

（4）B7.0-07《文件化信息管理程序》

（5）B8.0-04《采购控制管理程序》

5 本程序产生的文件或记录

（1）B8.0-01-01《质量计划》（略）

（2）B8.0-01-02《项目计划》（略）

（3）B8.0-01-03《专项方案》（略）

文件编号	B8.0-02
版　本	Ⅱ版
发放编号	第××号
受控状态	□是　　□否

LTQY 有限公司
质量/环境/职业健康安全
一体化管理体系程序文件

17
产品和服务要求管理程序

编制：_____　　日期：_____

审核：_____　　日期：_____

批准：_____　　日期：_____

20××年××月××日发布　　20××年××月××日实施

LTQY 有限公司程序文件	文件编号	B8.0-02
	版本/状态	Ⅱ/0
产品和服务要求管理程序	页次/总页	1/3

1 目的和范围

对顾客沟通以及产品和服务要求的确定、评审和更改等过程进行管理，以确保有能力提供产品和服务并满足顾客的期望。

本程序适用于向顾客提供的所有产品和服务要求的控制。

2 职责

（1）市场营销部归口管理产品和服务要求的控制。

（2）技术开发部负责确定产品和服务的技术要求，生产计划部负责确定其实现要求，财务部负责确定其商务要求。

（3）相关部门参与并负责处理本部门与产品和服务有关要求的相关事宜。

（4）公司主管领导监督、指导本程序的实施。

3 工作程序

3.1 顾客沟通

（1）市场营销部负责保持与顾客的沟通，确定并实施与顾客沟通的有效安排，以便于准确地了解顾客要求并持续地满足顾客的要求。

（2）与顾客沟通的内容包括：

① 提供有关产品和服务的信息。

② 处理问询、合同或订单，包括更改。

③ 获取有关产品和服务的顾客反馈，包括顾客投诉。

④ 处置或控制顾客财产。

⑤ 关系重大时（因内部或外部原因，可能对实现顾客要求造成重大不利影响的情况，包括不能及时按要求提供产品或服务、质量事故、环境和安全事故等），制定应急措施的特定要求。

⑥ 产品使用、维修和保障的需求。

（3）与顾客的沟通形式：

① 日常可采取电话、函件等灵活的方式通报情况，有关部门也可就某一事项及时与顾客代表沟通，以进一步理解、实现顾客的要求。

② 必要时，市场营销部可组织召开与顾客等相关方的联席会议，按双方一致形成的《联席会议纪要》实施。

（4）与顾客沟通可参照《沟通和交流管理程序》的规定。

3.2 与产品和服务有关的要求的确定

（1）市场营销部会同相关部门确定与产品有关的要求：

LTQY 有限公司程序文件	文件编号	B8.0-02
	版本/状态	Ⅱ/0
产品和服务要求管理程序	页次/总页	2/3

① 产品和服务要求得到确定，包括：
a. 适用的法律法规要求和技术要求（如相关法规、标准、规范等）；
b. 顾客明示的要求（如合同、协议、订单或口头提出的相关要求等）；
c. 顾客隐含的要求（如产品和服务规定用途和已知的预期用途所必需的要求）；
d. 公司认为的必要要求（如本公司承诺所销售产品均实行"三包"，即由于产品质量问题包退、包换，在3年保修期内免费保修）。
② 提供的产品和服务，能够满足公司声称的要求。

(2) 市场营销部负责组织相关部门将顾客的采购需求（顾客的采购合同或订单）转化为公司的《销售合同/协议》（草案）或《订单》（草案），并在其中对与产品和服务有关的要求做出明确规定。

3.3 与产品和服务有关的要求的评审

(1) 评审的时机和内容。公司为确保有能力保证向顾客提供的产品和服务符合要求，在向顾客承诺提供产品和服务之前，市场营销部组织对公司的《销售合同/协议（草案）》或《订单》（草案）进行评审。评审的产品和服务的要求包括：
① 顾客规定的要求，包括对交付及交付后活动的要求。
② 顾客虽然没有明示，但规定的用途或已知的预期用途所必需的要求。
③ 公司规定的要求（如"三包"的内容）。
④ 适用于产品和服务的法律法规要求。
⑤ 与以前表述不一致的合同或订单要求。
⑥ 存在的风险及其控制措施。

若与顾客的采购合同或订单的要求存在差异，市场营销部均需与顾客进行确认，确保解决分歧。评审后经主管领导审批确定公司《销售合同/协议》或《订单》，并经与顾客双方盖章、签字后生效执行。

(2) 评审方式。与产品和服务有关的要求的评审可根据合同或订单的类型采取不同的方式，如：
① 数量较大、具有特殊要求的，或需要重新设计和开发的非常规产品和服务，由市场营销部组织相关部门参加的专门会议进行评审。
② 以往已提供过的常规产品和服务，可由市场营销部组织相关部门对相关文件进行传阅评审。
③ 已有库存的货物，可由市场营销部指定人员进行评审。
④ 对于顾客的口头或电话订单，在接受顾客要求之前市场营销部指定专人对顾客要求进行确认并进行评审。

(3) 适用时，评审需保留与下列方面有关的评审记录：
① 评审结果（包括分歧的解决、对口头或电话订单确认的信息或风险分析），如

LTQY 有限公司程序文件	文件编号	B8.0-02
	版本/状态	Ⅱ/0
产品和服务要求管理程序	页次/总页	3/3

《合同/协议评审记录》。

② 产品和服务的新要求及其应对措施。

3.4 产品和服务要求的变更

(1) 与顾客签订《销售合同/协议》或订单之后的任何修订，必须由市场营销部负责按原评审程序重新进行评审并审批，经与顾客双方协商同意后签订《销售合同/协议/订单修订书》。

(2) 若产品或服务要求发生更改影响到顾客要求时，其更改需征得顾客的同意。

(3) 确保与变更相关的文件化信息得到修改，并及时传达到相关部门或人员使其知晓已更改的要求。

4 本程序引用的文件

B7.0-06《沟通和交流管理程序》

5 本程序产生的文件或记录

(1) B8.0-02-01《销售合同/协议》（草案）（略）

(2) B8.0-02-02《订单》（草案）（略）

(3) B8.0-02-03《销售合同/协议》（正式）（略）

(4) B8.0-02-04《订单》（略）

(5) B8.0-02-05《销售合同/协议/订单修订书》（略）

(6) B8.0-02-06《联席会议纪要》（略）

(7) B8.0-02-07《合同/协议评审记录》（略）

文件编号	B8.0-03
版　本	Ⅱ版
发放编号	第××号
受控状态	□是　　□否

LTQY 有限公司
质量/环境/职业健康安全
一体化管理体系程序文件

18
设计和开发管理程序

编制：_____　日期：_____

审核：_____　日期：_____

批准：_____　日期：_____

20××年××月××日发布　　　　20××年××月××日实施

LTQY有限公司程序文件	文件编号	B8.0-03
	版本/状态	Ⅱ/0
设计和开发管理程序	页次/总页	1/13

1 目的和范围

对产品和服务的设计和开发过程进行管理和控制,以确保后续产品和服务的提供。

本程序适用于公司产品和服务设计和开发全过程的管理和控制,适当时也可应用于产品实现过程的设计和开发(如较复杂的工艺过程)。

2 职责

(1) 技术开发部归口产品/过程的设计和开发。
(2) 项目负责人具体负责组织设计和开发项目的实施。
(3) 相关部门根据策划安排参与相关项目的设计和开发。
(4) 总工程师监督、指导、协调各项设计和开发的实施。

3 工作程序

3.1 设计和开发项目分类及立项

3.1.1 项目分类

本公司无"服务"类的客体向顾客提供,若发生时另行制定相关规定,以下涉及的设计和开发项目均为产品。

(1) 自主开发项目:产品销售部会同技术开发部进行市场调研、技术调查、预测,了解与本公司有关产品的技术发展动态和水平、顾客和相关方需求,国内外同类产品的状况等内容。由技术开发部汇总,并结合公司发展规划进行可行性分析,必要时进行先行试验,编制《可行性分析报告》并报总工程师。

(2) 合同开发项目:产品销售部组织相关部门按《产品和服务要求管理程序》的规定对合同或标书进行评审,形成《合同评审记录》并报总工程师。

(3) 顾客提供设计文件项目:技术开发部对顾客设计文件进行审查(重点关注工艺性),发现问题以《顾客设计文件审查纪要》的形式通知顾客,与顾客协商由其更改后,进行技术转化,形成相关工艺文件,经审批后投入生产。

3.1.2 设计和开发立项

总工程师组织技术开发部等部门和有关人员,必要时邀请顾客代表参加,对《可行性分析报告》或《合同评审记录》等相关文件、资料进行评审,决定立项时下达《设计和开发项目立项通知书》。

本程序附录A给出了公司产品设计和开发的总体过程,工艺过程的设计和开发可参考执行。

3.2 设计和开发策划

技术开发部对《设计和开发项目立项通知书》的每项设计和开发活动进行单独

LTQY有限公司程序文件	文件编号	B8.0-03
	版本/状态	Ⅱ/0
设计和开发管理程序	页次/总页	2/13

策划。

3.2.1 确定各阶段控制的基本要求

在确定每项设计和开发活动的各个阶段和控制时，均需考虑：

（1）确定设计和开发项目的性质、复杂程度和时间表。

（2）每项设计和开发活动所需的过程阶段，可能有（不限于）：

① 决策阶段（见本程序3.1条款，包括市场调研和预测、技术调查、合同评审、先行试验、可行性分析、立项决策等活动）。

② 设计阶段（包括初步设计、技术设计、工作图设计）。

③ 样机试制（包括样机工艺方案设计、编制工艺规程、工装设计、生产准备、样机试制、型式试验、用户试用/样机试制鉴定）。

④ 小批试制（完善设计、产品（定型）鉴定）。

⑤ 定型投产阶段（工艺文件定型、工艺装备定型、设备的配置与调试、检测仪器的配置与标定、外协的设置）等。

（3）确定适用于上述设计和开发各阶段中的评审、验证或确认活动。

（4）确定设计和开发过程涉及的职责和权限（委派具有一定资格的人员）。

（5）配备充分的产品和服务的设计和开发所需的内部、外部资源。

（6）确定设计和开发过程参与人员之间接口的控制需求（采取措施协调各设计小组之间的关系）。

（7）确定顾客或使用者参与设计和开发过程的需求。

（8）确定对后续产品和服务提供的要求。

（9）确定顾客和其他有关相关方所期望的对设计和开发过程的控制水平。

（10）确定证实满足设计和开发要求所需的形成文件的信息（包括文件和记录）。

（11）确定相关部门/人员（生产、销售和服务等）参与设计和开发活动的必要性。

在设计和开发策划时，需考虑设计和开发的输出需形成文件，并及时更新。

3.2.2 复杂项目各阶段控制的要求

在确定复杂项目设计和开发活动的各个阶段和控制时，除考虑"3.2.1"的基本要求外，适当时还可需考虑（下列内容的一项或多项要求）：

（1）对产品进行特性分析，以识别制约产品设计和开发的关键因素和薄弱环节，进行风险分析和评估，形成风险清单，确定风险接受准则和风险控制措施。

（2）确定产品标准、规范，以及标准件、元器件和原材料的选用范围。

（3）落实技术状态管理计划的措施，编制技术状态文件清单。

（4）运用产品优化设计，以及通用质量特性设计、人因工程技术等专业工程技术进行产品设计和开发。

（5）提出监视与测量的需求。

LTQY 有限公司程序文件	文件编号	B8.0-03
	版本/状态	Ⅱ/0
设计和开发管理程序	页次/总页	3/13

(6) 对采用的新技术、新器材、新工艺应经过论证、试验、鉴定和评价。

(7) 确定并提出产品交付时需要配置的保障资源。

(8) 对参与设计和开发的外部供方的控制要求。

(9) 对元器件等外部器材的选用、采购、监制、验收、筛选、复验以及失效分析等活动进行策划。

(10) 落实软件开发计划的措施，确定软件需求分析、设计、编码、测试等要求，以及测试工作的独立性的要求。

(11) 需要时，对产品和服务改进做出安排。

(12) 对采用数字化设计、制造的产品，确定信息传递、数据转换、技术状态等过程控制要求。

确定产品的设计准则，包括通用质量特性的相关要求。

3.2.3 编制《设计和开发计划》

技术开发部在产品设计开发实施之前，针对每个设计和开发项目编制《设计和开发计划》，以明确上述各阶段的控制要求，并经总工程师审批后实施。必要时，对《设计和开发计划》实施更新。

3.3 设计和开发输入

3.3.1 技术开发部依据《设计和开发计划》及其前期资料针对所设计和开发项目的具体类型的产品，确定必需的设计和开发输入要求，形成《设计和开发任务书》。《设计和开发任务书》的内容包括：

(1) 产品的功能、性能或特性的要求（主要技术参数和指标）。

(2) 来源于以前类似设计和开发活动的信息。

(3) 法律法规要求（如质量、环境、卫生、安全等方面的）。

(4) 公司承诺实施的标准或行业规范。

(5) 由产品和服务性质所导致的潜在失效后果。

(6) 与外部的接口及其相关数据。

(7) 工艺要求等。

3.3.2 技术开发部会同有关部门对《设计和开发任务书》进行评审，以确保输入是充分和适宜的，且要求应完整、清楚，相互矛盾之处得到解决并保留评审结果的记录。合同要求时需经顾客同意。《设计和开发任务书》由总工程师批准下达设计和开发项目组实施。

3.4 设计和开发控制

3.4.1 设计和开发控制的总体要求

(1) 总工程师指定项目负责人并组成项目组，按《设计和开发任务书》的要求开展设计和开发工作。项目组对设计和开发过程进行控制，以确保：

LTQY 有限公司程序文件	文件编号	B8.0-03
	版本/状态	Ⅱ/0
设计和开发管理程序	页次/总页	4/13

① 规定预期的设计和开发最终的输出结果。
② 实施评审活动,以评价设计和开发的结果满足要求的能力(见3.4.2)。
③ 实施验证活动,以确保设计和开发输出满足输入的要求(见3.4.3)。
④ 实施确认活动,以确保产品满足规定的使用要求或预期用途(见3.4.4)。
⑤ 针对评审、验证和确认过程中发现的问题采取必要措施。
⑥ 保留这些活动及采取任何措施的形成文件的信息。
(2)必要时,复杂项目的设计和开发过程控制还需考虑(其中一项或多项):
① 控制技术状态的更改,转阶段前实施技术状态确认。
② 开展通用质量特性和计算机软件的评审、验证和确认活动。
③ 转入下一阶段前评审已达到的规定要求,并对相关风险进行评估。
④ 计算机软件的验证和确认,包括软件过程的分析、评价、评审、审查、评估和测试等,确保满足预期用途和用户需求。
(3)对评审、验证和确认提出的问题采取措施进行跟踪。根据需要,邀请顾客参加其关注的设计和开发评审、验证和确认活动,并将结论及采取措施的结果向顾客通报。
(4)技术开发部保留设计和开发控制活动的成文信息。

3.4.2 设计和开发评审
(1)按照《设计和开发计划》的安排,在设计开发适宜阶段进行系统、综合评审。项目组负责人提出评审申请,总工程师批准,并由技术开发部组织相关部门和人员进行评审,需要时邀请顾客或相关专家参加评审。
(2)依据项目的复杂程度,评审可采用会议评审、会签评审或授权人员审批等方式评价满足阶段设计开发要求的符合性、满足总体设计的充分性,并识别存在的问题和薄弱环节,明确纠正措施要求,以确保满足顾客要求和法律法规要求。
(3)每次评审后将评审结果及所采取的措施形成《设计评审记录》,项目负责人落实改进措施,技术开发部组织跟踪验证。需要时,将评审结论及采取措施的结果向顾客通报。

3.4.3 设计和开发验证
(1)按照《产品设计开发计划》的安排,在适当的阶段进行设计和开发验证。设计和开发验证可选用下述一种或多种方法:
① 变换方法进行计算。
② 将新设计与类似的经验证的设计进行比较。
③ 实施测试。
④ 在发放前检查设计和开发文件。
(2)本公司运用上述方法,一般采用如下方式进行设计和开发验证,并形成相应的《设计验证记录》:

LTQY 有限公司程序文件	文件编号	B8.0-03
	版本/状态	Ⅱ/0
设计和开发管理程序	页次/总页	5/13

① 大批量生产的产品需经样机试制和小批量试生产。
② 单件或一次性小批量生产的产品可进行开发性试验。
(3) 样机试制和小批量试生产。
① 通过样机试制验证产品的功能和性能是否达到设计输入要求，及其工艺设计的正确性，根据样机验证结果决定是否进入小批量试生产；通过小批量试生产以进一步验证产品的符合性和质量稳定性，根据小批量试生产的验证结果决定是否进行产品（定型）鉴定。样机试制或试生产的数量按照相要求关（如法规、标准/规范、合同、协议等）确定。
② 对样机试制或小批量试生产过程进行控制，控制内容包括：
 a. 在样机试制或小批量试生产前均进行准备状态检查；
 b. 进行工艺评审；
 c. 编制首件鉴定目录，进行首件鉴定；
 d. 在样机试制或小批量试生产完成后均进行产品质量评审；
 e. 根据需要，邀请顾客参加其关注的产品生产准备状态检查、首件鉴定和产品质量评审。
③ 在试制或试生产时，设计人员需进行现场生产服务，以随时处理发生的问题。
④ 样机试制后对样机的主要功能和性能进行检验或试验，以确定是否满足设计的输入要求。
⑤ 产品执行标准有要求时，样机试制后需进行型式试验，见本条款（4），以确定是否满足产品执行标准的要求。
⑥ 试制或试生产完成后，项目设计组应形成《样机试制报告》或《小批量试生产报告》及其相关《试制或试生产记录》作为其设计和开发验证的证据，其内容包括：
 a. 试制或试生产过程的主要检测结果；
 b. 关键问题的解决情况；
 c. 工艺性和装配性评价；
 d. 样机的检验/试验结论或型式试验结果；
 e. 试制或试生产的结论。
根据试制的结论，总工程师会同相关人员评审后确定是否可进行型式试验；根据试生产的结论，总工程师会同相关人员评审后确定是否可投入大批量生产。
(4) 型式试验：
当产品标准有要求时，样机试制后进行型式试验，以全面考核产品的性能是否达到产品执行标准的全项技术要求。
① 依据编制的产品标准（草案）或引用的相应国标/行标的规定进行型式试验。
② 试验前由项目组制定《型式试验任务书》，由试验部门按其制定《型式试验大

LTQY有限公司程序文件	文件编号	B8.0-03
	版本/状态	Ⅱ/0
设计和开发管理程序	页次/总页	6/13

纲》,并按其进行试验。

③ 型式试验可由本公司进行全项目测试,也可委托具备资质的其他机构进行全项目或部分项目的测试;委托机构进行部分项目测试时,由公司补做其他项目的试验;试验后均需形成《型式试验报告》。

④ 总工程师对《型式试验报告》进行审核并报总经理批准后,作为设计和开发的重要输出之一。

(5) 开发性试验:

开发性试验是指设计开发过程中对关键件、新材料或新工艺的试验研究,它可能存在于设计和开发策划、初步设计、技术设计等阶段以及以后阶段改进措施的方案论证中。对单件产品或小批量产品可只进行开发性试验,将其结果作为设计和开发验证的证据。

① 对产品技术性能要求进行试验,以验证其满足设计和开发输入的要求。

② 可利用已经证实的、类似设计的有关数据或资料。

③ 针对解决问题或改进项目问题的特点做出试验安排并按其进行试验。

④ 对实验结果进行比较分析,并及时进行评审,根据评审结果可能安排进行针对性的再试验。

⑤ 每一次开发性试验后需形成《开发性试验验证报告》,内容包括试验的情况、结论和改进措施等。

3.4.4 设计和开发确认

(1) 单件或一次小批量产品或比较简单的产品,设计确认可在产品交付之前采用如下一种或它们的组合方式进行:

① 选择典型用户进行营销试用。

② 对产品性能进行运行测试。

③ 预期的用户条件下的模拟和测试。

④ 对实际测试不可行时,可进行部分模拟或测试。

⑤ 提供反馈的最终用户测试(例如软件项目)。

⑥ 在能够达到所有目的时,某些性能的确认可结合评审、验证一起进行(如极端情况下的破坏性试验)。

采用何种方式对单件或一次小批量产品进行设计和开发确认,由总工程师依据产品的性质和特点确定。测试活动可由本公司或由国家授权的实验室进行。这些设计和开发确认活动均需形成《设计确认报告》并予以保留。

(2) 产品(定型)鉴定:

批量生产的复杂产品,在小批量生产(见3.7新产品试制)完成之后实施产品(定型)鉴定,以进行设计和开发确认。

① 技术开发部按规定要求准备产品(定型)鉴定所需的文件和资料(见附录B),

LTQY 有限公司程序文件	文件编号	B8.0-03
	版本/状态	Ⅱ/0
设计和开发管理程序	页次/总页	7/13

可由组织鉴定机构或总工程师组织召开新产品鉴定会。

② 新产品（定型）鉴定需组成产品鉴定组，其成员除本公司的相关人员外，还可邀请公司外专家、主管部门和相关方（如顾客、供方等）代表。

③ 产品鉴定组长组织产品鉴定组就提供的文件和资料以及设计人员的情况说明进行审查，形成《产品（定型）鉴定报告》。

④ 《产品（定型）鉴定报告》需就新产品的设计结果是否可以定型以及需要进一步改进的问题，给出明确的结论或提出具体的修改意见。

⑤ 技术开发部组织对修改意见进行整改，经鉴定组长同意后报组织鉴定机构或总工程师批准，作为大批量生产的依据。

3.5 设计和开发输出

（1）设计和开发输出需确保：

① 满足输入的要求。

② 满足后续产品和服务提供过程的需要。

③ 包括或引用监视和测量的要求，适当时，包括接收准则。

④ 规定产品和服务特性，这些特性对于预期目的、安全和正常提供是必需的。

⑤ 有时还需要：

a. 制定关键件（特性）、重要件（特性）项目明细表，并在产品和服务设计文件和工艺文件上进行相应标识；

b. 规定产品使用所必需的保障方案和保障资源要求；

c. 包括产品规范、工艺总方案、工艺规程、使用手册、诊断指南、产品和服务安全使用培训教程等，以及根据顾客要求制作相关技术手册；

d. 包括通用质量特性设计报告；

e. 包括风险评估报告（含风险控制措施）。

（2）设计和开发输出均形成文件化的信息，并以针对设计和开发输入进行验证的方式提出，在放行前得到各授权人员批准。

（3）项目组收集整理各设计和开发阶段输出活动形成的结果（见附录C），并形成《设计和开发输出清单》及相关文件，交技术开发部归档保留。

3.6 设计和开发更改

（1）对产品在设计和开发期间以及后续活动中所做的更改需进行适当的识别、评审和控制，以确保这些更改对满足要求不会产生不利影响。

（2）更改一般发生在如下情况：

① 评审、验证或确认后发现问题时。

② 产品生产和服务中发生问题时。

③ 顾客或用户提出要求时。

LTQY 有限公司程序文件	文件编号	B8.0-03
	版本/状态	Ⅱ/0
设计和开发管理程序	页次/总页	8/13

④ 相关法规或产品标准发生重大变化时。
⑤ 市场需要时。
(3) 更改的控制：
① 对提出的更改的需加以识别，按授权范围进行批准，并对更改的实施进行跟踪。
② 针对更改影响最终产品质量的程度，确定对其进行评审、验证或确认的力度，对重要的设计更改需进行系统分析和验证，并按规定履行审批程序，以确保这些更改对满足要求不会产生不利影响。
③ 评价更改对产品的其他组成部分和已交付产品以及环境因素和危害因素的影响。
④ 更改需符合技术状态管理要求，计算机软件的更改需符合软件配置管理要求。
(4) 技术开发部保留《设计和开发更改记录》中的下面内容：
① 更改的内容。
② 评审、验证或确认的结果。
③ 更改的授权。
④ 为防止不利影响而采取的措施。

3.7 新产品试制
(1) 新产品试制，包括工程样机制造、定型前的小批量生产。
(2) 生产计划部在技术开发部协助下对新产品试制过程进行控制，控制内容包括：
① 在产品试制前进行准备状态检查，生产计划部编写《试制和生产准备状态检查报告》并经总工程师批准后开始新产品试制。
② 进行工艺评审，生产计划部编写《工艺评审报告》并经总工程师批准后，按批准的生产工艺进行生产。
③ 生产计划部按首件鉴定目录，在试生产中逐件进行首件鉴定，编写《试制和生产准备状态检查报告》《工艺评审报告》《首件鉴定审查报告》，经总工程师批准合格后方可批量生产。
④ 在产品试制完成后进行产品质量评审，生产计划部编写《产品质量评审报告》并经总工程师批准后作为产品鉴定的重要依据。
(3) 必要时，邀请顾客参加其关注的产品生产准备状态检查、首件鉴定和产品质量评审。
(4) 保留试制过程和采取任何措施的记录。

4 本程序引用的文件

B8.0-02《产品和服务要求管理程序》

5 本程序产生的文件或记录

(1) B8.0-03-01《可行性分析报告》（略）

LTQY 有限公司程序文件	文件编号	B8.0-03
	版本/状态	Ⅱ/0
设计和开发管理程序	页次/总页	9/13

(2) B8.0-03-02《设计和开发项目立项通知书》(略)
(3) B8.0-03-03《设计和开发计划》(略)
(4) B8.0-03-04《设计和开发任务书》(略)
(5) B8.0-03-05《样机试制报告》(略)
(6) B8.0-03-06《小批量试生产报告》(略)
(7) B8.0-03-07《型式试验任务书》(略)
(8) B8.0-03-08《型式试验大纲》(略)
(9) B8.0-03-09《设计评审记录》(略)
(10) B8.0-03-10《设计验证记录》(略)
(11) B8.0-03-11《型式试验报告》(略)
(12) B8.0-03-12《开发性试验验证报告》(略)
(13) B8.0-03-13《设计确认报告》(略)
(14) B8.0-03-14《产品(定型)鉴定报告》(略)
(15) B8.0-03-15《设计和开发输出清单》及其相关文件(略)
(16) B8.0-03-16《设计和开发更改记录》(略)
(17) B8.0-03-17《试制和生产准备状态检查报告》(略)
(18) B8.0-03-18《工艺评审报告》(略)
(19) B8.0-03-19《首件鉴定审查报告》(略)
(20) B8.0-03-20《产品质量评审报告》(略)

6 附录

附录 A 《设计和开发过程控制流程图》
附录 B 《产品(定型)鉴定所需的文件和资料》
附录 C 《各设计和开发阶段的主要活动》

LTQY有限公司程序文件	文件编号	B8.0-03
	版本/状态	Ⅱ/0
设计和开发管理程序	页次/总页	10/13

附录 A　设计和开发过程控制流程图

本公司产品设计和开发过程控制流程如图1所示。

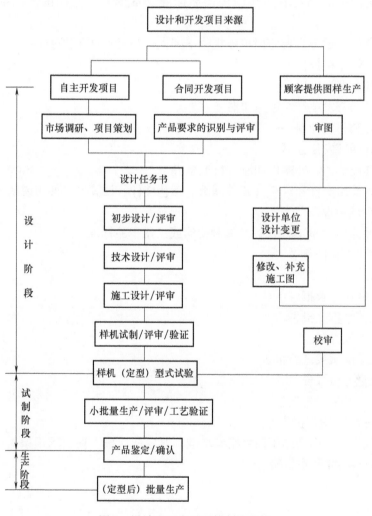

图1　设计和开发过程控制流程图

LTQY有限公司程序文件	文件编号	B8.0-03
	版本/状态	Ⅱ/0
设计和开发管理程序	页次/总页	11/13

附录 B 产品（定型）鉴定所需的文件和资料

B1 新产品（定型）鉴定时，除有完备的生产条件、场地并提供一定数量的合格样品外，所鉴定产品必须经有关部门按产品标准（草案）或采用的产品标准全项测试合格。

B2 新产品（定型）鉴定时可能提供下列文件和资料（不限于）：
（1）可行性分析报告
（2）合同会议评审记录
（3）设计和开发项目立项通知书
（4）设计和开发计划
（5）设计和开发任务书
（6）协作配套件、外购件和原材料汇总表
（7）设计输出文件和资料（相关图纸、工艺文件、计算书、使用说明书等）
（8）样机试制报告
（9）产品标准（草案）及标准编制说明或采用产品标准
（10）型式试验任务书
（11）型式试验大纲
（12）标准化审查报告
（13）工艺性审查报告
（14）成本核算报告
（15）产品测试或试验报告
（16）质量分析报告
（17）技术经济分析报告
（18）"三废"治理报告

B3 上述文件，因产品不同可略有增减。鉴定前应按上述要求逐条对照，凡是应该提供的文件资料不能任意省略。

LTQY有限公司程序文件	文件编号	B8.0-03
	版本/状态	Ⅱ/0
设计和开发管理程序	页次/总页	12/13

附录 C
（规范性附录）
各设计和开发阶段的主要活动

C1 初步设计

（1）总体方案（确定产品原理、总体结构以及是否采用新工艺、材料等）。
（2）研究试验（对主要部件或采用新工艺、材料的部件进行试验研究），进行技术经济分析，以消除可能带来的风险。
（3）绘制总图（草图）。

C2 技术设计阶段

（1）设计计算（对主要零部件进行性能计算）。
（2）总体设计人员与零部件设计人员共同确定具体结构形式和布置方案。
（3）主要部件设计（绘制草图）。
（4）对总体方案和总图进行修订。

C3 施工设计阶段的要求

（1）绘制全部零部件图。
（2）对主要部件图进行修订。
（3）编制产品说明书。
（4）提出成套外购件和材料清单。
（5）编制检验和试验规程。
（6）确定总体方案和总图。
（7）编制产品标准（草案）或确定采用产品标准。

C4 样机试制

（1）编制工艺方案、工艺规程、定额，进行工装设计。
（2）样机生产准备并进行样机试制。
（3）样机型式试验或用户试用。

LTQY 有限公司程序文件	文件编号	B8.0-03
	版本/状态	Ⅱ/0
设计和开发管理程序	页次/总页	13/13

C5　型式试验

按产品标准要求进行型式试验。

C6　小批量试生产

（1）工艺方案、工艺文件、定额及工装设计的修订。
（2）小批量试制生产准备及小批试制。
（3）修订产品标准（草案）。
（4）产品（定型）鉴定。

C7　定型投产阶段

（1）工艺文件、工艺装备定型。
（2）设备的配置与调试。
（3）检测仪器的配置与标定。
（4）外协、外包方的确定。
（5）产品标准的确定（产品标准（草案）定稿并备案）。
（6）投入批量生产。

文件编号	B8.0-04
版　　本	Ⅱ版
发放编号	第××号
受控状态	□是　　□否

LTQY 有限公司
质量/环境/职业健康安全
一体化管理体系程序文件

19
采购控制管理程序

编制：_____　　日 期：_____

审核：_____　　日 期：_____

批准：_____　　日 期：_____

20××年××月××日发布　　　　20××年××月××日实施

LTQY有限公司程序文件	文件编号	B8.0-04
	版本/状态	Ⅱ/0
采购控制管理程序	页次/总页	1/5

1 目的和范围

对外部提供的过程、产品和服务控制(简称"采购控制"),以确保采购活动符合要求。

本程序适用于公司对产品实现、生活、办公所需的物资(原材料、外协加工件、设备以及生活、办公和劳保用品)以及外包过程(包括外供服务)的过程、产品和服务的控制。

2 职责

(1) 物资供应部归口管理原材料、外协加工件、设备的采购控制(包括相关外包过程)。

(2) 办公室归口管理生活、办公和劳保用品的采购控制(包括相关外包过程)。

(3) 综合管理部负责对需要检验和试验的采购产品进行检验和试验。

(4) 各部门对本部门所需的采购产品的控制予以配合管理。

(5) 供销副总经理监督、指导本程序的实施。

3 工作程序

3.1 外部提供情况

物资供应部确保外部提供的过程、产品和服务符合要求。本公司对外部提供的过程、产品和服务有如下三种情况:

(1) 外部供方的过程、产品和服务构成公司自身的产品和服务的一部分(从供方处采购产品或服务,公司将其应用于本身的产品或服务中,如原材料、零部件、工具、运输服务等)。

(2) 外部供方代表公司直接将产品和服务交付给顾客(按照公司与顾客和供方的约定,由供方代表公司向顾客直接交付的产品和服务,如配套设备、委托培训等)。

(3) 公司决定由外部供方提供过程或部分过程(由供方提供外包过程,只是公司的中间运作,如外协加工零部件、第三方检测、计量器具的检定等)。

3.2 采购分类

3.2.1 采购产品和服务的分类

根据对公司最终产品和服务质量以及环境和职业健康安全绩效的影响程度,采购产品和服务分为三类:

(1) 重要产品和服务(A类):对最终产品的质量、环境和职业健康安全绩效影响较大。

(2) 一般产品和服务(B类):对最终产品的质量、环境和职业健康安全绩效影响

LTQY有限公司程序文件	文件编号	B8.0-04
	版本/状态	Ⅱ/0
采购控制管理程序	页次/总页	2/5

一般。

(3) 辅助材料（C类）：非直接用于产品本身的起辅助作用的材料，或对质量、环境和职业健康安全绩效影响较小。

3.2.2　外包过程的分类

(1) 重要外包过程（Ⅰ类）：外包方所提供的产品或服务的作用类似于重要产品和服务。

(2) 一般外包过程（Ⅱ类）：外包方所提供的产品或服务的作用类似于一般产品和服务。

(3) 辅助外包过程（Ⅲ类）：外包方所提供的产品或服务的作用类似于辅助材料。

3.2.3　《采购产品/服务和外包过程分类清单》

物资供应部在征求各部门意见后编写《采购产品/服务和外包过程分类清单》，经供销副总经理批准后执行。

3.3　对供方评价

3.3.1　制订评价准则

公司根据外部供方按照要求提供过程、产品或服务的能力，确定对其评价、选择、绩效监视以及再评价的准则，并加以实施。评价准则应考虑其对最终产品的影响。

3.3.2　供方的评价准则

(1) A类物资或Ⅰ类外包过程供方需提供包括以下内容的书面证明资料以证实其能力。

① 基本要求（供方历史、人员、机构、产品及业绩的简要介绍，相关资质和许可证据）。

② 产品质量能力（产品水平，样品测试及小批量试用情况，与采用标准或规范的符合性、稳定性、价格、交货等情况）。

③ 体系运行情况（相关质量、环境和职业健康安全管理体系认证证书及其有效性）。

④ 技术能力（技术人员情况，生产、检测和试验手段，服务质量等）。

⑤ 商务能力（财务状况）等。

(2) B类物资或Ⅱ类外包过程供方可只进行上款①和②项的考察。

(3) C类物资或Ⅲ类外包过程供方需经过样品检验或小批量试用合格。

(4) 对提供服务的供方（如运输公司、检测、培训机构等），需结合其服务内容和性质重点评价其资质、服务能力和水平。

3.3.3　供方的评价

(1) 物资供应部组织有关部门按照相应的评价准则对各供方进行评价。

(2) 根据评价的结果编制《供方评定记录表》和《合格供方名单》，并明确外部供方提供的过程、产品和服务的范围，作为选择外部供方和采购的依据。

LTQY有限公司程序文件	文件编号	B8.0-04
	版本/状态	Ⅱ/0
采购控制管理程序	页次/总页	3/5

（3）在合格供方名录外选择外部供方时，需按规定履行审批手续。公司要求外部供方对其直接和次级外部供方采取适当的控制，以确保其提供的产品和服务满足要求。

（4）必要时，邀请顾客参与其关注的外部供方评价和选择。

（5）选择、评价外部供方时，需确保有效地识别并控制风险。

（6）对国家授权的服务部门、检定部门和产品检验机构、通过国家实验室认可的测试实验室、经公司招标领导小组评标中标的供应商，保留其基本资料后可直接列入《合格供方名单》。

3.3.4 保留成文信息

对供方评价的结果和由评价引发的任何必要的措施，由物资供应部保留成文信息。

3.4 控制类型和程度

3.4.1 对外部供方实施控制，对其控制的类型和程度取决于所提供的过程、产品和服务对后续的公司产品和服务实现或交付的影响。

3.4.2 公司需确保外部提供的过程、产品和服务不会对公司稳定地向顾客交付合格产品和服务的能力产生不利影响。公司需：

（1）确保外部提供的过程保持在公司质量管理体系的控制之中。

（2）规定对外部供方的控制及其输出结果的控制。

（3）并考虑如下因素：

① 外部提供的过程、产品和服务对公司稳定地满足顾客要求和适用的法律法规要求的能力的潜在影响。

② 由外部供方实施控制的有效性。

（4）确定必要的验证或其他活动，以确保外部提供的过程、产品和服务满足要求。

（5）明确验证要求、方法和合格判定准则，按要求实施验证，保留验证的记录。

（6）在委托外部供方进行验证时，规定委托的要求并保留委托和验证的记录，包括实验室或试验机构的资质信息。

（7）在采购非货架软件时，要求并监督外部供方按照软件工程化要求实施控制，并保留控制的记录。

（8）在采购新设计和开发的产品，对采购项目和外部供方进行充分论证，并按规定审批。

（9）确保采购的新设计和开发的产品，经验证合格后方可使用。

3.4.3 公司对外部供方采取如下措施：

（1）对于单项年采购价值20万元（含）以下的日常办公用品或实现公司产品/服务所需的低值易耗品，使用部门编写年度《物品采购计划》经部门领导审核后，报公司主管领导批准后实施采购。

（2）对外部供应商实施准入、动态考核、优进劣出，以实施动态管理。物资供应部

LTQY 有限公司程序文件	文件编号	B8.0-04
	版本/状态	Ⅱ/0
采购控制管理程序	页次/总页	4/5

于每年年初根据上一年度的业绩对合格供方组织进行一次跟踪复评,并修订《供方业绩评定表》。根据复评结果修订《合格供方名单》,并经审批后发放执行。

(3) 出现下列情况之一者,由相关部门提出书面申请,报物资供应部审定后报公司主管领导批准,从《合格供方名单》中删除,取消其合格供应厂商资格。

① 所供产品或服务质量波动较大,或连续发生严重质量问题,且整改不力。

② 产品或服务达不到公司所要求的技术标准或要求,或因质量问题造成重大损失。

③ 多次(3次及其以上)延误供货,无法保证按期供货,影响公司生产计划实施。

④ 履行商务合同过程中,有严重的违法、违约行为。

(4) 对顾客指定的外部供方,适当时邀请顾客代表参与对其评价和选择,或将其准入、退出的信息征求顾客的意见。

3.5 提供给外部供方的信息

3.5.1 在与外部供方沟通前,物资供应部和技术开发部需确保在所确定的采购信息(如采购合同/协议或采购单)的要求是充分和适宜的,并与外部供方沟通以下方面的要求。

(1) 需提供的过程、产品和服务的内容(如项目、品种、功能和性能、规格型号、数量、交货期/服务期限、交货地、技术要求或图纸、价格等)。

(2) 对下列内容的批准:

① 产品和服务的批准要求,如需具备的行政许可和资质和所依据的验收准则或检验标准等。

② 方法、过程和设备的批准要求:如产品或服务实现过程中需执行的程序、过程控制和生产或监测设备能力的批准或认可要求。

③ 产品和服务的放行的批准要求,如合同、标准/规范等采购信息中规定的放行要求。

(3) 能力,包括所要求的人员资格(如供方相关人员相应的资质等)。

(4) 外部供方与公司的互动(在业务活动中的交互作用和相互沟通要求)。

(5) 公司使用的对外部供方绩效的控制和监视(控制和监视的内容、方式、方法)。

(6) 公司或其顾客拟在外部供方现场实施的验证或确认活动,明确验证或确认的准则、方法和放行要求等具体安排。

(7) 对相关过程、产品和服务提供及使用中的环境保护和职业健康安全方面的要求,危险化学品需提供《安全使用说明书(MSDS 表)》。

(8) 需要时,还可包括如下要求:

① 在技术协议或合同中,明确供方提供产品功能和性能要求、质量保证要求和保障要求。

② 外部供方需提供的产品和服务的技术质量问题及处理结果报告。

LTQY 有限公司程序文件	文件编号	B8.0-04
	版本/状态	Ⅱ/0
采购控制管理程序	页次/总页	5/5

③ 外部供方需提供的产品的技术状态变更、其生产线和工艺路线发生变化的信息。

④ 包含对外部供方生产和保持的成文信息的控制要求。

⑤ 外部供方应提供的其他信息。

3.5.2 物资供应部主持（必要时，其他相关部门参与）制订招标书、采购合同/订单文本等形式的采购信息，经批准后作为与外部供方进行沟通的重要文件。

4 本程序引用的文件

无

5 本程序产生的文件或记录

（1）B8.0-04-01《采购产品/服务和外包过程分类清单》（略）

（2）B8.0-04-02《安全使用说明书（MSDS 表)》（略）

（3）B8.0-04-03《供方评定记录表》（略）

（4）B8.0-04-04《合格供方名单》（略）

文件编号	B8.0-05
版　本	Ⅱ版
发放编号	第××号
受控状态	□是　　□否

LTQY 有限公司
质量/环境/职业健康安全
一体化管理体系程序文件

20
生产和服务提供管理程序

编制：_____　　日期：_____

审核：_____　　日期：_____

批准：_____　　日期：_____

20××年××月××日发布　　20××年××月××日实施

LTQY有限公司程序文件	文件编号	B8.0-05
	版本/状态	Ⅱ/0
生产和服务提供管理程序	页次/总页	1/6

1 目的和范围

对产品和服务的提供过程实施控制,以确保产品和服务满足要求。

本程序适用于公司对生产和服务提供的控制、标识和可追溯性、顾客或外部供方的财产、防护、交付后活动、更改控制等活动的控制。

2 职责

(1) 生产计划部归口管理生产和服务提供的控制。
(2) 技术开发部负责管理特殊过程的确认和关键过程的控制。
(3) 相关部门依据生产计划安排参与相关生产和服务提供活动。
(4) 各车间依据生产计划安排提供相关生产和服务提供活动。
(5) 生产副总经理监督、指导本程序的实施。

3 工作程序

3.1 生产和服务提供

(1) 公司的生产和服务提供,通过一系列过程的运行实现向顾客提供产品和服务。
(2) 其中有些过程是委托外包(外协)方实现的,如部分结构件的加工、焊接、涂装,压力容器封头压制,以及部分运输和理化试验等过程的服务。
(3) 需策划生产和服务提供的控制条件,并在受控条件下实施生产和服务提供。

3.2 生产和服务提供的控制

3.2.1 生产和服务提供受控条件

公司需在受控条件下进行生产和服务提供。适用时,受控条件应包括:

(1) 确保相关部门或岗位可获得适当的形成文件的信息,以规定以下内容:

① 所生产的产品、提供的服务或进行的活动的特性,如对产品和服务的技术规范、图样、样板、服务规范、生产计划等,对过程的工艺流程、服务流程等(统称为"生产和服务文件")。

② 产品或服务需获得的结果,如生产率、合格率、损耗率等。

(2) 可获得和使用适宜的监视和测量资源,如各类监测设备(包括计量器具和具有检测功能的工装、工卡模具、辅具)以及相关测量软件和信息等。

(3) 在适当阶段按照确定的时机和方法实施监视和测量活动,以验证是否符合过程或输出的控制准则以及产品和服务的接收准则。

(4) 在相关场所为过程的运行配置并使用适宜的基础设施,并保持适宜的文明生产和服务环境。

(5) 为各生产和服务岗位配备胜任的人员。

LTQY有限公司程序文件	文件编号	B8.0-05
	版本/状态	Ⅱ/0
生产和服务提供管理程序	页次/总页	2/6

(6) 当某些生产和服务提供过程（通常称为"特殊过程"）的输出结果不能由后续的监视或测量加以验证时，需对其实现策划结果的能力进行确认，并定期再确认（详见3.2.2 特殊过程的确认）。

(7) 采取措施防止人为错误，对人为因素（如失误、违章）可能造成的不符合，需有足够的预判，尽早实施事先预防。

(8) 根据不同产品和服务的特点，策划并实施适当的产品和服务的（转序）放行、（向顾客）交付和交付后活动（售后服务）。

(9) 需要时，经生产副总批准对于某些生产和服务过程可增加如下受控条件（这可包括以下内容的一部分或相关组合）：

① 实施数字化制造控制措施，如信息格式、数据接口、电子签名、版本控制等。

② 获得适宜的原材料和辅助材料。

③ 确认和审批生产和服务使用的计算机软件。

④ 控制温度、湿度、清洁度、静电防护等环境条件。

⑤ 关于预防、探测和排除多余物的规定。

⑥ 以清楚实用的方式（如文字标准、样件或图示）规定技艺评价准则。

⑦ 对首件产品进行自检和专检，并对首件做出标记，保留实测信息。

⑧ 使用代用器材时需经审批，影响关键或重要特性的器材代用应征得顾客同意。

3.2.2 特殊过程的确认

(1) 本公司需要确认的生产和服务过程为：压力容器焊接、滚动轴承零件渗碳热处理过程及外包的热浸铝电镀等过程。经生产副总批准，也可对最终产品和服务质量有较大影响的其他过程实施过程确认。

(2) 确认的方式：

① 一般可通过建立模型、模拟和试用（如采用试生产、工艺评定、模拟试验、工艺试验、对比试验、样板件试验等）。

② 必要时，顾客和相关方可参与过程确认的评审。

(3) 确认内容包括：

① 公司规定需确认过程的评审和批准准则。

a. 规定对过程能力有影响的要素应符合的条件（如对"人机料法环"等的要求），作为评审和批准的依据；

b. 准则可以采用现成标准［如压力容器的焊接过程可采用 NB/T47014-2011（JB/T4708）《承压设备焊接工艺评定》进行焊接工艺评定］，也可自行确定。

② 设备认可和人员资格鉴定。

a. 通过对样件试焊接和试热处理，检验试验件的性能，分别对压力容器焊接和滚动轴承零件渗碳热处理使用的焊机和热处理炉达到的能力进行认可。

LTQY 有限公司程序文件	文件编号	B8.0-05
	版本/状态	Ⅱ/0
生产和服务提供管理程序	页次/总页	3/6

b. 焊接人员通过专业机构的焊接人员培训，取得相应资格后上岗；热处理人员通过内部培训，经考核合格后上岗。

③ 根据焊接工艺评定的结果编写《压力容器焊接工艺规范》，根据热处理试验评价结果编写《滚动轴承零件渗碳热处理工艺规范》，供操作人员使用。

④ 编制《施焊记录》和《热处理记录》表格，操作人员按规定进行记录并保存。

（4）零件的热浸铝电镀外包过程，要求外包方依据确定的准则及方式进行过程确认。外包方为公司进行电镀作业的人员、设备、工艺规范和相关记录表格需经公司技术开发部认可，交付时需附相关电镀作业记录。

（5）发生下列情况，需对特殊过程进行再确认：

① 特殊过程的输出质量发生较大问题时。

② 影响工序的因素发生变化时（如过程参数有重大变更，设备更换或进行了大修，作业环境变化等）。

③ 连续工作三年以上时。

3.2.3 生产和服务提供记录

生产计划部组织相关车间制定相关生产和服务过程的记录表格（如随工单、工序记录卡、专项过程记录单等），并发放到各岗位适时记录。

3.3 标识和可追溯性

3.3.1 过程输出标识

（1）需要时，公司需采用适当的方法对过程的输出进行识别并标识，以确保产品和服务合格并不会混淆。

（2）可采用文字、代码、图形、标签、标牌、色标、印章或记录等适合于公司并适宜于输出特性的各种方法。

3.3.2 状态标识

（1）公司需在生产和服务提供的整个过程中按照监视和测量要求识别并标识过程输出状态。

（2）输出状态一般包括待检、合格、不合格、待判定等。

（3）状态标识的方法应简便易行，如标牌、标记、标签、印章、区域、记录等。

3.3.3 可追溯管理

（1）当有可追溯要求时，公司需控制过程输出的唯一性标识，以明确过程的条件、操作人员、生产日期、批号等，并能追溯产品或服务交付前的情况和交付后的分布、场所等。

（2）可追溯要求的需求可能有法规要求、产品或服务实现的需要（如批量生产的产品）、顾客要求、质量控制的需要（如可"追回"管理）等情况。

（3）当顾客有可追溯性要求时，需在合同或技术协议书中对可追溯性的范围做出明确的规定。

LTQY有限公司程序文件	文件编号	B8.0-05
	版本/状态	Ⅱ/0
生产和服务提供管理程序	页次/总页	4/6

(4) 本公司产品的追溯路径见图1。

图1 产品的追溯路径

(5) 需保留所需的记录,以实现可追溯性。

3.3.4 批次管理

(1) 对批量生产的产品实施批次管理,以确保:

① 按批次建立记录,详细记录投料、加工、装配、调试、检验、交付的数量、质量、操作者和检验者,并按规定保存。

② 使产品的批次标记和原始信息保持一致。

③ 能追溯产品交付前的情况和交付后的分布、场所。

(2) 批次产品的生产记录可在《随工单》中实现。

3.4 顾客或外部供方的财产

(1) 顾客或外部供方的财产可能是材料、零部件、工具和设备(包括生产和监测设备)以及场所(如安装、调试过程的外现场)、知识产权(如图样、工艺文件、配方等)和个人资料(如通信方式和相关证件)等需要对外保密的信息。

(2) 公司在控制或使用顾客或外部供方的财产期间,需对其进行妥善管理和控制:

① 对使用的或构成产品和服务一部分的顾客和外部供方财产,予以识别、验证、保护和维护,必要时实施保密控制。顾客财产需应用于顾客的产品或服务之中。

② 若顾客或外部供方的财产发生丢失、损坏或发现不适用情况,需向顾客或外部供方报告,并协商予以妥善处理。

③ 保留顾客或外部供方的财产管理和控制的适当记录。

3.5 防护

(1) 公司需在生产和服务提供期间对输出进行必要的防护,以确保符合要求。

(2) 防护可包括:

① 标识,在产品的适当部位进行相应的防护标识,如防雨、易碎、防倒置、防挤压、防磁化等;或在服务的适当环节进行相应的防护标识,如注意事项等。

② 处置,对输出结果进一步处理的要求,如废旧电池的处理、有毒有害物质的处置等。

③ 污染控制,当生产和服务提供过程的输出对环境造成污染时,需对其制定并实施控制预案。

④ 静电控制,采取措施减少在接触敏感防静电元件或组件的人身上产生静电,预防在人体上产生静电最好的办法是人体接地。

LTQY 有限公司程序文件	文件编号	B8.0-05
	版本/状态	Ⅱ/0
生产和服务提供管理程序	页次/总页	5/6

⑤ 包装，如根据特点和顾客要求对输出的包装进行策划并实施，以防止其受损，包装物需标识名称、数量、规格、有效期、运输要求等。

⑥ 根据产品或服务的特点实施相应的保护措施，确保输出不受损坏或对外界产生不良后果。对特殊产品（如有毒有害物质等）应制定相应的保护措施并按其实施。

⑦ 储存，根据输出的特性来配置适宜的储存环境或条件，建立适当的储存方式和方法，以防止输出受损。

⑧ 传送或运输，当输出的形式是实物时，需考虑运输的工具、方法和路线；当输出的形式是数据或信息时需考虑降低软件传送的风险。

3.6 交付后活动

（1）公司需满足与产品和服务相关的交付后活动的要求，在确定所要求的交付后活动的覆盖范围和程度时，需考虑：

① 法律法规要求。

② 与产品和服务相关的潜在不期望的后果。

③ 产品和服务的性质、使用和预期寿命。

④ 顾客要求。

⑤ 顾客反馈。

（2）交付后活动包括合同保证条款所规定的措施、公司义务（如维护服务等）、附加服务（如回收或最终处置等）。

（3）对交付后活动采取的控制措施可能有（不限于）：

① 按规定完成产品使用和维修的技术培训。

② 确保与产品使用和维护相关的技术文件得到控制和更新。

③ 确保提供技术支持和资源，委派技术服务人员到现场服务。

④ 收集、分析产品使用和服务中的信息。

⑤ 按合同要求公司派出技术服务人员到使用方进行现场技术服务，协助解决现场出现的质量问题。

⑥ 在质保期内因产品质量问题实施"三包"承诺（可无偿包退、包换、保修）。

（4）定期或不定期走访顾客及使用单位，收集和分析产品使用或服务中的信息，调查顾客意见，对服务信息进行统计和分析，以提升顾客满意度。交付后发现问题时，需采取适宜的调查、处理和报告等措施，并验证其有效性。

3.7 更改控制

（1）生产和服务提供的更改可能有（不限于）：

① 生产或服务计划的更改。

② 工艺文件或规范的更改。

③ 相关规定或制度的更改。

LTQY 有限公司程序文件	文件编号	B8.0-05
	版本/状态	Ⅱ/0
生产和服务提供管理程序	页次/总页	6/6

④ 产品或服务交付后涉及的更改。
（2）对生产和服务提供（包括对外部提供的过程、产品和服务）的更改进行必要的评审和控制，以确保符合要求：
① 评审并确定相应的更改，对更改带来的风险采取必要的事先预防。
② 必要时，更改实施前进行验证或确认。
③ 更改需经授权人批准（必要时，需经顾客认可）。
④ 按照更改的结果实施。
（3）保留的更改记录，并在其中包括如下信息：
① 有关更改评审的结果。
② 授权进行更改的人员。
③ 根据评审所采取的必要措施。

3.8 关键过程

必要时，需对关键过程实施控制。
（1）关键工序是指：
① 对成品的质量、性能、功能、寿命、可靠性及成本等有直接影响的工序。
② 产品重要质量特性形成的工序。
③ 工艺复杂，质量容易波动，对工人技艺要求高或发生问题较多的工序。
（2）技术开发部识别关键过程，编制关键过程明细表，并指导生产和服务部门实施关键过程控制。
（3）关键过程控制内容除符合"3.2 生产和服务提供的控制"的要求外，还可包括：
① 对关键过程进行标识。
② 设置控制点，对过程参数和产品和服务关键或重要特性进行有效监视和控制。
③ 对关键或重要特性实施百分之百检验，不能实施百分之百检验的，需规定检验或验证方法并征得顾客同意。
④ 运用统计技术，确保过程符合要求。
⑤ 保留满足可追溯性要求的记录。

4 本程序引用的文件

NB/T 47014-2011（JB/T 4708）《承压设备焊接工艺评定》

5 本程序产生的文件或记录

生产和服务提供过程中的相关文件或记录（如技术规范、图样、样板资料、服务规范、生产计划或工艺流程、服务流程、随工单等）。

文件编号	B8.0-06
版　本	Ⅱ版
发放编号	第××号
受控状态	☐是　　☐否

LTQY 有限公司
质量/环境/职业健康安全
一体化管理体系程序文件

21
产品和服务的放行管理程序

编制：_____　　日期：_____

审核：_____　　日期：_____

批准：_____　　日期：_____

20××年××月××日发布　　　　20××年××月××日实施

LTQY 有限公司程序文件	文件编号	B8.0-06
	版本/状态	Ⅱ/0
产品和服务的放行管理程序	页次/总页	1/5

1 目的和范围

按适当阶段实施策划的安排，验证产品和服务的要求得到满足，以确保产品和服务质量满足规定要求。

本程序适用于公司外部提供的过程、产品和服务（包括原材料、外购件、外包过程形成的产品和服务）以及公司内部生产的半成品、成品和公司对外服务的放行活动控制。

2 职责

（1）综合管理部归口管理产品和服务的放行管理。
（2）相关部门负责本部门涉及的产品和服务的放行活动。
（3）技术副总经理监督、指导本程序的实施。

3 工作程序

3.1 策划验证的安排

3.1.1 综合管理部策划在产品实现过程中，产品和服务在适当阶段的验证活动，并明确相关接收准则（如规范或标准等）。

3.1.2 本公司的产品验证主要为进货验证、工序检验和最终检验三个阶段，产品标准要求时适时进行型式检验，必要时实施其他监测。

3.1.3 制定各类产品各阶段的产品接收准则（如《进货验证规范》《工序检验（试验）规范》和《出厂检验（试验）规范》），也可直接采用外来的适用验收标准，以明确验证的时机、内容和方法。

（1）确定以下验证活动的时机：
① 采购产品（包括外包过程形成的产品）的进货检验和验证。
② 在供方处对采购/外包过程产品的验证。
③ 生产过程（工序）中产品的检验/试验。
④ 产品的最终出厂检验/试验。
⑤ 相关服务（包括外包过程的服务和公司向外部提供的服务）的验证。

（2）确定验证的内容和方法，包括：
① 验证项目、检测点、检测频率。
② 验证的方法、抽样方案、判定依据。
③ 使用的检测设备；
④ 检测所必须具备的环境因素。
⑤ 规定或引用的验收准则/产品技术标准。

LTQY有限公司程序文件	文件编号	B8.0-06
	版本/状态	Ⅱ/0
产品和服务的放行管理程序	页次/总页	2/5

⑥ 规定需形成的记录。

3.1.4　验证人员的授权：

（1）综合管理部明确验证人员的能力要求，必要时由人力资源部组织进行内部或外部培训，经考核合格后，取得资格证书。

（2）技术副总经理以《验证人员授权书》的形式，授权取得资格证书的各级验证人员开展相应的验证活动，验证人员需持证上岗。

（3）验证印章的管理：

① 综合管理部对验证印章进行管理，确认其种类、使用范围。

② 根据需要向具有资质的验证人员发放验证印章，并登记在《验证印章发放记录》中。

③ 验证印章需专人专用，当验证印章人员离职时收回。

3.2　验证活动实施

3.2.1　产品进货验证

（1）公司内部进货验证：

① 物资供应部按《采购管理程序》实施采购，在采购/外包过程产品进入公司后，由仓库保管员按送货单核对齐全后填写《入库单》，并将进货物品及供方提供的相关证明文件/合格证同时提请综合管理部进行进货验证。验证方式可包括：观察、检验、工艺验证，检查提供合格证明文件的符合性等。

② 综合管理部根据物资重要程度，在《进货验证规范》中对采购/外包过程产品规定不同的验证方式，必要时委托适当的第三方检测机构进行检验（试验）。

③ 采购/外包过程产品经检验或验证后，检验员需将检验结果填写《进货验证记录》，合格时在《入库单》上签字或盖章，交物资供应部办理入库手续。

（2）供方现场的验证：

① 根据对采购/外包过程产品进行控制的要求，需要在供方现场对采购/外包过程产品进行验证时，综合管理部规定验证的安排和验证后的放行方式，并通知相关供方。

② 综合管理部指派验证人员到供方现场对采购/外包过程产品按规定进行验证。

③ 对于在供方现场进行验证并合格的产品，在进货时可以减少对其进行的检验和试验项目。

④ 顾客也可对与公司供应产品有关的采购/外包过程产品在供方实施现场验证，但顾客的验证不能替代公司的验证。

3.2.2　产品工序检验（试验）

（1）首件检验：

① 批量加工产品在每一批的首件加工完成后须经自检，自检合格后交下工序操作人员或班组长进行互检，互检合格后再交检验员进行专检确认。

LTQY 有限公司程序文件	文件编号	B8.0-06
	版本/状态	Ⅱ/0
产品和服务的放行管理程序	页次/总页	3/5

② 检验员专检确认合格后，操作人员才能继续加工。
③ 首件自检、互检和专检需在《随工单》上记录。
④ 检验员将首件进行留样、做好标识。

（2）加工过程检验：

① 操作者在加工过程中，对其加工的产品进行自检，提交下工序的产品必须是自检合格的产品。

② 下道工序操作者对上道工序转来的产品进行验证，认定合格后方能继续加工，对认定为不合格的交检验员确认。

③ 检验员按照《工序检验规范》规定的检验频次、时间及检验项目和控制参数，对产品进检验行，并在《随工单》上记录。

④ 检验员对产品的检验状态予以明显标识，发现的不合格品按《不合格输出的控制管理程序》的规定处置。

3.2.3 产品出厂检验（试验）

（1）经确认所有的进货验证，工序检测活动均已完成并合格后，才能进行最终出厂检验或试验活动。

（2）验证人员根据《成品检验规范》进行逐项检验或试验，并填写《产品检验报告/记录》。

（3）本公司需要委托检测的项目，由综合管理部选择具有资质的机构进行检测，并由其出具《产品检验报告/记录》。

（4）经检测合格的产品验证人员签发《产品合格证》后发至仓库办理成品入库手续，必要时根据顾客的要求附上《零部件合格证》。

（5）经检测不合格的成品由验证人员进行标识并予以隔离，按《不合格输出的控制管理程序》的规定处理。

3.2.4 产品型式检验（试验）

（1）产品标准要求时，综合管理部组织按标准的规定进行型式检验（试验）。

（2）可委托有相应资质的第三方检测机构对某些项目或全部项目进行型式检验（试验）。

（3）型式检验（试验）需形成《型式检验（试验）报告》，当检验（试验）项目由多家完成时，综合管理部汇总形成报告，并予以保存。

3.2.5 产品的其他监测

（1）合同要求对某些项目进行特殊检验（试验）时，综合管理部做出相应的安排，并按规定的时机进行特殊检验（试验）。

（2）质量监管部门或主管部门要求实施产品质量监督检验（试验）时，综合管理部按规定的时机和抽样数量，提请指定检测机构进行产品质量监督检验（试验），并将结

LTQY 有限公司程序文件	文件编号	B8.0-06
	版本/状态	Ⅱ/0
产品和服务的放行管理程序	页次/总页	4/5

果呈报质量监督主管部门。

3.2.6 服务的验证

（1）公司对外提供的服务活动需在其实施过程中按《服务项目验收大纲》明确的各个节点进行验证，并适当保存记录。

（2）确保按规定的内容验证后符合要求，并将结果通知相关顾客。

3.3 产品和服务的交付

（1）对交付给顾客的产品和服务按策划的安排进行验证（检验或试验），确认其符合接收准则后，方可提交顾客验收。

（2）交付时公司需提供按规定签署的产品和服务合格证明、检验和试验结果文件；必要时，需提供有关最终产品技术状态更改的执行情况。

（3）交付的产品和服务需经顾客验收合格，公司按规定要求提供有效技术文件、配套附件、备件、测量设备和其他保障资源。

（4）例外（紧急）放行：

① 当产品和服务未完成所有要求的验证需要例外（紧急）放行时，放行人员填写《例外（紧急）放行单》经授权的人员审批同意（必要时需征得顾客同意）才能放行。

② 这类例外（紧急）放行需注意：

a. 符合相关法律法规或合同要求；

b. 并不意味着可以不满足顾客的要求；

c. 不能造成对环境的污染或职业健康安全的伤害；

d. 进行唯一性标识并保留记录，以确保能追回、更换产品和服务；

e. 每次单独办理放行手续，不能形成惯例。

3.4 保留形成文件的信息

在各阶段验证活动实施后，需保留有关产品和服务放行的形成文件的信息，包括：

（1）符合接收准则的证据（如上述的各类记录或报告）。

（2）可追溯到授权放行人员的信息。

4 本程序引用的文件

（1）B8.0-04《采购控制管理程序》

（2）B8.0-07《不合格输出的控制管理程序》

5 本程序产生的文件或记录

（1）B8.0-06-01《进货验证规范》（略）

（2）B8.0-06-02《工序检验（试验）规范》（略）

（3）B8.0-06-03《出厂检验（试验）规范》（略）

LTQY 有限公司程序文件	文件编号	B8.0-06
	版本/状态	Ⅱ/0
产品和服务的放行管理程序	页次/总页	5/5

  (4) B8.0-06-04《服务项目验收大纲》（略）
  (5) B8.0-06-05《验证人员授权书》（略）
  (6) B8.0-06-06《进货验证记录》（略）
  (7) B8.0-06-07《入库单》（略）
  (8) B8.0-06-08《随工单》（略）
  (9) B8.0-06-09《产品检验报告/记录》（略）
  (10) B8.0-06-10《产品合格证》（略）
  (11) B8.0-06-11《零部件合格证》（略）
  (12) B8.0-06-12《验证印章发放记录》（略）
  (13) B8.0-06-13《型式检验报告》（略）
  (14) B8.0-06-14《例外（紧急）放行单》（略）

文件编号	B8.0-07
版　　本	Ⅱ版
发放编号	第××号
受控状态	☐是　　☐否

LTQY 有限公司
质量/环境/职业健康安全
一体化管理体系程序文件

22
不合格输出的控制管理程序

编制：_____　　日期：_____

审核：_____　　日期：_____

批准：_____　　日期：_____

20××年××月××日发布　　20××年××月××日实施

LTQY有限公司程序文件	文件编号	B8.0-07
	版本/状态	Ⅱ/0
不合格输出的控制管理程序	页次/总页	1/3

1 目的和范围

确保对不符合要求的输出进行识别和控制，以防止其非预期的使用或交付。

本程序适用于公司外部提供的过程、产品和服务（包括原材料、外购件、外包过程形成的产品和服务）以及公司内部生产的半成品、成品和公司对外服务的不合格输出的控制。

2 职责

（1）综合管理部归口管理采购活动的产品和服务以及生产或服务活动实现中的不合格输出的控制。

（2）市场营销部归口产品和服务交付后的不合格输出的控制。

（3）授权的审理人员负责不合格输出的审理。

（4）责任部门或人员负责不合格输出的处置。

（5）公司主管领导监督、指导本程序的实施。

3 工作程序

3.1 审理机构设置及其职责

（1）审理机构设置：

① 公司设立不合格输出审理组，由总工程师任组长，归口部门经理任副组长，下设若干审理员（由检验员、服务管理人员或售后服务人员兼任）。

② 不合格输出审理组是公司不合格输出评审的权力机构，公司最高管理层需确保其独立行使职权。

③ 上述所有参与不合格输出审理的人员，需经资格确认，并由总经理发布《不合格输出审理的人员授权书》，必要时征得顾客或其代表同意。

（2）审理职责：

① 严重不合格输出由审理组长评审，确定处置方式后交由责任部门处理。

② 一般不合格输出由相关部门副组长评审，确定处置方式后交由责任部门处理。

③ 轻微不合格输出由检验员、服务管理人员或售后服务人员直接评审，确定处置方式后交由责任人处理。

（3）对不合格输出的审理决定，上级可以改判下级的审理结论（处置意见）。

3.2 不合格输出的处置方式

根据不合格输出的性质及其对产品和服务的影响采取适当的措施，进行适当标识，并通过以下一种或几种途径处置不合格输出：

（1）纠正（包括可返工、返修、降级、改作他用或重新提供服务等），不合格输出

LTQY 有限公司程序文件	文件编号	B8.0-07
	版本/状态	Ⅱ/0
不合格输出的控制管理程序	页次/总页	2/3

得到纠正之后由现场检验员、服务管理人员或售后服务人员进行重新验证，不符合要求时重新处理。

（2）隔离、限制、退货（召回）或暂停提供产品和服务（包括拒收、报废、赔偿、道歉等）。

（3）告知（如不可能采取措施时，需告知顾客潜在的影响）。

（4）获得让步接收的授权：

① 当不合格输出不妨碍预期使用时，允许使用或交付不合格输出。

② 但这种许可需经相关授权人员批准，必要时经顾客批准（如合同中规定）；

③ 对于未经顾客授权的让步使用，需征得顾客同意，关键特性不允许让步使用。

④ 法规要求或合同规定不允许的，或对后续活动可能造成潜在重大影响的，不能让步接收不合格输出。

3.3 不合格输出的审理和处理

（1）根据接收准则，检验员验证交付前的产品，服务管理人员验证提供期间的服务活动，售后服务人员验证已交付的产品和服务，若发现不合格输出时需进行分类，并按如下程序处理：

① 轻微不合格输出，由检验员或服务管理人员评审并确定处置方式后，交由责任人处理，检验员将处理情况记录在《工艺流程卡》中，服务管理人员将处理情况记录在《服务流程卡》中。

② 一般不合格输出报相关审理副组长审理并将处置意见通知责任部门，责任部门责成责任人按处置意见实施并在《工艺流程卡》或《服务流程卡》中记录。

③ 严重不合格输出需填写《不合格处理单》，交审理组长审理并将处置意见通知责任部门，责任部门责成责任人按处置意见实施并在《不合格处理单》中予以记录。

（2）当产品在交付后或服务提供后发现轻微和一般不合格输出时，市场营销部责成售后服务人员按照售后服务的要求采取与不合格输出的影响或潜在的影响程度相适应的措施处置，并在《售后服务单》中予以记录；当发生严重不合格输出（如顾客投诉）时，由市场营销部填写《不合格处理单》，按上款③的规定处理。

（3）如果改变不合格输出的审理结论，需由最高管理者签署书面决定；对顾客关注的不合格审理结论更改，需征得顾客同意。

（4）不合格品的审理结论（意见），仅对当时被审理的不合格品有效，不能作为以后审理不合格品的依据，也不影响顾客对产品和服务的判定。

3.4 记录和汇总

（1）保留以下内容的不合格输出处理的记录：

① 有关不合格的描述。

② 所采取措施的描述。

LTQY 有限公司程序文件	文件编号	B8.0-07
	版本/状态	Ⅱ/0
不合格输出的控制管理程序	页次/总页	3/3

③ 获得让步的描述。

④ 处置不合格的授权人员。

(2) 综合管理部负责对不合格输出的处置情况进行监督,《不合格处理单》处理后的保管,并编写《季度不合格处理汇总分析报告》,提出整改措施并经管理者代表批准后实施。

4 本程序引用的文件

无

5 本程序产生的文件或记录

(1) B8.0-07-01《不合格输出审理的人员授权书》(略)

(2) B8.0-07-02《季度不合格处理汇总分析报告》(略)

(3) B8.0-07-03《工艺流程卡》(略)

(4) B8.0-07-04《服务流程卡》(略)

(5) B8.0-07-05《售后服务单》(略)

(6) B8.0-07-06《不合格处理单》(略)

文件编号	B8.0-08
版　本	Ⅱ版
发放编号	第××号
受控状态	□是　　□否

LTQY 有限公司
质量/环境/职业健康安全
一体化管理体系程序文件

23
环境和职业健康安全运行过程的策划和控制管理程序

编制：_____　　日 期：_____

审核：_____　　日 期：_____

批准：_____　　日 期：_____

20××年××月××日发布　　　　20××年××月××日实施

LTQY有限公司程序文件	文件编号	B8.0-08
环境和职业健康安全运行过程的策划和控制管理程序	版本/状态	Ⅱ/0
	页次/总页	1/9

1 目的和范围

建立、实施、控制并保持程序，以对与所识别的重要环境因素和职业健康安全重大风险有关的活动实施有效控制，确保环境和职业健康安全方针和目标的实现。

本程序适用于公司范围内所有与重要环境因素和职业健康安全重大风险有关活动的策划和控制。

2 职责

（1）综合管理部归口管理环境和职业健康安全的运行策划和控制。
（2）相关部门负责职责权限内的环境和职业健康安全的运行策划和控制。
（3）各部门负责本部门范围内环境因素和职业健康安全风险因素的运行控制。
（4）管理者代表监督、指导本程序的实施。

3 工作程序

3.1 运行策划和控制

3.1.1 确定所需控制的活动

公司所涉及的环境因素，按照《环境因素管理程序》进行识别，并评价出重要环境因素；公司所涉及的危险源，按照《危险源辨识和风险机遇评价管理程序》进行辨识，并评价出重大职业健康安全风险。两程序中确定的《重要环境因素清单》和《重大风险清单》中涉及的活动、产品和服务是公司环境和职业健康安全运行策划和控制的重点。

3.1.2 确定所需控制措施

（1）建立、实施、控制并保持满足环境和职业健康安全管理体系要求以及实施标准（ISO 14001：2015 和 ISO 45001：2018）6.1 和 6.2 条款所识别的措施所需的过程，通过：

① 建立适当的程序（规范、作业指导书等），以确定各项过程准则。
② 按照确定的准则对重要环境因素和重大职业健康安全风险实施过程控制。
③ 保持和保留必要的文件化信息，以确定过程已按策划得到实施。
④ 确定因缺乏文件化信息而可能偏离环境和职业健康安全方针和目标的情况。
⑤ 使各项工作适合于员工的操作。

（2）在存在多个雇主（所有者）的工作场所，公司需与其他相关方协调一体化管理体系的相关部分的活动。

3.1.3 考虑控制层级

在策划和控制重要环境因素和职业健康安全重大风险时，需考虑不同的层级。
（1）重要环境因素的控制层级：重要环境因素的控制包括相关工程控制（采用工程

LTQY有限公司程序文件	文件编号	B8.0-08
环境和职业健康安全运行过程的策划和控制管理程序	版本/状态	Ⅱ/0
	页次/总页	2/9

技术的方法）和程序（建立规范、作业指导书等）的方式。按如下顺序的层级考虑实施控制（可单独使用或结合使用）：

① 可能时，优先采用消除不利环境因素。

② 对落后的工艺、方法采用先进的方式予以替代。

③ 实施相应的管理措施（如规章制度）。

（2）职业健康安全风险的控制层级：

在建立过程并确定实现减少职业健康安全风险的控制措施时，可通过运用如下顺序的层级考虑实施控制（可单独使用或结合使用）：

① 可能时，优先采用消除危险源。

② 使用危险性较低的过程、操作、材料或设备替代危险性高的活动。

③ 运用工程控制（工程技术的方法）和工作重组的适当措施。

④ 运用管理控制措施（如规定、标志或警告等），包括培训。

⑤ 操作人员运用足够的个体防护装备。

3.1.4 对重要环境因素的控制

（1）对变更活动的控制。对计划内的变更进行控制，并对非预期变更的后果予以评审，必要时，应采取措施降低任何不利影响。

① 应对计划内的变更，如调整生产工艺、增添生产设备，以及活动、产品和服务的新的变化或修改等。

② 非预期的变更，如员工的意外变更、生产计划的临时调整等。

应对这些可能的变更后果进行事先的分析和评估，必要时采取措施以降低其不利影响。

（2）对外包过程的控制。物资供应部负责对外包过程涉及的环境因素实施控制或施加影响。

① 建立《外包过程控制实施办法》，规定对外包过程环境因素实施控制或施加影响的类型与程度，以减少其不利环境影响或对其施加影响。

② 根据外包过程对公司实现环境目标的影响，确定对外包方进行管理的方式（如通过合同条款进行约束、现场监督等），并对其实施相关进行考核。

（3）从生命周期观点出发的控制。对重要环境因素的控制，需从生命周期观点出发予以考虑。

① 适当时，制定控制措施，技术开发部确保在产品或服务的设计和开发过程中，落实其环境要求，此时应考虑生命周期的每一阶段：

a. 针对产品或服务的特性/流程/工艺/外观及包装等提出相应的环境要求，适当时采取适宜的应对措施，如生产工艺和使用的环保化、包装的轻量化、运输路线的优化、优秀的节能特性、对资源的高效利用、零部件可实现再制造等；

LTQY有限公司程序文件	文件编号	B8.0-08
环境和职业健康安全运行过程的策划和控制管理程序	版本/状态	Ⅱ/0
	页次/总页	3/9

  b. 可向社会提供环保型的产品或服务，尽可能地避免或减少将不利的环境影响转移到生命周期的另一个阶段。

  ② 适当时，物资供应部确定产品和服务采购的环境要求：

  a. 开展绿色采购，优先购买环保型的原辅材料或服务；

  b. 适当时，可针对采购的原辅材料或服务提出环境要求，如规定原材料中环境有害物质的限量，对供方生产过程的环境提出要求等。

  ③ 物资供应部与外部供方（包括合同方）沟通组织的相关环境要求：

  a. 将公司确定的有关环境要求与外部供应商进行沟通，其目的是希望其能够理解和支持公司的环境要求并能自觉遵守，从而促进它们共同为改善环境做出努力；

  b. 沟通内容可包括针对采购的原辅材料或服务的环境要求，对供应商提出行为及环境绩效的要求等。

  ④ 产品销售部考虑提供与其产品或服务的运输或交付、使用、寿命结束后处理和最终处置相关的潜在重大环境影响的信息需求。

  3.1.5 对重大职业健康安全风险的控制

  （1）变更管理。相关部门需采取措施，以实施和控制影响职业健康安全管理绩效的计划的永久或临时性变更（变更可能导致风险和机遇）。

  ① 新的产品、服务和过程，或者现有产品、服务和过程的变更，包括：

  a. 工作场所的地点和环境；

  b. 工作组织；

  c. 工作条件；

  d. 装备；

  e. 劳动力。

  ② 法律法规要求和其他要求的变更。

  ③ 关于危险源和职业健康安全风险的知识或信息的变更。

  ④ 知识和技术的发展。

相关部门需对计划外变更的后果进行评审，必要时，采取措施消除不利影响。

  （2）采购管理。相关部门需采取措施，控制产品和服务的采购，以确保符合其职业健康安全管理体系。

  ① 对承包商的控制。相关部门需从以下方面与承包商协调其采购过程，以进行辨识危险源、评价和控制职业健康安全风险。

  a. 对组织有影响的承包商活动和业务；

  b. 对承包商员工有影响的承包商活动和业务；

  c. 对工作场所内其他相关方有影响的承包商活动和业务。

需确保承包商及其员工符合本公司的职业健康安全管理体系的要求。公司的采购过

LTQY有限公司程序文件	文件编号	B8.0-08
环境和职业健康安全运行过程的策划和控制管理程序	版本/状态	Ⅱ/0
	页次/总页	4/9

程需在合同文件中确定和提供选择承包商的职业健康安全准则。

② 对外包过程的控制。

a. 相关部门需确保外包过程的职能和过程得到控制；

b. 确保各外包过程的安排考虑了法律法规要求和其他要求，以及实现其职业健康安全管理体系的预期结果；

c. 适用于外部功能和过程的控制类型和程度需在职业健康安全管理体系中确定。

3.2 专项活动的运行控制

3.2.1 环境和职业健康安全绩效关键特性的控制

（1）综合管理部对与公司的环境和职业健康安全方针、目标有关的绩效关键特性进行管理，以达到预期的结果。

（2）环境绩效关键特性的控制，包括：

① 对废水、废气、废弃物和厂界噪声的控制按照《污染防治管理规定》进行管理，使各场所的相关指标达到国家法规和标准的要求。

② 对资源和能源的控制按照《资源、能源管理规定》进行管理，对现有使用情况进行统计分析，制定逐年降低单位产品资源和能源消耗的目标，并采取适当措施予以实现。确保资源充分有效的利用，节省资源，降低能耗。

（3）职业健康安全绩效关键特性的控制，包括：

① 对工作场所的化学有害因素（如空气中化学物质浓度、粉尘浓度、生物因素浓度等）进行控制，以达到GBZ2.2-2007《工作场所有害因素职业接触限值 第2部分：物理因素》的规定。

② 对工作场所的物理有害因素（如超高频辐射、高频电磁场、工频电场、激光辐射、微波辐射、紫外辐射、高温作业、噪声作业、手传振动作业、体力高强度劳动、高空作业等）进行控制，以达到GBZ2.1-2007《工作场所有害因素职业接触限值 化学有害因素》的规定。

3.2.2 对相关方施加影响

（1）对各类相关方的控制执行《对相关方施加影响的管理规定》，以对相关方在环境和职业健康安全管理方面施加影响。

（2）进入公司的工程承包方由生产计划部进行资质及相关证书审核，每年与其签订《环境和职业健康安全责任协议书》，施工请进行环境安全技术交底，施工期间对其进行监督检查。

（3）与顾客签订合同时明确销售双方关于环境和职业健康安全的权利和义务，产品交付时以《产品说明书》的形式说明产品使用时的环保和健康安全方面的注意事项。

（4）与供方签订合同时明确供需双方关于环境和职业健康安全的权利和义务，供货时随产品交付相关环保和健康安全方面的资料。

LTQY 有限公司程序文件	文件编号	B8.0-08
环境和职业健康安全运行过程的策划和控制管理程序	版本/状态	Ⅱ/0
	页次/总页	5/9

（5）外来人员进入公司作业现场之前，必须经过环保和安全教育，现场活动需有专人陪同提醒。

（6）临时用工人员，在环境和职业健康安全控制方面与相同员工岗位同样要求。

3.2.3 新、改、扩建项目管理

（1）公司建立《新、改、扩建建设项目管理规定》，以对新、改、扩建建设项目进行管理，实施前按相关法规的规定程序进行环境影响评价、必要时进行安全评价，并实施相关报批手续。

（2）按《环境保护法》规定的"环境保护'三同时'制度"以及《建设项目安全设施"三同时"监督管理暂行办法》的要求，对环保和职业健康安全设施和设备实施同时设计、同时施工和同时投入使用。

3.2.4 新工艺、新材料、新技术的管理

（1）公司制定《新工艺、新材料、新技术应用管理规定》并对新工艺、新材料、新技术的应用进行管理，应用前应进行充分的论证，防止新的不良重要环境因素或重大风险的引入。

（2）《国家明令淘汰的"落后生产工艺装备、落后产品"目录》中列明的工艺和产品，按规定予以淘汰。

3.2.5 对各类作业活动的管理

（1）对不同的作业活动需配备适当的人员和设备，特别是：

① 特种作业人员需按照《特种作业人员安全技术培训考核管理规定》，经培训考核合格，取得由安全生产监督管理部门颁发的《特种作业操作证》（需定期复审），方可从事相应的作业。

② 特种设备按照《特种设备安全法》进行管理，特种设备作业人员必须经过培训考核合格，取得由质量技术监督部门颁发《特种设备作业人员证》（需定期复审），方可从事相应的作业活动。

（2）必要时，可制定并向有关人员提供相关的作业指导书，如：

① 机械作业岗位按《机械设备安全操作管理规定》进行管理。

② 电气作业岗位按《电气作业安全管理规定》进行管理。

③ 焊接和气割作业岗位按《焊接和气割作业安全管理规定》进行管理。

④ 高空作业岗位按《高空作业安全管理规定》进行管理。

⑤ 起重作业岗位按《起重作业安全管理规定》进行管理。

⑥ 电梯运行按《电梯安全操作管理规定》进行管理。

⑦ 锅炉房工作人员按《锅炉房安全操作管理规定》进行管理。

3.2.6 消防管理

公司根据《消防法》的要求制定《公司消防安全管理规定》，对消防活动进行管理。

LTQY有限公司程序文件	文件编号	B8.0-08
环境和职业健康安全运行过程的策划和控制管理程序	版本/状态	Ⅱ/0
	页次/总页	6/9

（1）按不同要求配备各区域的消防设备，培训一定数量的义务消防员，明火作业要经过审批。

（2）易燃易爆物品的运输、贮存、使用、废弃处理执行《易燃易爆物品安全管理规定》，必须设有防火、防爆设施。使用和贮存地点，要严禁烟火，要严格消除可能发生火灾的一切隐患，明火作业要经过审批。

3.2.7 厂区交通管理

公司依据《道路交通安全法》和《厂内机动车辆安全管理规定》制定《公司内交通安全管理规定》，并按其管理厂区交通和运输活动，严格客货分流，严禁超载和超速，并减少空载。

3.2.8 危险化学品管理

（1）公司依据《危险化学品安全管理条例》制定《公司危险化学品管理规定》，并按其管理危险化学品的运输、贮存、使用和处置。

（2）采购危险化学品时，同时向供方索要《化学品安全技术说明书（MSDS）》；供方不提供时，需按《危险化学品安全技术说明书编写规定》自行编写。

（3）公司制定《危险化学品清单》，逐项审定其《化学品安全技术说明书（MSDS）》并发至相关岗位按规定执行。

3.2.9 劳动保护管理

（1）公司执行《劳动防护用品管理规定》的规定，为保障劳动者的安全与健康，在有安全隐患场所为工作和相关人员免费提供必要的劳动防护用品，工作和相关工作人员需按要求佩戴。

（2）公司执行 GB 2894-2008《安全标志及其使用导则》的规定，对存在安全隐患场所进行管理，设置相应的安全标志和相应的安全防护设施、设备或警示。

（3）公司执行《妇女权益保障法》和《女职工劳动保护特别规定》，以维护女职工的合法权益，减少和解决女职工在劳动和工作中因生理特点造成的特殊困难，保护其健康和安全。

（4）公司执行《职业病防治法》和《工作场所职业卫生监督管理规定》的规定，预防、控制和消除职业病危害，防治职业病，保护职工健康及其相关权益；职业病危害事故一旦发生，公司需协助当地安全生产监督管理部门依照国家有关规定报告事故和组织事故的调查处理。

（5）身体健康检查：

① 办公室组织定期对员工进行身体健康检查。对员工进行上岗前、在岗期间、离岗时的职业健康检查，对女职工以及特殊工种和从事有害作业的岗位员工需适当增加检查项目和频次，发现有不宜从事本岗位的员工，要及时调离原岗位，并妥善安置，对查出的问题及时处理或落实部门按期限解决。

LTQY 有限公司程序文件	文件编号	B8.0-08
环境和职业健康安全运行过程的策划和控制管理程序	版本/状态	Ⅱ/0
	页次/总页	7/9

② 检查结果需告知员工本人，并由办公室保存检查档案。

（6）公司执行《劳动合同法》，加强劳动用工管理，规范劳动用工行为，保护劳动者的合法权益，促进劳动关系和谐稳定发展。

3.3 专门区域的运行控制

公司制定《工作区域环境管理规定》和《公司"5S"管理规定》，以对各区域进行环境和职业健康安全的运行控制。

3.3.1 办公、生活区域的运行控制要求

办公室负责下列活动的管理和控制：

（1）保持良好的工作环境，远离噪声源、具备适当的通风、照明和卫生条件。

（2）固体废物分类存放、定期清理收集，按规定进行处置。

（3）绿化厂区、美化环境，提升组织形象。

（4）职工食堂应保证饮食卫生和就餐环境舒适，防止食物中毒。

（5）车辆保持良好车况，分区有序停放，机动车尾气排放执行国家年检规定。

3.3.2 生产区域的运行控制要求

生产计划部及其相关责任部门负责下列活动的管理和控制：

（1）在布置工作任务时，同时应策划、落实环境和职业健康安全控制要求，必要时需对策划进行更新。

（2）遇有潜在的环境、安全事件或严重危害员工健康的情况时，员工有提醒并向相关领导报告的责任；在未停止相关作业活动时主管领导有权制止。

（3）对于复杂的或可能造成环境污染较重、危险性较大工作，生产计划部应进行环境和安全技术交底，并填写《环境和安全技术交底书》。

3.3.3 仓库的运行控制要求

物资供应部制定《仓库安全管理规定》，规范仓库的管理，减少不良环境影响和危险危害，确保库管人员和库存物品安全。

3.4 运行控制文件化信息

（1）保持必要程度的文件化信息，以确信相关过程已按策划得到规定。

（2）保留必要程度的文件化信息，以证实相关过程已按策划得到实施。

4 本程序引用的文件

（1）《环境保护法》（2014年4月24日修订，2015年1月1日起施行）

（2）《职业病防治法》（2017年11月4日修订）

（3）《劳动合同法》（2012年12月28日修正）

（4）《消防法》（2008年10月28日修订，2009年5月1日实施）

（5）《道路交通安全法》（2011年4月22日修订）

LTQY有限公司程序文件	文件编号	B8.0-08
环境和职业健康安全运行过程的策划和控制管理程序	版本/状态	Ⅱ/0
	页次/总页	8/9

(6)《特种设备安全法》(2014年1月1日施行)

(7)《妇女权益保障法》(2005年8月28日修订)

(8)《危险化学品安全管理条例》(国务院于2002年1月26日发布,2013年12月7日修正)

(9)《女职工劳动保护特别规定》(国务院令 第619号,2012年4月28日执行)

(10)《建设项目安全设施"三同时"监督管理暂行办法》(国家安监总局36号令,2015年修订)

(11)《工作场所职业卫生监督管理规定》(国家安全监管总局令第47号,2012年6月1日起施行)

(12)《特种作业人员安全技术培训考核管理规定》(2015年5月29日国家安全监管总局令第80号第二次修正)

(13)《厂内机动车辆安全管理规定》(劳动部[1995]161号通知颁发)

(14)《劳动防护用品管理规定》(国家安全总局颁发,2005年9月1日起施行)

(15) GB 16483-2000《危险化学品安全技术说明书编写规定》

(16) GBZ 2.1-2007《工作场所有害因素职业接触限值 化学有害因素》

(17) GBZ 2.2-2007《工作场所有害因素职业接触限值 第2部分:物理因素》

(18) GB 2894-2008《安全标志及其使用导则》

(19) B6.0-02《环境因素管理程序》

(20) B6.0-03《危险源辨识和风险机遇评价管理程序》

5 本程序产生的文件或记录

(1) B8.0-08-01《外包过程控制实施办法》(略)

(2) B8.0-08-02《对相关方施加影响管理规定》(略)

(3) B8.0-08-03《污染防治管理规定》(略)

(4) B8.0-08-04《资源、能源管理规定》(略)

(5) B8.0-08-05《对相关方施加影响的管理规定》(略)

(6) B8.0-08-06《新、改、扩建建设项目管理规定》(略)

(7) B8.0-08-07《新工艺、新材料、新技术应用管理规定》(略)

(8) B8.0-08-08《机械设备安全操作管理规定》(略)

(9) B8.0-08-09《电气作业安全管理规定》(略)

(10) B8.0-08-10《焊接和气割作业安全管理规定》(略)

(11) B8.0-08-11《高空作业安全管理规定》(略)

(12) B8.0-08-12《起重作业安全管理规定》(略)

(13) B8.0-08-13《电梯安全操作管理规定》(略)

LTQY 有限公司程序文件	文件编号	B8.0-08
环境和职业健康安全运行过程的策划和控制管理程序	版本/状态	Ⅱ/0
	页次/总页	9/9

（14）B8.0-08-14《锅炉房安全操作管理规定》（略）

（15）B8.0-08-15《公司消防安全管理规定》（略）

（16）B8.0-08-16《公司内交通安全管理规定》（略）

（17）B8.0-08-17《公司危险化学品管理规定》（略）

（18）B8.0-08-18《危险化学品清单》（略）

（19）B8.0-08-19《化学品安全技术说明书（MSDS）》（略）

（20）B8.0-08-20《工作区域环境管理规定》（略）

（21）B8.0-08-21《公司"5S"管理规定》（略）

（22）B8.0-08-22《环境和安全技术交底书》（略）

（23）B8.0-08-23《仓库安全管理规定》（略）

（24）B8.0-08-24《特种作业操作证》（略）

（25）B8.0-08-25《特种设备作业人员证》（略）

文件编号	B8.0-09
版　　本	Ⅱ版
发放编号	第××号
受控状态	□是　　□否

LTQY 有限公司
质量/环境/职业健康安全
一体化管理体系程序文件

24
应急准备和响应管理程序

编制：_____　　日期：_____

审核：_____　　日期：_____

批准：_____　　日期：_____

20××年××月××日发布　　　　20××年××月××日实施

LTQY有限公司程序文件	文件编号	B8.0-09
	版本/状态	Ⅱ/0
应急准备和响应管理程序	页次/总页	1/4

1 目的和范围

识别可能对环境、职业健康安全造成影响的潜在的紧急情况，并对其确定响应措施，以预防或尽可能降低因潜在的紧急情况带来的有害环境影响或职业健康安全的不良后果。

本程序适用于公司各项活动中环境和职业健康安全潜在的事件或紧急情况。

2 职责

（1）综合管理部归口应急准备和响应的管理。

（2）各相关部门根据要求负责组织实施。

（3）管理者代表监督、指导本程序的实施。

3 工作程序

3.1 基本要求

公司按照策划时确定的潜在紧急情况，对其进行应急准备并制定响应的措施，包括：

（1）建立紧急情况的响应措施（包括提供急救服务），以预防或减轻它所带来的不利环境影响。

（2）对实际发生的紧急情况做出响应。

（3）根据紧急情况和潜在环境影响的程度，采取相适应的措施以预防或减轻紧急情况带来的后果。

（4）提供紧急预防或急救的资源和培训。

（5）可行时，定期试验或演练采取响应措施的能力。

（6）评价响应措施绩效，并在必要时修订响应措施，包括在测试后，特别是在紧急情况发生后。

（7）向所有员工沟通和提供相关信息，以说明他们的职责。

（8）与相关方（承包商、访问者、紧急响应服务机构、主管部门、政府机构、当地社区等）沟通有关信息，必要时包括当地社区。

（9）考虑所有相关方的需求和能力，适用时，确保他们参与响应措施的改善。

3.2 识别潜在的紧急情况

经对环境因素和职业健康安全风险评价，本公司潜在的紧急情况可能有：

（1）电气或可燃物火灾事故。

（2）锅炉爆炸。

（3）压力容器或气瓶爆炸。

LTQY 有限公司程序文件	文件编号	B8.0-09
	版本/状态	Ⅱ/0
应急准备和响应管理程序	页次/总页	2/4

（4）危险化学品、有毒有害物质泄漏。
（5）食物中毒等。

3.3 应急准备

3.3.1 应急预案

（1）综合管理部就已识别的可能发生的各种环境或职业健康安全潜在的事件或紧急情况，组织各相关部门分别编制相关的《应急预案》。

（2）各《应急预案》需经分管副总经理审核，报总经理批准后实施。

3.3.2 应急预案的基本要求

（1）每项应急预案的内容至少包括：现场危害类型（如：火灾、爆炸、泄漏）、预计影响范围、应急总负责人、职责分工、联络信息、采取的相关措施、疏散路线、救援机构、外部联系以及事前的人员培训等。

（2）应急预案应考虑相关方的需求，如应急服务机构、相邻组织或居民等。

3.3.3 应急准备的日常管理

综合管理部对如下事项进行日常管理：

（1）根据已识别的情况，在潜在的紧急情况控制点（如剧毒品库、有毒有害或易燃易爆场所及重大危险源存在场所）的显著位置张贴或设置必要的警示标志、危害告知牌或警示语（如"有毒物品""高压危险""禁止烟火"），在明火作业、抢险施工或吊装等现场设置警戒区域和警示标志（如"危险作业区""注意安全""当心触电""注意防护"等）。

（2）在各控制点按综合管理部核定的《应急设备与物资清单》配备必要的应急防护设备和器材等，危险化学品应急救援物资的配备需符合国家现行的有关标准、规范的要求。

（3）应急救援队伍、应急救援及重点要害岗位人员应配备完善的个人防护用品（如手套、口罩、靴子、防护眼镜、防毒面罩），并培训员工熟练使用。根据应急救援抢险的需要配备必要的救援车辆及安全警戒器材。

（4）对各种应急设备、设施经常进行日常维护、保养及测试，对有重大风险场所、关键要害岗位的应急器材和安全设施进行定点标识和定期检查，健全紧急情况时的对内、对外联络渠道。

（5）各部门负责将发生紧急情况时的应急疏散的路线标识和集合地点张贴在显要位置，各部门员工都有责任和义务保持消防通道的畅通。

（6）对与潜在紧急情况有关的岗位人员进行岗位教育和应急知识培训，指导应急预案的贯彻落实。

3.4 应急预案演练和评审

3.4.1 应急预案演练

（1）可行时，对应急预案进行定期演练，以确定现有设备及程序的有效性，提高员

LTQY 有限公司程序文件	文件编号	B8.0-09
	版本/状态	Ⅱ/0
应急准备和响应管理程序	页次/总页	3/4

工应急响应能力。

（2）综合管理部组织潜在的紧急情况可能发生的部门进行应急预案演练，可行时适当考虑相关方参与其中。演练前应编写《应急预案演练计划》，经管理者代表批准后实施演练，演练后编写《应急预案演练报告》以总结演练情况（包括经验和教训以及需要改进的事项）。

3.4.2 应急预案评审

（1）综合管理部组织相关人员定期评审应急预案，特别是在演练或紧急情况发生后。根据评审结果对应急预案进行必要的修订，以确保应急预案的适宜性，使其不断完善。

（2）对任何已识别的纠正措施进行整改，综合管理部负责后续验证。

（3）编写《应急预案评审报告》，记录应急预案评审及其更改以及纠正措施或预防措施的实施和验证情况。

3.5 应急响应

3.5.1 当紧急情况发生时，责任人员或发现人员对发生的紧急情况或事故首先做出有效反应，进行施救。如事态严重难以处理或控制，需立即与主管部门责任人联络，主管部门责任人需立即启动相应《应急预案》，迅速组织人员按《应急预案》予以响应。实施相关控制措施。

3.5.2 应急响应实施：

（1）应急响应的程序为：控制（切断源头，防止发生次生灾害）→报警（责任人员或发现人员向总负责人报警，总负责人向应急救援人员报警）→接警（快速反应）→紧急响应（按《应急预案》要求实施各项措施）→救人（救助负伤或中毒人员，紧急疏散参加救援之外的员工和居民）→抢救财产（抢救可能抢救的财产）→需要时请求支援→处置（清理现场、监测、调查）。

（2）应急响应总负责人接警后必须迅速赶赴现场指挥突发事故的应急救援、抢险救灾工作，并审定现场实际情况，按应急预案程序做出恰当的响应措施。

（3）应急救援人员接警后，必须以最快的速度赶到事故现场，按现场总负责人发出的指令和职责分工，做好相关应急处置工作。

（4）参加应急救援人员接到报警后，反应迟钝，行动缓慢，或无故不到现场，导致事件（事故）扩大，造成严重后果的，依法追究有关人员的责任。

（5）综合管理部负责事件（事故）警戒区域的标识与警戒任务，确保应急救援工作安全有序进行。

3.5.3 当事故导致的应急状态超出了公司自身的应急响应能力时，应急响应负责人需及时报告总经理或授权人员由其决定向上级主管部门或地方政府有关部门请求紧急援助。

LTQY有限公司程序文件	文件编号	B8.0-09
	版本/状态	Ⅱ/0
应急准备和响应管理程序	页次/总页	4/4

3.5.4 事故发生后，事故的调查、处理和改进活动按《事件（事故）报告、调查和处理程序》和《改进、不符合和纠正措施控制程序》执行。

4 本程序引用的文件

（1）B10.0-01《事件（事故）报告、调查和处理程序》

（2）B10.0-02《改进、不符合和纠正措施控制程序》

5 本程序产生的文件或记录

（1）B8.0-09-01《应急预案》（略）

（2）B8.0-09-02《应急预案演练计划》（略）

（3）B8.0-09-03《应急预案演练报告》（略）

（4）B8.0-09-04《应急预案评审报告》（略）

（5）B8.0-09-05《应急设备与物资清单》（略）

文件编号	B9.0-01
版　本	Ⅱ版
发放编号	第××号
受控状态	□ 是　　□ 否

LTQY 有限公司
质量/环境/职业健康安全
一体化管理体系程序文件

25
顾客和相关方满意评价程序

编制：_____　日期：_____

审核：_____　日期：_____

批准：_____　日期：_____

20××年××月××日发布　　　20××年××月××日实施

LTQY有限公司程序文件	文件编号	B9.0-01
	版本/状态	Ⅱ/0
顾客和相关方满意评价程序	页次/总页	1/2

1 目的和范围

通过对顾客和相关方满意度调查，分析和评价对公司质量、环境和职业健康安全管理体系及其相关过程、产品和活动的满意度，以进行持续改进。

本程序适用于顾客和其他相关方满意度信息的收集、分析、利用和改进的管理。

2 职责

（1）产品销售部归口管理顾客满意度的调查和评价。

（2）办公室归口管理相关方满意度的调查和评价。

（3）相关部门参与顾客和相关方满意度调查中相关信息的收集和分析。

（4）管理者代表监督、协调重大问题的调查和处理。

3 工作程序

3.1 顾客和其他相关方信息的收集

3.1.1 信息收集的方式和重点

（1）收集顾客和其他相关方对公司活动、产品和服务以及环境和职业健康绩效的满意度，作为对一体化管理体系业绩的一种测量。

（2）归口部门通过以下方式（可单独或组合采用），征求顾客和相关方的意见和建议：

① 发放《满意度调查表》。

② 会晤、座谈或会议（必要时，形成《会议纪要》）。

③ 顾客对交付产品或服务的反馈信息。

④ 市场占有率分析。

⑤ 顾客和相关方的赞扬或投诉。

⑥ 合同/协议担保索赔的执行情况。

⑦ 经销商报告等。

（3）各相关部门可通过信函、传真、网络、展销会、走访、联络单等渠道进行信息收集。

3.1.2 信息收集的重点

（1）产品销售部及时了解掌握顾客要求和市场的动向，收集顾客及市场对公司产品质量方面的相关信息。

（2）物资供应部及时了解掌握供方供货和服务情况，收集供方的相关信息。

（3）综合管理部及时了解掌握外界对公司一体化管理体系运行情况的反馈信息。

（4）技术开发部及时了解掌握收集外界与本公司产品开发、生产工艺和技术应用方

LTQY 有限公司程序文件	文件编号	B9.0-01
	版本/状态	Ⅱ/0
顾客和相关方满意评价程序	页次/总页	2/2

面相关的信息。

（5）办公室与政府部门、主管单位、社区进行沟通，收集其对公司的指示、期望、建议等相关信息。

3.2 信息的传递和处理

3.2.1 各部门收集的顾客和其他相关方的一般信息，属于本部门职责的自行处理，属于其他部门职责的以口头方式传递给责任部门处理；重要信息形成《信息沟通处理单》，属于本部门职责的自行处理，属于其他部门职责的传递给责任部门，由其处理，处理结果均报归口部门进行汇总。

3.2.2 信息的汇总和评价

（1）归口部门于年中和年底分别对汇总的信息按照《数据和信息分析与评价程序》的规定进行统计分析与评价，并编写《顾客和相关方满意度分析报告》。

（2）统计分析与评价的关注点包括（不限于）：

① 产品的市场占有情况。

② 顾客对产品质量的满意度情况。

③ 供方和承包方对公司的建议。

④ 政府部门、主管部门对公司的期望。

⑤ 社区对公司的意见。

（3）归口部门在《顾客和相关方满意度分析报告》中针对有待进一步改进的系统性问题或重大问题确定纠正措施。

3.2.3 管理者代表审核、总经理批准《顾客和相关方满意分析报告》后，发至各部门：

（1）责任部门对报告中确定的纠正措施按照《改进、不符合和纠正措施控制程序》的规定，采取相应的纠正措施，归口部门监督验证其实施效果。

（2）《顾客和相关方满意度分析报告》及相应的纠正措施作为管理评审的输入。

3.3 信息归档

归口部门建立顾客和相关方档案，详细记录其名称、地址、电话、联系人和主要反馈信息及其采取的措施等，以改善沟通和服务的效果。

4 本程序引用的文件

（1）B9.0-04《数据和信息分析与评价程序》

（2）B10.0-02《改进、不符合和纠正措施控制程序》

5 本程序产生的文件或记录

B9.0-01-01《顾客和相关方满意度分析报告》（略）

文件编号	B9.0-02
版　本	Ⅱ版
发放编号	第××号
受控状态	□是　　□否

LTQY 有限公司
质量/环境/职业健康安全
一体化管理体系程序文件

26
环境和职业健康安全
绩效监测与评价管理程序

编制：_____　　日期：_____

审核：_____　　日期：_____

批准：_____　　日期：_____

20××年××月××日发布　　　　20××年××月××日实施

LTQY有限公司程序文件 环境和职业健康安全绩效监测与评价管理程序	文件编号	B9.0-02
	版本/状态	Ⅱ/0
	页次/总页	1/4

1 目的和范围

对环境和职业健康安全绩效进行监测、测量、分析和评价，以确保环境与职业健康安全管理体系有效运行。

本程序适用于对公司环境、职业健康安全管理体系范围内所有区域和所有活动的环境、健康安全绩效的监测和测量活动的控制。

2 职责

（1）综合管理部归口管理本程序。

（2）各部门负责职责范围内相关环境和职业健康安全绩效监测活动的具体实施，并将结果报送到综合管理部。

（3）工会参与职业健康安全绩效监控的检查，负责维护职工利益。

（4）管理者代表监督、指导本程序的实施。

3 工作程序

3.1 基本要求

公司需建立、实施和保持对环境和职业健康安全绩效的监视、测量、分析和评价过程。

（1）监视和测量的内容包括：

① 与法律法规要求和其他要求的符合程度。

② 与环境因素、危险源辨识及风险和机遇相关的活动和业务。

③ 在实现组织环境和职业健康安全目标方面所取得的进展。

④ 业务和其他控制方面的有效性。

（2）绩效监视、测量、分析和评价的方法，适用时，以确保有效的结果。

（3）评价环境和职业健康安全绩效所依据的准则和适当的参数。

（4）实施监视和测量的时机。

（5）分析、评价和沟通监视和测量结果的时机。

3.2 主动性监视和测量

3.2.1 环境与职业健康安全关键特性监测

（1）综合管理部根据公司环境和职业健康安全方针和目标的要求以及《环境和职业健康安全运行过程的策划和控制管理程序》的规定，编制需监测的《环境与职业健康安全绩效关键特性监测项目表》，内容包括：

① 可测量关键特性的对象、内容、地点、方法、周期以及判定准则等。

② 明确公司内部实施测量的项目（A类），并确定责任部门；明确委托外部协作方

LTQY有限公司程序文件	文件编号	B9.0-02
环境和职业健康安全绩效监测与评价管理程序	版本/状态	Ⅱ/0
	页次/总页	2/4

实施测量的项目（B类），并确定监测机构。

③ 报部门领导审核、管理者代表批准后发至各部门执行。

（2）A类项目的监测：

① 由综合管理部组织各责任部门按《环境与职业健康安全绩效关键特性监测项目表》规定的周期实施。

② 各责任部门保存《监测记录》，并对监测结果进行分析，采取相应措施。

③ 年底将《监测记录》汇总报综合管理部。

（3）B类项目的监测：

① 综合管理部分别确定具有资质的外部机构，并与其签订长期委托合同。

② 外部机构按规定的周期进行监测，并出具《监测报告》；综合管理部收集《监测报告》，并对其结果进行分析。

（4）当前公司B类项目的监测重点为：

① 电镀车间污水处理站出口的污水最高允许排放浓度，需符合GB 8978—1996《污水综合排放标准》中的三级标准。

② 动力中心锅炉房的烟气中烟尘、二氧化硫和氮氧化物的排放，需符合GB 13271—2014《锅炉大气污染物排放标准》的规定。

③ 铆焊车间的电焊烟尘排放，需符合GB 16194—1996《车间空气中电焊烟尘卫生标准》。

④ 厂界噪声需符合GB 12348—2008《工业企业厂界环境噪声排放标准》中的二类标准。

⑤ 下料、机加、冲压车间工作场所的噪声，需符合GBZ 1—2010《工业企业设计卫生标准》中相关规定。

3.2.2 目标和管理方案实现情况的监视和测量

综合管理部按《目标及其实现的策划程序》的规定，每年对目标和管理方案的完成情况进行考核，填写"目标完成情况记录表"，管理方案完成后一个月内，由综合管理部进行验收，记录验收结果。

3.2.3 运行控制实施情况的监视和测量

（1）按《环境和职业健康安全运行策划和控制管理程序》规定的内容，进行运行控制检查。

① 检查可分为日常检查、专项检查、重大活动及节假日检查等。检查人员应将检查结果记入《运行控制绩效检查表》中，必要时形成书面报告。

② 各部门每月至少一次对本部门职责范围内的运行控制情况进行全面检查，并将《运行控制绩效检查表》报综合管理部；综合管理部每半年组织有关人员对公司各部门的运行控制情况进行检查，必要时随时进行检查。

LTQY有限公司程序文件	文件编号	B9.0-02
环境和职业健康安全绩效监测与评价管理程序	版本/状态	Ⅱ/0
	页次/总页	3/4

（2）工会通过问卷调查的方式每年对有毒有害作业岗位员工进行一次职业健康安全满意度调查，并对调查结果进行统计和综合分析，形成书面报告；每半年组织一次现场各区域的健康安全检查，并形成《运行控制绩效检查表》。

3.2.4 法律法规和其他要求符合性的监视和测量

综合管理部按《合规性评价程序》中有关规定，每年对遵守相关法律法规和其他要求的情况进行评价，形成合规性评价记录。

3.3 被动性监测和测量

（1）被动性监测和测量的内容包括：

① 环境污染事故、伤亡事故、事件以及职业病或其他对工作人员健康的危害状况。

② 环境与职业健康安全不良绩效和体系失效情况，如相关方投诉、财产损失或执法机关的批评与处罚等。

（2）发生上述不良环境或职业健康安全事件（事故）后，综合管理部按《事故报告、调查和处理程序》规定，及时进行调查、分析和报告。

3.4 监视和测量监测设备的控制

（1）综合管理部按《监视和测量资源管理程序》规定，对公司内部实施环境、职业健康安全绩效监测使用的设备定期维护、检定或校准。

（2）委托外部协作方实施监测环境、职业健康安全绩效使用的设备，公司在合同中提出要求，由协作方控制，协作方出具的报告中需明确使用监测设备的在检状况。

3.5 环境、安全绩效的分析与评价

（1）综合管理部按《数据和信息分析与评价程序》的规定，对环境和职业健康安全绩效的监测和测量结果进行分析和评价，并评价环境和职业健康安全管理体系的有效性。保存记录并作为管理评审的主要输入之一。

（2）各部门在环境和职业健康安全绩效监测中发现的不符合，需立即进行纠正，必要时按《改进、不符合和纠正措施控制程序》的有关规定处理，或按《目标及其实现的策划程序》的规定制定相关管理方案并予以实施。

（3）综合管理部对发现的事件按《事件（事故）报告、调查和处理程序》的有关规定处理。

3.6 对绩效信息的交流

公司按合规义务的要求，就有关环境和职业健康安全绩效进行内外部信息交流：

① 环境和职业健康安全绩效的信息，在公司内应予公开，相关部门应予沟通交流，与员工有关的监测结果（如职业健康检查情况、作业环境有毒有害因素监测情况）需以适当方式告知员工。

② 将相关的环境和职业健康安全绩效情况，向相关方（如上级主管部门、社区等）通报。

LTQY 有限公司程序文件	文件编号	B9.0-02
环境和职业健康安全绩效监测与评价管理程序	版本/状态	Ⅱ/0
	页次/总页	4/4

3.7 保留相关记录

(1) 各部门需保存各类相关记录,并按《文件化信息管理程序》进行控制。

① 作为监视、测量、分析和绩效评价的证据。

② 测量设备的维护、校准或验证方面。

(2) 必要时报综合管理部,由其进一步分析评价,并归档保存。

4 本程序引用的文件

(1) GB 8978—1996《污水综合排放标准》

(2) GB 13271—2014《锅炉大气污染物排放标准》

(3) GB 16194—1996《车间空气中电焊烟尘卫生标准》

(4) GB 12348—2008《工业企业厂界环境噪声排放标准》

(5) GBZ 1—2010《工业企业设计卫生标准》

(6) B6.0-05《目标及其实现的策划程序》

(7) B7.0-03《监视和测量资源管理程序》

(8) B7.0-07《文件化信息管理程序》

(9) B8.0-08《环境和职业健康安全运行过程的策划和控制管理程序》

(10) B9.0-03《合规性评价程序》

(11) B9.0-04《数据和信息分析与评价程序》

(12) B10.0-01《事件(事故)报告、调查和处理程序》

(13) B10.0-02《改进、不符合和纠正措施控制程序》

5 本程序产生的文件或记录

(1) B9.0-02-JL01《环境与职业健康安全绩效关键特性监测项目表》(略)

(2) B9.0-02-JL02《监测记录》(略)

(3) B9.0-02-JL03《监测报告》(略)

(4) B9.0-02-JL04《运行控制绩效检查表》(略)

文件编号	B9.0-03
版　　本	Ⅱ版
发放编号	第××号
受控状态	□是　　□否

LTQY 有限公司
质量/环境/职业健康安全
一体化管理体系程序文件

27
合规性评价程序

编制：_____　　日期：_____

审核：_____　　日期：_____

批准：_____　　日期：_____

20××年××月××日发布　　20××年××月××日实施

LTQY有限公司程序文件	文件编号	B9.0-03
	版本/状态	Ⅱ/0
合规性评价程序	页次/总页	1/4

1 目的和范围

对环境和职业健康安全相关的合规义务（法律法规和其他要求）的遵守情况进行评价，确保环境和职业健康安全的运行活动符合法律法规和其他要求，并为持续改进提供契机。

本程序适用于与公司环境和职业健康安全有关的活动、产品和服务中适用的法律法规和其他要求的评价。

2 职责

（1）综合管理部归口管理合规性评价。
（2）各部门负责本部门合规性评价的实施。
（3）管理者代表监督、指导本程序的实施。

3 工作程序

3.1 评价时机、范围和方法

3.1.1 评价时机

（1）综合管理部每年定期组织一次有关部门和相关人员对所有合规义务（即适用法律法规和其他要求）的执行情况进行全面评价。

（2）出现下列情况之一时，可考虑增加合规性评价的频次：

① 运行条件（如组织机构、人员、资源配置）发生重大变化时。

② 合规义务（与环境和职业健康安全相关的法律法规标准和其他要求）发生重大变化时。

③ 环境和职业健康安全绩效发生重大不良变化时。

（3）当某项活动由于违反法律法规和其他要求而造成重大损失时，需即时进行评价。

3.1.2 评价范围

合规性评价的范围是《合规义务管理程序》中确定的适用于本公司与环境和职业健康安全相关的法律法规和其他要求，但可分层次进行：

（1）重点评价范围：那些与《环境因素管理程序》中确定的重要环境因素和《危险源和相关风险管理程序》确定的重大职业健康安全风险有关的法律法规和其他要求是重点评价范围，必须逐项进行评价。

（2）一般评价范围：那些与非重要环境因素和非重大职业健康安全风险有关的法律法规和其他要求属于一般评价范围。由于在识别和评价重要环境因素和重大职业健康安全风险时，已考虑到这些合规义务执行得较好，在合规性评价可只进行综合评价；只有

LTQY有限公司程序文件	文件编号	B9.0-03
	版本/状态	Ⅱ/0
合规性评价程序	页次/总页	2/4

当发现可能有违反的情况时，才予以逐项评价。

3.1.3 评价方法

（1）评价的方法可选择以下的一种或多种：

① 结合审核活动进行。

② 与相关人员面谈。

③ 对相关设施的检查。

④ 对文件和（或）记录的评审。

⑤ 对项目或工作的评审。

⑥ 对绩效监测结果的分析等。

（2）分层评价：

① 重点评价范围的法律法规和其他要求是评价关注的主要内容，必须按以下"3.2合规性评价过程"的要求逐项评价。

② 一般评价范围的法律法规和其他要求，不需逐项评价，只需了解对其遵守情况的总体状况和发展趋势。当某些法律法规和其他要求的遵守情况变差，可能影响到环境目标或职业健康安全目标的实现时，需考虑调整某些环境因素和职业健康安全风险的级别，并同时对涉及的法律法规和其他要求进行逐项评价。

3.2 合规性评价过程

3.2.1 合规性评价输入

（1）各部门通过上述3.1.3条款给出的方法，针对重点评价范围的法律法规和其他要求逐项搜集相关证据（包括良好或不良的）。

（2）这些证据可能是定量的或定性的，常见的有：

- 管理责任制及培训、教育落实情况；
- 建设项目环境影响评价及批准开工报告；
- 建设项目在可行性研究时，对其安全生产条件进行的论证和安全预评价报告；
- 建设项目保护和安全设施"三同时"设施验收监测报告或落实情况；
- 环境和职业健康安全绩效监测记录或报告；
- 排污许可；
- 污染物总量控制及达标证据；
- 伤亡事故、职业病统计报告和处理情况；
- 危险化学品的安全管理情况；
- 特种作业的控制及其人员的管理情况；
- 劳动防护用品的管理和使用情况；
- 女职工和未成年人的劳动保护情况；
- 消防达标证据；

LTQY 有限公司程序文件	文件编号	B9.0-03
	版本/状态	Ⅱ/0
合规性评价程序	页次/总页	3/4

- 与政府机构协定的执行情况；
- 与顾客协议的执行情况；
- 政府或相关机构出具的守法证明等。

3.2.2 评价的步骤

（1）各部门从本部门需遵守的法律法规和其他要求中确定评价对象，并对其逐一或对有同样要求的合并进行评价，以搜集到的证据为依据评价其遵守的情况，形成部门级《合规性评价记录》，交综合管理部。

（2）综合管理部汇总全公司各部门的评价结论，并逐项评审其准确性和可靠性，发现问题与相关部门沟通并形成一致意见。

（3）综合管理部汇总为公司级的《合规性评价记录》交管理者代表审批。

3.2.3 评价的输出

（1）综合管理部以各部门合规性评价输入的资料为依据编写《合规性评价报告》。

（2）《合规性评价报告》内容包括：

① 评审时间。
② 参加评价的部门人员。
③ 评价涉及的法律法规和其他要求。
④ 执行情况和相关证据。
⑤ 评价情况分析。
⑥ 评价结论和建议。
⑦ 下述"3.3 需要时采取措施"条款可能制定的《管理方案》或采取的纠正措施。

（3）《合规性评价报告》经管理者代表审核、总经理批准后，由综合管理部发至公司相关部门，必要时发至上级监督管理部门。

3.3 需要时采取措施

（1）当对法律法规及其他要求的评价结论为不符合要求时，相关部门需按《目标及其实现的策划程序》的规定制定相关管理方案；当评价结论为绩效指标接近临界值时，相关部门需按《改进、不符合和纠正措施控制程序》的规定采取纠正措施。

（2）综合管理部监督各项改进措施的实施，并对改进措施的实施效果进行跟踪，验证其有效性。

3.4 保持相关知识和理解

（1）综合管理部在《合规性评价报告》中，明确符合或不符合公司适用的法律法规要求和其他要求的内容。

（2）各部门将本部门合规状况（符合或不符合）明确告知相关岗位，并使其理解相关知识，以利于保持合规性并改进。

LTQY 有限公司程序文件	文件编号	B9.0-03
	版本/状态	Ⅱ/0
合规性评价程序	页次/总页	4/4

3.5 保留相关记录

（1）各部门保留部门级的相关合规性评价记录。

（2）综合管理部保留公司级合规性评价的相关记录，作为合规性评价结果的证据。

4 本程序引用的文件

（1）B6.0-02《环境因素管理程序》

（2）B6.0-03《危险源辨识和风险机遇评价管理程序》

（3）B6.0-04《合规义务管理程序》

（4）B6.0-05《目标及其实现的策划程序》

（5）B10.0-02《改进、不符合和纠正措施控制程序》

5 本程序产生的文件或记录

（1）B9.0-03-01《合规性评价记录》（略）

（2）B9.0-03-02《合规性评价报告》（略）

文件编号	B9.0-04
版　　本	Ⅱ版
发放编号	第××号
受控状态	□是　　□否

LTQY 有限公司
质量/环境/职业健康安全
一体化管理体系程序文件

28
数据和信息分析与评价程序

编制：_____　　日期：_____

审核：_____　　日期：_____

批准：_____　　日期：_____

20××年××月××日发布　　20××年××月××日实施

LTQY有限公司程序文件	文件编号	B9.0-04
	版本/状态	Ⅱ/0
数据和信息分析与评价程序	页次/总页	1/3

1 目的和范围

对监视和测量获得的数据和信息进行分析和评价,以应用其结果改进和提升一体化管理体系的适宜性和有效性。

本程序适用于公司一体化管理体系中有关数据和信息的收集、评价、分析,并应用其结果实施改进。

2 职责

(1) 综合管理部归口管理一体化管理体系的数据和信息的评价和分析。

(2) 各部门结合实际需要,确定、收集相关数据和信息,并应用其结果实施改进,以提高绩效。

(3) 总工程师监督、指导本程序的执行。

3 工作程序

3.1 数据和信息的确定和收集

3.1.1 数据收集提供信息的来源

(1) 顾客满意的情况。

(2) 与产品的特性和趋势,包括采取改进措施的机会。

(3) 过程和产品的特征和趋势,包括采取改进措施的机会。

(4) 供方的信息。

(5) 环境和职业健康安全绩效数据。

(6) 外部市场、竞争对手和相关方的相关数据。

(7) 与整个一体化管理体系运行相关的目标和竞争对手(包括标杆企业),相比较的趋势及转化成相应对策的情况。

(8) 内、外部审核和管理评审的相关数据和信息。

3.1.2 数据和信息的收集

(1) 各部门负责收集在一体化管理体系运行中与本部门工作/活动有关的相关数据和信息。

(2) 各管理部门重点收集下列数据和信息。

① 生产计划部负责收集与工艺技术管理、生产过程相关的数据和信息(包括记录)。

② 产品销售部和办公室负责收集与顾客及相关方满意程度的现状和趋势及其意见和建议,以及与顾客及相关方要求的符合性、过程的趋势、环境和职业健康安全行为及合作的状况。

LTQY 有限公司程序文件	文件编号	B9.0-04
	版本/状态	Ⅱ/0
数据和信息分析与评价程序	页次/总页	2/3

③ 技术开发部负责收集新技术、新工艺、新材料、新设备应用以及产品设计和开发方面的数据和信息（包括记录）。

④ 物资供应部负责收集与供方相关的产品、过程和体系的相关数据和信息。

⑤ 综合管理部负责收集产品质量评价、全面质量管理方面以及与公司环境和职业健康安全绩效相关的数据和信息（包括记录）。

3.2 数据和信息分析和评价

3.2.1 数据分析的方法

（1）各部门按实际需要选用数据分析的方法，可参考 GB/Z 19027—2005（ISO/TR 10017：2003，IDT）《GB/T 19001-2000 统计技术应用指南》，并参照 JB/T 3736.1—1994～JB/T 3736.8—1994 等八个相应的《质量管理中常用的统计工具》。

（2）各部门在数据分析时，可使用相应的描述性统计方法，以直接对数据进行分析（或作为对数据定量分析的基础，以进一步使用推断统计方法），如：

① 统计分析表（又称调查表、检查表、检查结果统计表）。

② 以及分层法、柱状图、饼分图、因果图、流程图、排列图、散布图、趋势图、直方图等。

（3）公司推荐使用下列几种推断性统计技术方法进行数据分析。

① 试验设计：研究取样和试验方法，确定合理的优化试验方案（经常使用正交试验设计方法）。

② 过程能力分析：针对某项加工过程计算其过程能力指数（C_P 或 C_{PK}），确定其过程能力等级，并采取相应对策。

③ 抽样检验：应用于产品特性的分析和产品质量等级的判定，通常从 GB/T 2828 系列抽样检验标准中选取适当的方法。

④ 统计过程控制图（SPC 图）：展示过程变异并发现异常变异，进而采取措施进行预防。

3.2.2 利用分析结果评价如下内容

① 策划是否得到有效实施。

② 产品和服务的符合性。

③ 过程、产品和服务的特性及发展趋势。

④ 应对风险和机遇所采取措施的有效性。

⑤ 顾客及相关方抱怨和满意程度。

⑥ 外部供方的绩效。

⑦ 质量、环境、职业健康安全绩效和有效性。

⑧ 一体化管理体系改进的需求。

LTQY 有限公司程序文件	文件编号	B9.0-04
	版本/状态	Ⅱ/0
数据和信息分析与评价程序	页次/总页	3/3

3.3 评价结果的应用、传递和问题的处理

3.3.1 评价结果的应用

在一体化管理体系运行活动中,各部门需结合实际工作进行数据和信息的分析,并将其评价结果运用于各项过程的改进,并体现在各类文件之中(如可行性分析、目标的实现分析、作业指导书、工艺文件、设计文件、检验记录、顾客满意分析和评价、各类工作报告等)。

3.3.2 评价结果的传递

(1) 当各部门的数据和信息的分析及其评价结果涉及其他部门时,需将其传递到相关部门,必要时形成《数据分析专题报告》,并及时报综合管理部。

(2) 综合管理部汇总各部门的数据和信息的分析及其评价结果,每季度形成《公司数据分析季报》,经总工程师批准后发各部门。

3.3.3 评价结果问题的处理

各部门在分析及其评价结果中发现的问题,需确定改进需求并及时处理:

(1) 当发现一般不符合时,按《改进、不符合和纠正措施控制程序》的规定实施纠正措施。

(2) 当发现严重不符合时,由发现部门报告综合管理部,由其与责任部门共同确定处理办法,并由责任部门按《改进、不符合和纠正措施控制程序》的规定实施纠正措施。

(3) 当发现潜在的紧急情况时,发现部门立即报告主管公司领导,由其与责任部门共同制定紧急预案,并由责任部门按《应急准备和响应管理程序》执行。

(4) 当评价结果的问题涉及相关方时,发现部门立即报告管理者代表,由其确定处理方案。

① 当问题的原因属于本公司时,由责任部门实施处理方案,并向相关方反馈问题解决的结果。

② 当问题的原因属于相关方时,由相关方实施处理方案,并由相关管理部门验证。

4 本程序引用的文件

(1) GB/Z 19027—2005《GB/T 19001—2000 统计技术应用指南》
(2) JB/T 3736.1~8—1994《质量管理中常用的统计工具》系列标准
(3) GB/T 2828 抽样检验系列标准
(4) B8.0-09《应急准备和响应管理程序》
(5) B10.0-02《改进、不符合和纠正措施控制程序》

5 本程序产生的文件或记录

(1) B9.0-04《数据分析专题报告》(略)
(2) B9.0-04《公司数据分析季报》(略)

文件编号	B9.0-05
版　本	Ⅱ版
发放编号	第××号
受控状态	□ 是　　□ 否

LTQY 有限公司
质量/环境/职业健康安全
一体化管理体系程序文件

29
内部审核程序

编制：_____　　日期：_____

审核：_____　　日期：_____

批准：_____　　日期：_____

20××年××月××日发布　　　　20××年××月××日实施

LTQY有限公司程序文件	文件编号	B9.0-05
	版本/状态	Ⅱ/0
内部审核程序	页次/总页	1/5

1 目的和范围

按照策划的时间间隔进行内部审核,以提供一体化管理体系的符合性和有效性的信息,作为体系改进的依据。

本程序适用于公司一体化管理体系所覆盖的相关活动、产品和服务的所有区域和过程的内部审核。

2 职责

(1) 综合管理部归口管理内部审核的日常工作。

(2) 审核组长编制《审核计划》,经管理者代表批准后按其组织审核组实施审核。

(3) 责任部门负责对审核中发现的不符合项进行整改。

(4) 管理者代表负责策划《年度内部审核计划》,经总经理批准后实施,并负责批准《审核计划》。

3 工作程序

3.1 年度内部审核计划

3.1.1 依据有关过程的重要性、对组织产生影响的变化和以往的审核结果,并考虑影响公司的重要变更、绩效评价和改进结果以及相关风险和机遇,策划、制定、实施并保持审核方案。管理者代表负责组织策划年度审核方案,编制《年度内部审核计划》。

3.1.2 本公司内部审核采用集中"结合审核"的方式进行,正常情况下每年进行一次,两次内部审核的间隔时间一般不超过12个月。审核范围应覆盖本公司一体化管理体系涉及的所有部门和要求。当出现以下情况时由管理者代表及时组织进行内部审核:

(1) 当组织机构、一体化管理体系发生重大变化时。

(2) 出现重大质量、环境或职业健康安全事故,或有连续的重要投诉时。

(3) 适用法律、法规、管理体系标准和其他要求有重大变更时。

(4) 必要时,也可增加针对某些要求或某些部门的专门审核。

3.1.3 《年度内部审核计划》的内容:

(1) 审核的依据。

(2) 审核频次、方法、职责、策划要求和报告。

(3) 受审部门和审核时间总体安排。

3.2 审核前的准备

3.2.1 管理者代表对每一次审核均需任命审核组长并与其选择内审组员。内审员需由经培训并考核合格的人员担任,且内审员与受审核部门无直接关系,以确保审核过

LTQY有限公司程序文件	文件编号	B9.0-05
	版本/状态	Ⅱ/0
内部审核程序	页次/总页	2/5

程的客观、公正、有效。

3.2.2 每一次内部审核,审核组长在了解受审部门的情况后,根据《年度内部审核计划》和审核准则编制《审核计划》,交管理者代表审核,总经理批准。《审核计划》的内容包括:

(1) 审核目标、范围、审核准则和引用文件。
(2) 实施审核活动的地点、日期、预期的时间和期限。
(3) 使用的审核方法,包括所需的审核抽样的范围。
(4) 审核组成员及职责。
(5) 受审部门及审核要点。
(6) 内外部沟通安排。
(7) 为审核的关键区域配置适当的资源。
(8) 审核报告分发范围等。

3.2.3 审核组长召开审核前会议,对《审核计划》进行沟通后,并布置内审员编写《内审检查表》。《内审检查表》的内容包括审核项目、依据、方法(包括抽样方法),用于指导审核员具体实施审核任务。

3.2.4 审核组长于内审前一周将《内部审核计划》发至各受审部门,受审部门对内审时间或审核员如有异议,在内审前三天通知审核组长。

3.3 内审的实施

3.3.1 首次会议

(1) 参加会议人员:公司领导、员工代表、各部门负责人及本次审核组成员和陪同人员,与会者需签到,并保存会议记录。
(2) 陪同人员的作用是联络、引导和见证,需由所审核部门中具有一定客观公正素质的人员担任。
(3) 首次会议由审核组长主持会议,并介绍本次内部审核的目的、范围、依据、方式、组员和日程安排及其他有关事项,并由总经理或管理者代表做审核动员。

3.3.2 现场审核

(1) 根据《审核计划》的安排,由审核员实施各个部门或场所的审核。审核员依据审核准则,并参照《内审检查表》,利用面谈、查阅相关文件化信息(包括文件和记录)以及巡查作业现场等方式,对受审核部门的体系运行符合性和有效性进行审核,将取得的审核证据和审核发现记录在《内审记录》中。

(2) 审核组对于具有现场作业活动场所的部门需实施现场巡查,现场巡查的时间不得少于该部门审核时间的三分之一。

(3) 审核员应保持科学的态度,公正和客观地处理审核中的问题,并在每个部门审核结束前向该部门负责人初步确认审核发现(包括良好实践和改进机会)。

LTQY 有限公司程序文件	文件编号	B9.0-05
	版本/状态	Ⅱ/0
内部审核程序	页次/总页	3/5

（4）审核组长在每天审核结束后召开审核组会议，了解审核情况和审核发现（包括良好实践和改进机会），讨论审核中发生的问题及需要采取的后续措施，对不符合审核准则的审核发现进行讨论。

3.3.3 确定审核发现

（1）在各部门审核结束后，审核组长召开审核组会议，综合分析本次审核情况，确认审核发现（包括良好实践和改进机会），确定不符合审核准则的审核发现（不符合项），并对审核结论进行讨论。

（2）不符合项的分类方法有（分类方法详见《改进、不符合和纠正措施控制程序》）：
① 按类型进行分类（如体系性、实施性或效果性不符合）。
② 按程度进行分类（如严重、一般或观察项）。

（3）按审核组会议确定的不符合项由实施审核的审核员编写《不符合报告》（其内容详见《改进、不符合和纠正措施控制程序》，经审核组长确认后，交受审核部门领导认可。

（4）审核组长填写《不合格项分布表》，记录不合格分布情况。

3.3.4 审核结论

（1）审核组在汇总分析所有审核发现的基础上，对一体化管理体系的符合性和有效性做出总体评价。总体评价应考虑的方面：
① 一体化管理体系文件与审核准则的符合程度。
② 一体化管理体系实施状况及其有效程度，如：
  a. 管理者和员工的意识，方针和目标的适宜性及实现情况；
  b. 主要过程和关键活动达到预期结果的情况；
  c. 资源状况及其满足要求的程度；
  d. 产品质量符合要求的程度和稳定性，内外部失效的情况；
  e. 环境和职业健康安全绩效，顾客和相关方满意程度；
  f. 管理评审的情况。
③ 持续改进机制的实施情况和效果。

（2）在上述综合分析的基础上，指出公司体系的优势和薄弱环节及改进方向。

3.3.5 末次会议

（1）末次会议前，审核组长与公司最高管理者进行沟通，汇报此次内部审核的总体情况以及主要审核发现（特别是那些已开出的《不符合报告》）和审核结论。

（2）参加人员：领导层、各部门领导、员工代表和审核组成员，与会者签到，并保留记录。审核组长主持会议。

（3）会议内容：审核组长重申审核目的、范围、准则，通报审核发现并宣读不符合项报告，做出审核结论，提出完成措施的要求及日期，公司领导讲话。

LTQY有限公司程序文件	文件编号	B9.0-05
	版本/状态	Ⅱ/0
内部审核程序	页次/总页	4/5

3.3.6 内部审核报告

(1) 现场审核后一周内，审核组长完成《审核报告》的编写。

(2)《审核报告》内容包括：

① 审核目的、范围、方法和依据。

② 审核组成员、陪同人员和接受审核的部门领导名单。

③ 审核计划实施情况总结。

④ 不符合项数量、严重程度及分布情况分析。

⑤ 一体化管理体系存在的薄弱环节及分析。

⑥ 公司一体化管理体系符合性、有效性的结论及改进建议。

⑦ 报告分发范围。

(3) 审核组长将编写完成的《审核报告》交管理者代表审核，并由总经理批准后按分发范围（包括公司各级管理者）发放，并向员工、员工代表及其他相关方报告相关审核结果。

3.3.7 审核后续活动

(1) 各部门接到《审核报告》后，需针对本部门的情况举一反三，发现问题进行整改。有《不符合报告》的部门需组织相关人员按照《改进、不符合和纠正措施控制程序》的规定实施纠正措施。

(2) 审核员可参与不符合事实的原因分析和纠正措施制定，并负责对实施结果进行跟踪验证。

(3) 审核组长收集内部审核的所有资料和记录，按《文件化信息管理程序》的规定交办公室归档保存。

(4) 审核组长向管理者代表报告不符合项整改结果，并将审核的情况作为管理评审的输入。

(5) 各部门需向员工报告他们关心的相关审核发现，综合管理部需向有关的相关方报告他们关注的相关审核发现。

内部审核活动可参照 GB/T 19011—2013（ISO 19011：2011，IDT）《管理体系审核指南》的规定进行。

4 本程序引用的文件

(1) GB/T 19011—2013（ISO 19011：2011，IDT）《管理体系审核指南》

(2) B7.0-07《文件化信息管理程序》

(3) B10.0-02《改进、不符合和纠正措施控制程序》

5 本程序产生的文件或记录

(1) B9.0-05-J01《年度内部审核计划》（略）

LTQY 有限公司程序文件	文件编号	B9.0-05
	版本/状态	Ⅱ/0
内部审核程序	页次/总页	5/5

(2) B9.0-05-J02《内部审核计划》(略)
(3) B9.0-05-J03《内审检查表》(略)
(4) B9.0-05-J04《内审记录》(略)
(5) B9.0-05-J05《内审首(末)次会议签到表》(略)
(6) B9.0-05-J06《不符合报告》(略)
(7) B9.0-05-J07《内审不合格项分布表》(略)
(8) B9.0-05-J08《内部审核报告》(略)

文件编号	B9.0-06
版　本	Ⅱ版
发放编号	第××号
受控状态	□ 是　　□ 否

LTQY 有限公司
质量/环境/职业健康安全
一体化管理体系程序文件

30
管理评审程序

编制：_____　　日期：_____

审核：_____　　日期：_____

批准：_____　　日期：_____

20××年××月××日发布　　20××年××月××日实施

LTQY有限公司程序文件	文件编号	B9.0-06
	版本/状态	Ⅱ/0
管理评审程序	页次/总页	1/4

1 目的和范围

按策划的时间间隔评审质量、环境与职业健康安全一体化管理体系，以确保其持续的适宜性、充分性和有效性，并与公司的战略方向保持一致。

本程序适用于对公司一体化管理体系的管理评审，包括质量、环境与职业健康安全方针和目标的评审。

2 职责

（1）总经理负责主持管理评审，并审批《管理评审报告》和《专题评审报告》。

（2）管理者代表负责组织管理评审，并提交《公司体系运行报告》，组织编写《管理评审报告》和《专题评审报告》。

（3）综合管理部协助管理评审的准备、进行和后续工作。

（4）各部门负责准备、提供与本部门工作相关的《部门体系运行报告》，并负责实施《管理评审报告》中提出的相关的改进事项。

3 工作程序

3.1 管理评审的策划

3.1.1 总经理按策划的时间间隔组织管理评审，评审前管理者代表需组织评审的准备，综合管理部制定评审计划。

3.1.2 公司每年至少以会议形式进行一次针对一体化管理体系运行的管理评审，总经理确定具体评审时间，一般情况下在内部审核后续活动完成之后进行，两次评审相隔一般不超过12个月。

3.1.3 当出现下列情况之一时，可增加评审会议的频次，由总经理提出适时进行评审。

① 当公司的规模与机构、产品范围、资源配置发生重大变化需要调整时。

② 当发生重大产品质量事故、环境污染事故、职业健康安全事故或有相关方的重要投诉时。

③ 当适用于本公司的法律法规及其他要求有重大变化时。

④ 总经理认为必要时。

3.1.4 也可在董事会或公司运营会议上，总经理根据需要就专门主题事项对管理体系进行专题评审。以下"3.1.5""3.3.3""3.3.4""3.4"和"3.5"条款的内容也适用于专题评审。

3.1.5 评审的内容

管理评审需考虑与以下方面有关的内容：

LTQY有限公司程序文件 管理评审程序	文件编号	B9.0-06
	版本/状态	Ⅱ/0
	页次/总页	2/4

（1）以往管理评审所做出的决定采取措施的实施情况。
（2）与一体化管理体系相关的变化，包括：
① 内外部因素的变化。
② 相关方的需求和期望。
③ 法律法规要求和其他要求。
④ 重要环境因素和职业健康安全重大风险。
⑤ 风险和机遇的变化。
⑥ 实现一体化管理体系方针和目标的程度。
（3）下列有关一体化管理体系绩效和有效性的信息，包括其趋势：
① 顾客满意度和相关方的反馈。
② 过程绩效以及产品和服务的合格情况，环境和职业健康安全绩效的符合情况。
③ 事件、不符合及其纠正措施和持续改进的实施情况。
④ 监视和测量结果。
⑤ 与法律法规要求和其他要求的合规性评价的结果。
⑥ 管理体系的审核结果，包括第一/二/三方管理体系审核的结果。
⑦ 员工的协商和参与。
⑧ 外部供方的绩效。
（4）资源的充分性。
（5）应对风险和机遇所采取措施的有效性。
（6）与相关方的有关沟通和信息交流（包括抱怨）情况。
（7）持续改进的机会。

3.2 评审准备

3.2.1 综合管理部负责编制《管理评审计划》，报管理者代表审核，总经理批准后，于评审前一个月发至各部门。

3.2.2 各部门负责准备与本部门工作有关的管理评审所需的资料，按"3.1.5 评审的内容"就与本部门有关的部分编写《部门体系运行报告》，并于《管理评审计划》发布15日内报综合管理部。

3.2.3 综合管理部负责根据各《部门体系运行报告》以及公司领导层的意见编写《公司体系运行报告》并提交管理者代表审核，总经理批准。

3.2.4 管理评审前一周将管理评审会议的时间、地点、参加人员、评审内容以《管理评审通知》的形式发给各参加评审的人员。《公司体系运行报告》作为《管理评审通知》的附件。

3.2.5 总经理根据公司总体情况和《公司体系运行报告》，拟定评审会议的主题事项。

LTQY有限公司程序文件	文件编号	B9.0-06
	版本/状态	Ⅱ/0
管理评审程序	页次/总页	3/4

3.3 评审实施

3.3.1 总经理主持召开管理评审会议，公司领导、员工代表、各部门负责人及综合管理部工作人员参加，与会者需签到，并保存《管理评审签到表》。

3.3.2 总经理主持会议，引导与会人员对《公司体系运行报告》和拟定的主题事项开展评审。

3.3.3 管理评审针对一体化管理体系运行的以下方面或其中一部分情况，明确存在或潜在的问题及其薄弱环节。

（1）一体化管理体系的适宜性、充分性和有效性程度。

（2）与持续改进机会相关的决策情况。

（3）与一体化管理体系变更的任何需求的决策情况。

① 组织机构是否需要调整。

② 管理体系文件是否需要修订。

③ 方针、目标与管理方案的调整意见。

④ 资源的变更需求（包括人员、设施设备和财务状况）。

（4）如需要，目标未实现时采取的措施。

（5）如需要，改进一体化管理体系与其他业务过程融合的机会。

（6）任何与公司战略方向相关的结论。

总经理需与员工和员工代表沟通管理评审的相关输出。

3.3.4 总经理综合与会人员意见，对一体化管理体系的运行情况做出评审结论，并明确下一步进行整改项目的决定和采取措施的意见。

3.3.5 综合管理部工作人员负责做好会议记录。

3.4 评审报告

（1）管理评审会议后管理者代表组织综合管理部根据会议的评审情况和总经理的评审结论和决定编写《管理评审报告》或《专题评审报告》。

（2）《管理评审报告》或《专题评审报告》需将总经理明确提出的整改项目决定和采取措施的意见进一步细化，将整改项目落实到责任部门或人员，并限定整改的期限。

（3）《管理评审报告》或《专题评审报告》经管理者代表审核，总经理批准后，发放至各部门。

3.5 评审的后续活动

（1）各部门需全面贯彻《管理评审报告》和《专题评审报告》，就报告指出的薄弱环节举一反三，查找问题，进行改进。

（2）责任部门需就整改项目决定有关的内容按照《改进、不符合和纠正措施控制程序》的规定，制定纠正措施并实施整改。

（3）综合管理部负责对整改项目的纠正措施进行逐项跟踪验证，直到符合要求。

LTQY有限公司程序文件	文件编号	B9.0-06
	版本/状态	Ⅱ/0
管理评审程序	页次/总页	4/4

(4) 各部门向员工报告管理评审决定中他们关心的内容,综合管理部向相关方报告管理评审决定中他们关注的内容。

3.6 评审文件和记录管理

管理评审产生的相关的记录和文件由综合管理部负责按《文件化信息管理程序》规定归档保存。

4 本程序引用的文件

(1) B7.0-07《文件化信息管理程序》
(2) B10.0-02《改进、不符合和纠正措施控制程序》

5 本程序产生的文件或记录

(1) B9.0-06-01《管理评审计划》(略)
(2) B9.0-06-02《管理评审通知》(略)
(3) B9.0-06-03《部门体系运行报告》(略)
(4) B9.0-06-04《公司体系运行报告》(略)
(5) B9.0-06-05《管理评审签到表》(略)
(6) B9.0-06-06《管理评审会议记录》(略)
(7) B9.0-06-07《管理评审报告》(略)
(8) B9.0-06-08《专题评审报告》(略)

文件编号	B10.0-01
版　本	Ⅱ版
发放编号	第××号
受控状态	□是　　□否

LTQY 有限公司
质量/环境/职业健康安全
一体化管理体系程序文件

31

事件（事故）报告、调查和处理程序

编制：_____　　日期：_____

审核：_____　　日期：_____

批准：_____　　日期：_____

20××年××月××日发布　　　　20××年××月××日实施

LTQY 有限公司程序文件	文件编号	B10.0-01
	版本/状态	Ⅱ/0
事件（事故）报告、调查和处理程序	页次/总页	1/6

1 目的和范围

对环境和职业健康安全管理体系中所涉及的事件（含事故）及时报告、调查和处理，采取适当措施，以控制影响减少损失。

本程序适用于公司内环境和职业健康安全事件（含事故）的报告、调查和处理控制。

2 职责

（1）综合管理部归口管理本程序。

（2）各部门对本部门的环境和职业健康安全事件（含事故）进行相应的检查和整改。

（3）公司工会组织参与并协助事故的调查和处理活动。

（4）管理者代表指导本程序的实施，员工代表监督本程序的实施。

3 工作程序

3.1 事件（事故）的概念

（1）GB/T 23694—2013《风险管理 术语》关于"事件"的定义是：某一类情形的发生或变化。

（2）本程序对"事件"的约定：环境和职业健康安全活动中，发生或可能发生的环境污染和有害环境影响，以及与工作相关的健康损害或人身伤害，或者死亡的情况。事件可能是：

① 事故：指在环境和职业健康安全活动中，已发生的对环境或人身健康安全造成有害影响的事件。

② 紧急情况：一种特殊类型的事件，指在环境和职业健康安全活动中，虽然发生概率很小，但可能造成有害影响很大的事件。潜在紧急情况或紧急情况发生时按《应急准备和响应管理程序》规定进行控制。

③ 未遂事件：指在环境和职业健康安全活动中，虽然不符合要求，但尚未造成对环境或人身健康安全有害影响发生的事件。未遂事件按《改进、不符合和纠正措施控制程序》的规定进行控制。

本程序主要规定与环境和职业健康安全相关的"事故"的控制，职业病的发生也是这类事故。

3.2 事故分级和确认

3.2.1 公司将事故分为四级

（1）轻微事故：在工作场所造成人员轻伤，或造成对环境的一般污染与破坏，或造

LTQY有限公司程序文件	文件编号	B10.0-01
	版本/状态	Ⅱ/0
事件（事故）报告、调查和处理程序	页次/总页	2/6

成直接经济损失在1万元（含）以下的事故。

（2）重要事故：在工作场所造成3人（含）以下重伤，或造成对环境的中度污染与破坏，或造成直接经济损失在1万元（不含）以上10万元（含）以下的事故。

（3）大事故：在工作场所造成3人（不含）以上10人（含）以下重伤，或造成对环境的重度污染与破坏，或造成直接经济损失在10万元（不含）以上100万元（含）以下的事故。

（4）特大事故：凡造成1人（含）以上死亡，或10人（含）以上重伤，或1人（含）以上中毒，或造成直接经济损失在100万元（不含）以上的事故，均按《生产安全事故报告和调查处理条例》第三条（特别重大事故、重大事故、较大事故、一般事故）或环境保护部颁布的《突发环境事件信息报告办法》附录：突发环境事件分级［特别重大（Ⅰ级）、重大（Ⅱ级）、较大（Ⅲ级）和一般（Ⅳ级）四级］（以下简称"两个文件"）的规定重新分级。

3.2.2 公司事故分级确认

（1）事故发生后，由总经理按公司的分级标准确认事故分级，按公司的规定进行后续的调查和处理。

（2）需要向监督主管部门上报的特大事故，由总经理按上述"两个文件"的分级标准初步确认，若主管部门有新的分级意见时需及时修订，并按"两个文件"的要求进行后续工作。

3.3 事故报告、调查、处理的依据和原则

3.3.1 法规依据

（1）环境和职业健康安全事故的报告、调查、处理，需执行相关国家法律法规。

（2）主要法律法规依据有：

①《安全生产法》。
②《环境保护法》。
③《职业病防治法》。
④《生产安全事故报告和调查处理条例》。
⑤《突发环境事故信息报告办法》。
⑥《环境行政处罚办法》。
⑦《生产安全事故信息报告和处置办法》。
⑧《关于特大安全事故行政责任追究的规定》。
⑨《安全生产违法行为行政处罚办法》。

3.3.2 相关原则

事故报告、调查和处理的原则是，按照"事故原因没查清不放过、责任人员没受到

LTQY 有限公司程序文件	文件编号	B10.0-01
	版本/状态	Ⅱ/0
事件（事故）报告、调查和处理程序	页次/总页	3/6

处理不放过、整改措施没落实不放过、有关人员没受到教育不放过"的原则，查明原因，严肃处理，落实措施、追究有关人员的责任，对国家和人民的利益负责。

3.4 事故报告及其报告内容

3.4.1 事故报告

事故发生后尽快将事故情况报告相关主管部门：

（1）当发生轻微事故时，报告综合管理部。

（2）当发生重要事故时，立即报告综合管理部和主管总经理，并在24小时内向当地政府和上级安全或环保主管部门报告。

（3）当发生大事故，除立即报告总经理外，并在2小时之内向当地政府和上级安全或环保主管部门报告，并保护事故现场。

（4）当发生特大事故，按"两个文件"的要求，向有关主管部门报告。

事故报告需及时、准确、完整，任何单位和个人对事故不得迟报、漏报、谎报或者瞒报。

3.4.2 事故报告内容

（1）《事故情况报告》的内容包括以下情况：

① 事故发生概况（时间、地点以及事故现场情况）。

② 事故的简要过程。

③ 事故已经造成的伤亡人数，或下落不明的人数，环境污染情况，以及初步估计的直接经济损失。

④ 已经采取的措施。

⑤ 其他应当报告的情况。

（2）轻微事故可只进行口头报告，重要、重大或特大事故可先口头报告再以《事故情况报告》的书面形式报告。报告后出现新情况时，应及时补报。

3.5 事故调查

3.5.1 组成事故调查组

（1）轻微事故由部门负责人任调查组组长，并组织相关人员参与调查。

（2）重要事故由分管副总经理任调查组组长，并组织事故发生部门负责人、综合管理部、工会等有关人员参与调查。

（3）大事故由管理者代表或职业健康安全事务代表任调查组组长，并组织事故发生部门、综合管理部、工会等有关人员参与调查，必要时可以聘请有关专家参加。

（4）特大事故由总经理任调查组组长，并组织事故发生部门、综合管理部、工会等有关人员参与调查。地方政府或主管部门认为需要时，按其要求进行事故调查，或配合其组成的调查组调查。

在各级调查组中，需有公司工会组织的适当人员参与，当事人协助调查。

LTQY 有限公司程序文件	文件编号	B10.0-01
	版本/状态	Ⅱ/0
事件（事故）报告、调查和处理程序	页次/总页	4/6

3.5.2 事故调查组的权力和义务

（1）有权向有关部门和个人了解与事故有关的情况，并要求其提供相关文件、资料，有关部门和个人不得拒绝。

（2）有权要求事故发生部门的负责人和有关人员在事故调查期间不得擅离职守，并随时接受事故调查组的询问，如实提供有关情况。

（3）事故调查中发现涉嫌犯罪的，事故调查组应当及时将有关资料移交司法机关处理。

（4）事故调查中需要进行技术鉴定的，事故调查组应当委托具有国家规定资质的单位进行技术鉴定。必要时，事故调查组可以直接组织专家进行技术鉴定。技术鉴定所需时间不计入事故调查期限。

（5）事故调查组成员在事故调查工作中应当诚信公正、恪尽职守，遵守事故调查组的纪律，保守事故调查的秘密。未经事故调查组组长允许，事故调查组成员不得擅自发布有关事故的信息。

（6）事故调查组应当自事故发生之日起 30 日内提交《事故调查报告》。特殊情况下，经当地人民政府批准，提交《事故调查报告》的期限可以适当延长，但延长的期限最长不超过 60 日。

（7）地方政府或主管部门组成调查组时，有关人员配合其调查，真实提供相关信息。

（8）公司工会组织依法参加事故的调查处理，有权向有关部门提出处理意见。

3.5.3 事故调查报告

（1）事故调查组按规定时间提交《事故调查报告》，报告内容包括以下以落实的情况：

① 事故发生概况（时间、地点以及事故现场情况）。
② 事故发生的原因、经过和事故救援情况。
③ 事故发生的人员伤亡或环境污染情况，可能的直接经济损失。
④ 事故发生的原因及性质。
⑤ 事故责任人及对处罚的初步意见。
⑥ 事故教训，及整改措施建议。

（2）《事故调查报告》需将有关证据材料作为附件，调查组成员在报告上签字。

3.5.4 《事故调查报告》的报送

（1）轻微事故报本公司综合管理部。
（2）重要事故报总经理，并抄报地方政府或主管部门。
（3）大事故按规定报送地方政府或主管部门。
（4）特大事故报相关主管部门或机构。

LTQY有限公司程序文件	文件编号	B10.0-01
	版本/状态	Ⅱ/0
事件（事故）报告、调查和处理程序	页次/总页	5/6

事故调查的有关资料留档保存在综合管理部。

3.6 事故处理程序

（1）轻微事故，由管理者代表或职业健康安全事务代表审查责任部门的《事故调查报告》，符合事故处理法规和原则后予以结案，并将处理结果报告工会。

（2）重要和大事故，由总经理审查调查组的《事故调查报告》，符合事故处理法规和原则后予以结案，并将处理结果报告工会和有关主管机构。

（3）特重大事故，按地方政府或主管部门的要求处理结案。

3.7 职业病事故的报告、调查处理

3.7.1 按照《职业病防治法》"第四章 职业病诊断与职业病病人保障"的有关规定报告、调查和处理。

3.7.2 发生职业病危害事故时，公司应根据情况立即采取以下紧急措施：

（1）停止导致职业病危害事故的作业，防止事态扩大。

（2）保护事故现场，保留导致职业病危害事故的材料、设备和工具等。

（3）对遭受或可能遭受急性职业病危害的劳动者，及时组织救治、进行健康检查和医学观察。

（4）按照规定向地方部门和主管部门报送《职业病危害事故报告》。

3.7.3 职业病调查和处理

（1）地方政府或主管部门组成职业病危害事故调查组进行事故调查。

（2）公司指派有关管理人员和员工代表配合地方政府主管部门进行调查，并：

① 按照卫生行政部门的要求如实提供事故发生情况、有关材料和样品。

② 落实卫生行政部门要求采取的其他措施。

③ 及时安排患职业病的员工进行治疗，并按相关规定保证其合法权益。

3.8 信息沟通

（1）事故的报告、调查和处理过程中，相关部门倾听员工和员工代表的意见和建议。

（2）综合管理部对事故的处理的结果以通报形式，发公司各部门，必要时发相关方。

4 本程序引用的文件

（1）《环境保护法》（2014年4月24日修订，2015年1月1日实施）

（2）《安全生产法》（2014年8月31日修订，2014年12月1日实施）

（3）《职业病防治法》（2017年11月4日第三次修订）

（4）《生产安全事故报告和调查处理条例》（国务院颁布，2007年6月1日施行）

（5）《突发环境事故信息报告办法》（环境保护部颁布，2011年5月1日施行）

LTQY 有限公司程序文件	文件编号	B10.0-01
	版本/状态	Ⅱ/0
事件（事故）报告、调查和处理程序	页次/总页	6/6

(6)《环境行政处罚办法》(环境保护部颁布，2010年3月1日施行)

(7)《生产安全事故信息报告和处置办法》(国家安全生产监督管理总局颁布，2009年7月1日施行)

(8)《关于特大安全事故行政责任追究的规定》(国务院颁布，2001年4月21日颁布施行)

(9)《安全生产违法行为行政处罚办法》(国家安全生产监督管理总局颁布，2008年1月1日施行)

(10) B8.0-09《应急准备和响应管理程序》

(11) B10.0-02《改进、不符合和纠正措施控制程序》

5 本程序产生的文件或记录

(1) B10.0-01-W01《事故情况报告》（略）

(2) B10.0-01-W02《事故调查报告》（略）

(3) B10.0-01-W03《职业病危害事故报告》（略）

文件编号	B10.0-02
版　　本	Ⅱ版
发放编号	第××号
受控状态	□是　　□否

LTQY 有限公司
质量/环境/职业健康安全
一体化管理体系程序文件

32
改进、不符合和
纠正措施控制程序

编制：_____　　日期：_____

审核：_____　　日期：_____

批准：_____　　日期：_____

20××年××月××日发布　　20××年××月××日实施

LTQY有限公司程序文件	文件编号	B10.0-02
	版本/状态	Ⅱ/0
改进、不符合和纠正措施控制程序	页次/总页	1/10

1 目的和范围

对一体化管理体系中发生的不符合采取纠正措施,以改进管理体系的绩效和有效性。本程序适用于一体化管理体系的纠正措施和改进活动。

2 职责

(1) 综合管理部归口管理本程序。
(2) 各部门负责实施责任范围内的纠正措施和改进活动。
(3) 公司主管领导指导本程序的实施。
(4) 各分管副总经理监督、指导本程序的实施

3 工作程序

3.1 改进

3.1.1 公司需不断寻求和选择改进机会,并采取必要的措施,以实现一体化管理体系的预期结果。

(1) 改进的关注点:
① 改进体系、过程、活动、产品或服务,以满足要求并应对未来的需求和期望。
② 纠正、预防或减少不利影响。
③ 以改进一体化管理体系的绩效和有效性。

(2) 改进的方式:纠正、纠正措施、突破性变革(见3.1.3)以及重组(见3.1.4)等方式。纠正(消除已发现的不符合所采取的措施)和纠正措施(消除已发现的不符合的原因并防止再发生所采取的措施)是对日常发生的不符合采用的改进措施。

3.1.2 日常改进活动

日常改进活动,需按本程序的规定实施纠正(见3.3)和纠正措施(见3.4)。

3.1.3 突破性变革

(1) 通过创新、修改和改进现有过程或实施新的过程的突破性项目时,需考虑如下方面进行策划后实施:
① 变革项目的目标和要求。
② 分析现有过程的状况和变革的风险,确定实施方案。
③ 实施变革方案并评价改进的效果。

(2) 总经理确定突破性变革的具体项目,管理者代表组织制定突破性变革的《重大改进项目实施方案》,经总经理批准后,交主管部门实施(涉及几个部门时,管理者代表确定组长部门),实施后编制《重大改进项目实施总结》。

(3) 管理者代表组织相关人员对《重大改进项目实施总结》进行验证,交总经理批

LTQY 有限公司程序文件	文件编号	B10.0-02
	版本/状态	Ⅱ/0
改进、不符合和纠正措施控制程序	页次/总页	2/10

准后,将其成果纳入一体化管理体系的运行之中。

3.1.4 重组

(1) 重组是公司显著改变组织形式、经营范围或经营方式的计划性行为,如:

① 出售或终止公司的部分经营业务;

② 对公司的组织结构进行较大调整;

③ 关闭公司的部分营业场所,或将营业活动由一个地区迁移到其他地区。

④ 股份分拆、合并、资本缩减(部分偿还)以及名称改变等。

(2) 重组是公司经营方式的战略性变化,需在风险评价的基础上由公司董事会做出决定。

3.2 不符合及其分类

3.2.1 识别不符合信息

一体化管理体系运行中,各部门/岗位负责监督检查人员需对体系、产品、服务、过程/活动的不符合信息进行识别,这可能发生在如下方面:

(1) 产品质量/服务未满足要求。

(2) 产品质量统计反映的产品的趋势及顾客的要求和期望。

(3) 过程能力不能满足需要或有降低的趋势。

(4) 环境和职业健康安全绩效参数不能满足要求。

(5) 体系运行控制中不符合准则或不规范行为。

(6) 目标、指标和方案不符合策划结果。

(7) 发生质量、环境和职业健康安全事件(包括事故、"未遂事故")。

(8) 相关方(包括顾客)对公司产品或其他活动投诉或相关建议。

(9) 供方供货质量统计中反映的产品或服务不合格或有不合格趋势。

(10) 内、外部审核发现不符合和观察项。

(11) 管理评审发现不符合或改进机会。

(12) 不符合方针或一体化管理体系文件要求的情况。

(13) 不符合适用法律法规和其他要求的情况。

(14) 出现其他不期望的结果或不良绩效或不良趋势。

(15) 市场分析和员工建议等。

3.2.2 不符合分类

不符合分类通常有两种方式

(1) 按形成的原因划分:

① 文件不符合审核准则的要求(体系性不符合)。

② 未按文件的规定实施(实施性不符合)。

③ 实施未能达到预定的目标(效果性不符合)。

LTQY 有限公司程序文件	文件编号	B10.0-02
	版本/状态	Ⅱ/0
改进、不符合和纠正措施控制程序	页次/总页	3/10

(2) 按后果的严重性划分：

依据对其他活动或后续活动的影响程度，对发现的不符合评价后进行分类，以分别对其实施应对措施。日常检查时，常以后果的严重性划分。

① 观察项：对其他活动或后续活动造成的影响或后果极轻，只是一些偶尔的、轻微的并可立即纠正的不符合，可确定为"观察项"，又可分为"口头观察项"或"记录观察项"。

② 不符合项：对其他活动或后续活动已造成影响，并有一定后果的不符合，可确定为"不符合项"。不符合项又分为：

a. 一般不符合项（如个别、孤立、较小影响的问题）；

b. 严重不符合项：系统或区域性失效，或已造成严重影响（如造成了重大损失、严重污染或严重事故等）。

3.3 纠正

（1）当发生不符合（不论是观察项还是不符合项）时，都需对其做出应对，并在适用时：

① 采取措施以控制和纠正不符合。

② 处置不符合带来的不良后果。

（2）处置方式：

① 观察项只需采取措施进行控制和纠正，不必采取纠正措施。记录观察项在适当文件或专门的《观察项记录》中记录相关的事实以示提醒，但该观察项若再发生时需确定为不符合项。

② 不符合项必须采取纠正措施，以消除产生的原因，以避免再次发生或者在其他场合发生，并记录在《不符合报告》中。

3.4 纠正措施

3.4.1 发生不符合项时的措施

（1）对其进行评审和分析，针对不符合的事实确定不符合的原因。

（2）针对不符合的原因，确定并实施所需的纠正措施。

（3）评审所采取纠正措施的有效性。

（4）必要时，更新在策划期间确定的风险和机遇。

纠正措施需与所发生的不符合造成的影响（包括环境和职业健康安全影响）的重要程度相适应。

3.4.2 不符合报告及其整改

（1）不符合项由监督检查的发现人员开出《不符合报告》，经批准（一般不符合项由发现人员的部门领导或其上级批准，严重不符合项由管理者代表批准）生效后，发放到责任部门实施整改。

LTQY 有限公司程序文件	文件编号	B10.0-02
	版本/状态	Ⅱ/0
改进、不符合和纠正措施控制程序	页次/总页	4/10

(2)《不符合报告》内容包括：
① 不符合发生的部门及其岗位或地点。
② 责任部门负责人/作业人员，必要时包括现场陪同人员。
③ 发现时间。
④ 不符合事实的描述（即不符合项的支持性证据）。
⑤ 不符合准则的名称和条款。
⑥ 不符合项的性质。
⑦ 确定人员和责任部门负责人/作业人员/陪同人员确认签字。
⑧ 整改信息，包括：
a. 不符合项的原因分析；
b. 纠正措施计划及预计完成日期；
c. 纠正措施计划的批准人员签字（一般不符合项由责任部门负责人批准，严重不符合项由责任部门负责人审核后管理者代表批准）；
d. 纠正措施实施情况及其说明；
⑨ 完成整改后的验证（一般不符合项由报告开出人验证，严重不符合项由管理者代表验证）记录。

3.4.3 不符合可能引起的变更
（1）因纠正措施而引起的有益变化，需要时可应用并体现在一体化管理体系文件中。如必要，可根据因不符合的纠正措施引起的新的有效变化编制新的文件，或修订已有的文件。
（2）编制、修订文件按《文件化信息管理程序》执行。
3.4.4 纠正措施需与遇到事件或不符合的影响或潜在影响相适应。
3.4.5 保留相关成文信息作为下列事项的证据：
（1）事件或不符合的性质和所采取的任何后续措施。
（2）任何措施和纠正措施及其有效性的结果。
与相关的员工、员工代表（如有）及其他有关相关方沟通这些成文信息。

4 本程序引用的文件

B7.0-07《文件化信息管理程序》

5 本程序产生的文件或记录

（1）B10.0-02-01《重大改进项目实施方案》（略）
（2）B10.0-02-02《重大改进项目实施总结》（略）
（3）B10.0-02-03《观察项记录》（略）
（4）B10.0-02-04《不符合报告》（略）

LTQY 有限公司程序文件	文件编号	B10.0-02
	版本/状态	Ⅱ/0
改进、不符合和纠正措施控制程序	页次/总页	5/10

附录 A
（资料性附录）
日常检查不符合报告案例

A1 案例之一

部门或区域	总装车间	日期	2018年2月28日	陪同人员	×××

不符合事实描述：

综合管理部监督员到总装车间检查，看到有一台 KMJ-08 型号军用产品（出厂编号：20171030）装配后正在转至成品库房，一位带有"检验员"标志的工作人员在一旁观看，有时问一下操作人员，有时做些记录。监督员问检验员："你的职责是什么？"她说："生产计划部领导派我来现场检查一下，根据我的经验来判断工作情况，发现问题时向他们回报。"监督员又问："你在现场检查的依据是什么？"她回答说："我想你会问这个问题的。按合同规定，这批军品出厂前需要军代表验收，检验科就没有必要制定该型号产品的出厂验收规定了。但为了表示对这批产品质量的重视，每台装配完成转至成品库时，领导每次都派我来看一下。"

不符合：
□ 管理体系文件：
■ 采用标准条款：GB/T 19001—2016 标准"8.1 运行的策划和控制"条款应建立"产品和服务的接收"准则的要求。

不符合分类： ■ 体系性不符合　　□ 实施性不符合　　□ 效果性不符合
　　　　　　　　■ 严重不符合　　　□ 一般不符合

纠正措施的要求： 2018 年 3 月 28 日前整改完毕。

检查人：×××　　　　　　　　　　　　　　　　　　受检部门负责人：×××

原因分析：
1. 未按 GB/T 19001—2016 标准"8.1 运行的策划和控制"条款要求建立该型号产品的《出厂验收规范》，并按《出厂验收规范》规定进行出厂检验。
2. 对 GB/T 19001—2016 标准理解有误，未在产品实现策划时建立该产品出厂的接收准则，认为军品由军代表验收同意接收就可以了。

生产计划经理（日期）：×××/2018 年 3 月 02 日

LTQY 有限公司程序文件	文件编号	B10.0-02
	版本/状态	Ⅱ/0
改进、不符合和纠正措施控制程序	页次/总页	6/10

A1　案例之一（续）

纠正及纠正措施计划：
1. 将 KMJ-08 型产品（出厂编号：20171030）移至试验台，挂"未检"标识，待公司出厂检验后再通知军代表验收；
2. 组织相关人员学习 GB/T 19001—2016 标准"8.1 运行的策划和控制"条款的要求；
3. 制定该型号产品的《出厂验收规范》和相关记录表格，经总工程师批准后按其执行；
4. 检查其他各类产品，有无类似情况，如有时同时解决。

生产计划经理（日期）：×××/2018 年 3 月 02 日

纠正措施完成情况：
1. 生产计划部 2018 年 3 月 4 日对检验科有关人员（包括检验科长及检验员×××等 8 人）进行培训，学习理解 GB/T 19001—2016 标准"8.1 运行的策划和控制"条款的要求，并就相关问题进行了现场考核，回答均符合要求；
2. 检验科 3 月 10 日依据合同要求制定该型号军品的《出厂验收规范》（编号：KMJ-08-03）和相关记录表格，经讨论定稿，由生产计划部经理审核后总工程师 3 月 14 日批准。
3. 公司当前军品只有这一个型号产品，检查其他民用产品，均有《出厂验收规范》和相关记录表格，且均适宜、有效，执行情况较好；
4. 3 月 20 日按新制定的出厂验收规范对 KMJ-08 型军品（出厂编号：20171030）在试验台上进行了出厂试验，结论"合格"。

生产计划经理（日期）：×××/2018 年 3 月 21 日

纠正措施的验证：
1. 检查了培训记录，由生产计划部副经理×××负责培训，检验科 8 人参加，时间三个小时，明确了建立产品出厂的接收准则的必要性（见附件 1，略）；
2. 查该型号军品的《出厂验收规范》（编号：KMJ-08-03）和相关出厂检验记录表格，已按要求审批（见附件 2，略），并符合与军方签订的合同要求；
3. 查 3 月 20 日对 KMJ-08 型产品（出厂编号：20171030）的出厂《试验报告》（编号：B8.0-06-09-20170320）（见附件 1，略），符合《出厂验收规范》规定；
4. 举一反三检查了其他产品的出厂检验（试验）情况，均按相应《出厂验收规范》进行，效果较好。
　　生产计划部对该不符合报告的原因分析清楚、明确，纠正及纠正措施适当，提供的验证证据齐全、有效，可以关闭。

管理者代表验证（日期）：×××/2018 年 3 月 22 日

LTQY 有限公司程序文件	文件编号	B10.0-02
	版本/状态	Ⅱ/0
改进、不符合和纠正措施控制程序	页次/总页	7/10

A2 案例之二

部门或区域	承包方项目部	日期	2017年10月28日	陪同人员	×××

不符合事实描述：

　　厂区新建锻造车间正在施工，公司办公室最近连续3次（2017年10月13日/10月18日/10月24日）接到周围居民联名要求停止深夜打夯（有时噪声高达80dB）的抱怨信。办公室主任专门去承包方某建筑公司项目部就此事进行沟通。项目部经理说："公司三次转发给我们的居民意见我都已看到，因为停止晚上打夯可能会影响工期，项目部几个领导商量后也没想出更好的解决办法。我公司总经理出国考察还有半个月就回来了，等他回来我们立即汇报请他决定，然后答复你们好吗。"

不符合：

□ 管理体系文件：不符合 GB 3096—2008《声环境质量标准》关于"夜间突发噪声，其最大声级超过环境噪声限值的幅度不得高于 15 dB（A）"的规定。

■ 采用标准条款：不符合 GB/T 24001—2016 标准"8.1 运行策划和控制"条款关于"按照运行准则实施过程控制"的要求。

不符合分类：

　　□ 体系性不符合　　■ 实施性不符合　　□ 效果性不符合
　　□ 严重不符合　　　■ 一般不符合

纠正措施的要求：2017年11月2日前整改完毕。

检查人：×××　　　　　　　　　　　　　　　　　　受检部门负责人：×××

原因分析：

　　承包方建筑公司施工项目部违章作业，严重影响到周围居民的正常生活。

　　　　　　　　　　　　　　　　　　　　办公室主任（日期）：×××/2017年10月28日

纠正及纠正措施计划：

1. 责成施工项目部从今天起停止深夜（10：00后）打夯，并采取措施不能影响工期；
2. 举一反三进行检查，是否还有其他违规作业的问题，如有同时解决。

　　　　　　　　　　　　　　　　　　　公司办公室主任（日期）：×××/2017年10月28日

纠正措施完成情况：

1. 施工项目部已于10月28日16：00下达内部通知，停止深夜（10：00后）打夯，并已制定了相关措施以保证按期完成项目施工；
2. 10月29日至30日施工项目部进行内部检查，发现施工过程中时有扬尘发生，作业人员佩带防护用品不全等问题，已发出内部整改通知。

　　　　　　　　　　　　　　　　　　　施工项目部经理（日期）：×××/2017年10月30日

LTQY 有限公司程序文件	文件编号	B10.0-02
	版本/状态	Ⅱ/0
改进、不符合和纠正措施控制程序	页次/总页	8/10

A2　案例之二（续）

纠正措施的验证：

1. 至 11 月 2 日施工项目部已连续 6 天停止深夜（10：00 后）打夯。

2. 11 月 2 日上午 10：00 至 11：00 去项目部施工进行现场检查，项目部经理说"我们将会一直坚持停止深夜打夯，并且制定了保证按期完工的《加强项目管理实施方案》，待总经理回来批准执行"（见附件：《加强项目管理实施方案》（草案））；在施工现场看到防止施工过程中扬尘发生的措施有效，作业人员佩带防护用品齐全，项目部经理说"其他问题也正在整改之中，进展顺利"。

该不符合报告可以关闭。

公司办公室主任验证（日期）：×××/2017 年 11 月 2 日

LTQY 有限公司程序文件	文件编号	B10.0-02
	版本/状态	Ⅱ/0
改进、不符合和纠正措施控制程序	页次/总页	9/10

A3 案例之三

部门或区域	下料车间	日期	2017年8月30日	陪同人员	×××

不符合事实描述：

  综合管理部监督员在下料车间检查时观察到，有 8 个乙炔瓶储存在车间门口的简易工棚内，阳光已直接照射到，工棚门口不足 3 米处有 3 个卧放的氧气瓶，离氧气瓶不足 6 米处正在进行焊接作业。监督员携带的温度计显示当时气温为 38.5℃。监督员问车间主任有没有乙炔的 MSDS 表，主任马上叫人拿来。监督员指着表中"操作处置与储存"一栏给主任看，"仓库温度不宜超过 30℃，要防止阳光直射，与氧气瓶的距离不得小于 5 米，距明火点的距离应大于 10 米"。主任说，氧气瓶下午就叫人搬走，乙炔瓶存放条件是有点简陋，不过目前也没有更好的办法。

不符合：
- ■ 管理体系文件：不符合《乙炔安全技术说明书》；
- ■ 采用标准条款：不符合 ISO 45001—2017 标准 8.1 条款关于"按照准则实施过程控制"的要求。

不符合分类：
  □ 体系性不符合　　■ 实施性不符合　　□ 效果性不符合
  □ 严重不符合　　　■ 一般不符合

纠正措施的要求：2017 年 9 月 30 日前整改完毕。

检查人：×××　　　　　　　　　　　　　　　　　　　　　　　　下料车间主任：×××

原因分析：
1. 未执行《乙炔安全技术说明书》"操作处置与储存"的规定；
2. 车间领导和相关操作人员未认真学习《乙炔安全技术说明书》，对相关知识不了解。

下料车间主任（日期）：×××/2017 年 9 月 01 日

纠正及纠正措施计划：
1. 将简易工棚内的乙炔瓶和工棚外的氧气瓶分别转移到安全区域按要求暂时存放；向有关作业人员重申乙炔瓶和氧气瓶放置以及与明火作业的安全距离要求，车间安全员加强巡检；
2. 以《乙炔安全技术说明书》等内容为教材，对相关人员培训，提高使用危险化学品的安全意识；
3. 8 月 31 日请示分管生产副总经理，批准将下料车间与厂区的乙炔管道和氧气瓶管道接通。因涉及土建施工需要一定时间，与综合管理部协商并同意将整改时间推迟至 10 月 30 日；
4. 检查其他危险化学品的运输、储存、使用问题，是否存在安全隐患，如有同时解决。

下料车间主任（日期）：×××/2018 年 9 月 01 日

LTQY 有限公司程序文件	文件编号	B10.0-02
	版本/状态	Ⅱ/0
改进、不符合和纠正措施控制程序	页次/总页	10/10

A3　案例之三（续）

纠正措施完成情况：
1. 9月2日已将简易工棚内的乙炔瓶和工棚外的氧气瓶分别转移到安全区域按要求暂时存放；
2. 在车间布告栏内通知，重申乙炔瓶和氧气瓶放置以及与明火作业的安全距离，并与其车间安全员每天上下午各检查一次，发现问题立即纠正；
3. 以各类危险物品《安全技术说明书》为教材，9月5日车间主任对本车间11名相关人员进行培训，明确各类危险物品的使用和管理制度，并现场进行考核；
4. 已委托外部施工方，进行下料车间与厂区的乙炔管道和氧气管道的接通施工，并于10月25日施工完毕，26日顺利试通，27日启用；
5. 车间安全员检查其他危险化学品的运输、储存、使用情况，未发现违规现象。

下料车间主任（日期）：×××/2018年10月27日

纠正措施的验证：
1. 9月3日检查了乙炔瓶和氧气瓶转移到安全区域的情况，存放均符合要求；
2. 9月3日查看了车间布告栏内的通知，内容明确；查看了车间安全员近期的检查记录，对问题处置恰当；
3. 检查了9月5日的《培训记录》（见附件，略），各项内容均符合计划要求；
4. 10月28日现场检查了下料车间乙炔管道和氧气管道的接通情况，符合相关规定，使用方便；
5. 车间安全员已检查了其他危险化学品的运输、储存、使用情况，未发现违规现象。该不符合报告可以关闭。

综合管理部经理验证（日期）：：×××/2018年10月28日

第二篇

核电厂质量、环境和职业健康安全

综合管理手册案例（核电厂卷）

第三章

综合管理手册

文件编号	WSH/QES/B
版　　本	B 版
发放编号	第×××号
受控状态	□是　　□否

万山红核电有限公司
质量/环境/职业健康安全
综合管理手册

编制：_____　日期：_____

审核：_____　日期：_____

批准：_____　日期：_____

201×年××月××日发布　　　　　201×年××月××日实施

万山红核电有限公司 综合管理手册 目　录	版本/状态	B/0
	章节页次/总页	1/3
	手册页次/总页	1/145

手册条款/名称	本手册页次
0.1　发布令	4
0.2　公司概况	5
0.3　公司组织结构	6
0.4　管理者代表任命书	7
0.5　职业健康安全事务代表任命书	8
0.6　企业文化及综合方针和目标	9
0.7　综合手册管理	11
1　目的	12
2　依据/参考/引用文件	13
3　术语、定义和缩略语	14
4　组织所处的环境	20
4.1　理解组织及其所处的环境	20
4.2　理解员工及其他相关方的需求和期望	22
4.3　确定一体化管理体系的范围	24
4.4　管理体系及其过程	25
5　领导作用与工作人员参与	26
5.1　领导作用和承诺	26
5.2　综合方针	28
5.3　公司岗位、职责和权限	29
5.4　工作人员的协商和参与	31
6　策划	33
6.1　应对风险和机遇的措施	33
6.1.1　应对风险和机遇措施的策划	33
6.1.2　环境因素	35
6.1.3　危险源辨识和风险机遇的评价	37
6.1.4　合规义务	39
6.1.5　环境和职业健康安全管理措施的策划	41
6.2　综合目标及其实现的策划	43
6.3　变更的策划	45
7　支持	46
7.1　资源	46
7.1.1　（资源）总则	46
7.1.2　人员	46

· 239 ·

万山红核电有限公司 综合管理手册 目　录	版本/状态	B/0
	章节页次/总页	2/3
	手册页次/总页	2/145

    7.1.3　基础设施 ·· 47
    7.1.4　过程运行环境 ··· 50
    7.1.5　监视和测量资源 ·· 52
    7.1.6　组织的知识 ·· 54
  7.2　能力 ··· 56
  7.3　意识 ··· 59
  7.4　沟通和交流 ·· 61
  7.5　文件化信息 ·· 63
8　核电营运 ··· 68
  8.1　核电营运的策划和控制 ·· 68
  8.2　产品和服务要求 ··· 71
  8.3　产品和服务的设计和开发 ·· 74
  8.4　外部提供的过程、产品和服务的控制 ····································· 80
  8.5　生产和服务提供 ··· 86
    8.5.1　核电运行和服务提供的控制 ·· 86
    8.5.2　标识和可追溯性 ·· 89
    8.5.3　顾客或外部供方的财产 ·· 91
    8.5.4　防护 ··· 92
    8.5.5　交付后活动 ·· 94
    8.5.6　更改控制 ··· 96
  8.6　产品和服务的放行 ·· 98
  8.7　不合格输出的控制 ·· 100
  8.8　环境管理运行策划和控制 ··· 105
  8.9　职业健康安全管理运行策划和控制 ······································ 108
  8.10　环境和职业健康安全应急准备和响应 ································· 112
9　绩效评价 ··· 114
  9.1　监视、测量、分析和评价 ··· 114
    9.1.1　（绩效监测）总则 ·· 114
    9.1.2　顾客和相关方满意度 ··· 116
    9.1.3　分析与评价 ·· 118
    9.1.4　合规性评价 ·· 120
  9.2　内部审核 ··· 122
  9.3　管理评审 ··· 124
10　改进 ·· 127

万山红核电有限公司 综合管理手册 目 录	版本/状态	B/0
	章节页次/总页	3/3
	手册页次/总页	3/145

10.1　（改进）总要求 ·· 127
10.2　事件（事故）、不符合和纠正措施 ·· 128
10.3　持续改进 ·· 133
附录 A　公司所在区域平面示意图 ·· 134
附录 B　公司平面示意图 ·· 134
附录 C　公司管网布置图 ·· 134
附录 D　引用公司文件清单（规范性附录） ·· 135
附录 E　综合管理手册修订记录（规范性附录） ···································· 145

万山红核电有限公司 综合管理手册 0.1 发布令	版本/状态	B/0
	章节页次/总页	1/1
	手册页次/总页	4/145

发布令

  万山红核电有限公司主要从事核电厂经营管理和安全生产相关的运行、维修、技改等工作。为履行对员工、顾客、公众、国家和国际社会的核安全责任与义务，确保各项活动符合国家和行业的质量、环境和职业健康安全法律法规和其他要求及相关标准规范的要求，确保核电厂各项业务活动满足核与辐射安全的要求，建立、实施、保持并持续改进质量、环境和职业健康安全管理体系（简称"一体化管理体系"），依据 ISO 9001：2015《质量管理体系 要求》、ISO 14001：2015《环境管理体系 要求及使用指南》和 ISO 45001：2018《职业健康安全管理体系 要求及使用指南》，结合公司实际情况，编制《质量、环境和职业健康安全综合管理手册》（以下简称《综合管理手册》或《手册》）。

  本《综合管理手册》阐述了公司质量、环境、职业健康安全综合方针及其综合目标，并对一体化管理体系的过程顺序和相互作用进行了描述，是公司质量、环境、职业健康安全综合管理的法规性文件，是指导公司建立、实施、保持和改进一体化管理体系的纲领和行动准则，也是公司对遵守适用法律法规要求、保证顾客/相关方权益、保护环境、维护员工健康与安全并持续改进绩效的承诺，全体员工必须严格遵照执行。

  希望通过本手册的贯彻实施，营造全员自觉学习并有效运用现代质量、环境和职业健康安全管理理念的氛围，打造"优质万山红"品牌，构建"清洁万山红"环境，树立"安全万山红"屏障，不断提高公司管理水平和工作绩效，增强核心竞争力，塑造具有雄厚实力和良好口碑的核电运营体系，造福全体员工、造福国家和社会。

  本《综合管理手册》（WSH/QES/B 版）经批准正式颁布并实施，原《综合管理手册》（WSH/QES/A 版）同时废止。

万山红核电有限公司
总经理：×××
201×年××月××日

万山红核电有限公司 综合管理手册 0.2 公司概况	版本/状态	B/0
	章节页次/总页	1/1
	手册页次/总页	5/145

公司概况

(略)

通信地址：　　　　　　　　　邮编：
电　话：　　　　　　　　　　传真：
电子信箱：　　　　　　　　　网址：

万山红核电有限公司 综合管理手册 0.3 公司组织结构	版本/状态	B/0
	章节页次/总页	1/1
	手册页次/总页	6/145

公司组织结构

（1）万山红核电有限公司依据《中华人民共和国公司法》的规定设立董事会，由董事会决定聘任总经理、副总经理、总工程师、总经济师、总会计师等高级管理人员，并明确其职责和权限（详见5.3 公司岗位、职责和权限）；公司依据《中国共产党章程》的规定，由上级党组织决定成立公司党的组织，开展党的活动；依据《中华人民共和国工会法》的规定，建立基层工会委员会，开展工会活动；公司根据工作需要设立"安全生产委员会"和"技术委员会"等专门业务机构。

（2）为推进万山红核电有限公司结构优化，实现统一管理与资源整合，公司设置了公司办公室、安全质量处、环境应急处、核安全处、人力资源处、审计处、财务处、经营计划处、生产计划处、电力营销处、运行处、维修处、大修管理处、技术处、科技管理处、保健物理处、化学处、燃料操作处、堆芯燃料处、采购管理处、物资采购处、服务合同处、设备管理处、安全分析处、购销合同处、储运管理处、信息系统处、培训管理处、运行培训处、技能培训、经验反馈处、应急救援管理处、工程管理处、法律事务处、文档管理处、薪酬管理处、后勤管理处、保卫处、党群工作处、纪律监察处、工会办公室等41个处级部门以及各部门的下属科室，并明确了各部门和科室的职责和权限（详见5.3 公司岗位、职责和权限）。

万山红核电有限公司 综合管理手册 0.4 管理者代表任命书	版本/状态	B/0
	章节页次/总页	1/1
	手册页次/总页	7/145

管理者代表任命书

为确保公司一体化管理体系的持续有效运行，兹任命×××副总经理为公司管理者代表，并授予以下职责和权力：

（1）确保依据 ISO 9001：2015、ISO 14001：2015 和 ISO 45001：2018 标准建立一体化管理体系，并加以实施、保持和改进，将公司核心业务融入体系之中。

（2）向公司总经理报告一体化管理体系的绩效和所有改进需求。

（3）确保在全公司范围内提高满足顾客要求和相关方需求的有关质量、环境保护及职业健康安全方面的意识。

（4）负责一体化管理体系有关事宜的外部沟通、协调和联络。

（5）组织、协调并解决一体化管理体系运行中出现的问题。

各部门可设立部门管理者代表，经我批准后协助公司管理者代表在本部门推动一体化管理体系的运行。公司所有部门和人员需积极配合公司管理者代表和部门管理者代表的工作，确保公司一体化管理体系的持续有效运行。

总经理：×××

201×年××月××日

万山红核电有限公司 综合管理手册 0.5 职业健康安全事务代表任命书	版本/状态	B/0
	章节页次/总页	1/1
	手册页次/总页	8/145

职业健康安全事务代表任命书

经公司工会的推荐，兹任命工会主席×××为职业健康安全事务代表，代表员工履行参与职业健康事务的职责，授予以下职责和权力：

(1) 参与公司发展战略和资源配置等重大问题的协商讨论与审查。

(2) 参与商讨影响公司内工作、办公场所职业健康安全的任何变化，收集和反映员工关于职业健康安全事务的意见，享有代表权。

(3) 组织和代表员工参与商讨制定职业健康安全管理综合方针和目标，参与重大风险的识别和控制。

(4) 组织员工参与职业健康安全管理方案和运行准则的实施以及适用法律法规和其他要求遵守情况的监督与检查。

(5) 组织员工参与公司事件（事故）的调查与处理。

职业健康安全事务代表与基层工会协商可在部门委派一名管理人员作为员工代表，并经我批准后协助职业健康安全事务代表在本部门推动职业健康安全管理体系的运行。

公司所有部门和人员需积极支持职业健康安全事务代表和员工代表的工作，确保公司职业健康安全管理体系的持续有效运行。

总经理：×××

201×年××月××日

万山红核电有限公司 综合管理手册 0.6 企业文化及综合方针和目标	版本/状态	B/0
	章节页次/总页	1/2
	手册页次/总页	9/145

1. 企业文化

（1）企业愿景

（略）

（2）企业使命

（略）

（3）企业理念

（略）

（4）企业价值观

（略）

2. 综合方针

（1）方针描述

立足核电发展，满足社会需求；

安全生产第一，提高质量水平；

务求节能减排，力行以人为本；

遵守法律法规，实现持续改进。

（2）方针内涵阐述

1）立足核电发展，满足社会需求：坚持核电科学发展观，以科技创新为龙头，实现顾客与相关方满意、员工自豪、社会认可的宗旨。

2）实施安全战略，提高质量水平：将安全和质量两个方面的管理视为企业核心要素，以安全促质量，以质量保安全。

3）务求节能减排，力行以人为本：保护环境，确保污染预防，避免或减少污染物的排放，合理有效使用能源和自然资源，加强劳动保护，关注员工权益，杜绝重大安全事故及职业病患的发生。

4）遵守法律法规，实现持续改进：遵循法律法规要求，做遵纪守法的模范，坚持预防为主，实施文明管理和生产，防患于未然，实现综合绩效的提升。

3. 综合目标

（1）战略目标

1）提升产品合格率，降低质量损失率。

2）环保设施正常运行，各类污染物排放符合相关国家、行业、地区标准。

3）节约能源和资源，单位产品消耗指标逐年下降。

4）减少职业伤害，杜绝重大人身伤害和死亡事故。

万山红核电有限公司	版本/状态	B/0
综合管理手册	章节页次/总页	2/2
0.6 企业文化及综合方针和目标	手册页次/总页	10/145

5）改善作业场所条件，保证职业工作人员健康，降低职业病发生率。

6）提高顾客和相关方满意率。

（2）年度行动目标

依据战略目标按照《目标及其实现的策划程序》的规定建立《年度行动目标》，年度行动目标需：

1）与综合管理方针保持一致，包括其相关承诺。

2）可行时，是可测量的，并分解到各部门或岗位。

3）实施年终考核。

万山红核电有限公司 综合管理手册 0.7 综合手册管理	版本/状态	B/0
	章节页次/总页	1/1
	手册页次/总页	11/145

1 编写、审批和修订

（1）《综合管理手册》由安全质量处组织编写，经相关部门会审、管理者代表和各主管副总经理审核，总经理批准。

（2）《综合管理手册》使用期间，各部门可将修改建议反馈到安全质量处。安全质量处至少一年对手册的充分性和适宜性进行一次评审，必要时按《程序编制要求》进行更改或修订。

（3）《综合管理手册》局部更改可采用换页或在原页中进行划改的方式，本版的所有更改均在"附录 E：综合管理手册修订记录"中记录，以追踪每次的更改内容；当涉及修改内容较多时可由管理者代表批准换版，新版《综合管理手册》发布时，在发布令中声明废止旧版。

（4）所换旧页或旧版文件由安全质量处统一收回处理。

2 版本、媒介、发放和使用

（1）《综合管理手册》封面明确了手册的基本信息，包括文件编号、版本、编审批者、发布日期等信息。

（2）《综合管理手册》版本次序以字母"A、B、C……"表示。

（3）《综合管理手册》有电子和纸质两种媒介形式，由文档管理处进行文件控制管理。公司人员可从公司内网上查阅受控的只读电子版本，经管理者代表批准可向相关人员或相关方发放本次有效的纸质版本（不追踪受控）。

（4）使用者不得将《综合管理手册》复制、外借、外赠。

3 管理与解释

（1）《综合管理手册》版权属于本公司。

（2）《综合管理手册》由安全质量处负责解释，如有分歧由管理者代表裁定。

万山红核电有限公司 综合管理手册 1　目的	版本/状态	B/0
	章节页次/总页	1/1
	手册页次/总页	12/145

　　依据 ISO 9001：2015、ISO 14001：2015、ISO 45001：2018 标准以及相关适用法律法规和其他要求（包含核安全法规的要求），结合万山红核电有限公司运营和管理的核心业务，公司建立一体化管理体系并编制本手册。其目的在于：

　　（1）稳定提高满足顾客要求及适用法律法规和其他要求的产品和服务的能力，并通过体系的有效应用增强顾客满意度。

　　（2）提升公司环境绩效，实现符合适用法律法规和其他要求的环境管理的预期结果，为环境、公司自身及相关方带来价值，从而为"经济发展、社会发展和环境保护"的可持续性做出贡献。

　　（3）向员工和为公司工作的人员提供符合适用法律法规和其他要求的健康安全的工作条件，并通过主动改进职业健康安全绩效，以防止与工作相关的伤害和健康损害。

　　（4）通过一体化管理体系的有效应用，确保核电厂各项业务活动满足核与辐射安全的要求。

　　本《综合管理手册》以七项管理原则（以顾客为关注焦点、领导作用、全员积极参与、过程方法、改进、循证决策和关系管理）为基础，按照适用的合规义务（法律法规和其他要求），结合公司的实际情况，建立形成文件的一体化管理体系，并通过进一步实施、保持和改进，确保其适宜性、充分性和有效性。

　　本《综合管理手册》的贯彻执行，有助于履行对员工、顾客、社会公众、国家和国际社会的核安全责任与义务的承诺，确保万山红核电在质量、环境和职业健康安全领域的各项活动符合国际、国家和行业的法律法规和其他要求，进一步规范公司的质量、环境和职业健康安全管理，持续改进公司的质量、环境和职业健康安全绩效，将公司建成世界一流的核电运营管理企业。

万山红核电有限公司 综合管理手册 2 依据/参考/引用文件	版本/状态	B/0
	章节页次/总页	1/1
	手册页次/总页	13/145

下列文件对于本《综合管理手册》的应用是必不可少的。凡是注日期的引用文件，仅注日期的版本适用于本《手册》。凡是不注日期的引用文件，其最新版本（包括所有的修改单）适用于本《手册》。

1. 依据文件

（1） ISO 9001：2015《质量管理体系 要求》
（2） ISO 14001：2015《环境管理体系 要求及使用指南》
（3） ISO 45001：2018《职业健康安全管理体系 要求及使用指南》
（4） HAF 003《核电厂质量保证安全规定》（1991年7月27日发布）
（5）《中华人民共和国产品质量法》（2009年8月27日第二次修订）
（6）《中华人民共和国环境保护法》（2014年4月24日修订）
（7）《中华人民共和国安全生产法》（2014年8月31日修订）
（8）《中华人民共和国核安全法》（2018年1月1日施行）
（9）《中华人民共和国职业病防治法》（2018年12月29日修订）
（10）《中华人民共和国放射性污染防治法》（2003年10月1日施行）

2. 参考文件

（1） EJ/T 9001—2014《核工业质量管理体系要求》
（2） GJB 9001C—2017《质量管理体系要求》

3. 引用文件

本手册中大部分条款中引用了本公司已建立的相关文件（如相关管理大纲及其相关规定和程序文件），以作为相应条款过程实施的支持文件。

万山红核电有限公司 综合管理手册 3 术语、定义和缩略语	版本/状态	B/0
	章节页次/总页	1/6
	手册页次/总页	14/145

1. 术语和定义

本《综合管理手册》除采用 ISO 9000：2015《质量管理体系 基础和术语》、ISO 14001：2015《环境管理体系 要求及使用指南》和 ISO 45001：2018《职业健康安全管理体系 要求及使用指南》标准中的术语和定义外，还明确了如下术语和定义，或对采用标准的术语和定义结合本公司的实际情况进行了改写（有些还与 HAF 003 的术语进行了比较）。

（1）产品：在组织和顾客之间未发生任何交易的情况下，组织产生的输出，包括软件（由信息组成）、硬件（有形的，其量具有计数的特性）和流程性材料（有形的，其量具有连续性的特性）。

（2）服务：至少有一项活动必须在组织和顾客之间进行的输出。通常，服务的要素是无形的，包含与顾客在接触面的活动，除了确定顾客的要求以提供服务外，可能还包括与顾客建立持续的关系。

注1：本公司的采购产品和服务为各类物项（含软件、硬件、流程性材料和服务），最终产品为流程性材料（并入电网的核电），内部产品和服务为公司各职能部门为下游部门，或本部门各岗位人员为下游人员提供的（活动或过程）输出（含软件、硬件、服务和流程性材料）。

注2：ISO 9001：2015 标准所指"服务"是在组织和顾客之间进行的输出（通常是无形的），HAD 003/03—1986 中"服务"的定义特指"由供方所进行的工作，例如设计、制造、检查、无损检验、修理或安装等"，实际上就是"外包"过程。两者概念不同，前者"输出通常是无形的"，不一定是"外包"过程；后者"输出可能有形的，也可能无形的"，是"外包"过程。本手册中所指"服务"是指前者的概念，当需要引入后者的概念时需特别指出。

（3）物项：材料、零件、部件、系统、构筑物以及计算机软件的通称。

注1：这是 HAF 003 的术语，ISO 9000 没有这一术语。

注2：如果将"计算机软件"扩大为所有软件后，该术语与 ISO 9000 所指的产品基本一致。

（4）顾客：将会或实际接受本人或本组织所需要或所要求的产品或服务的个人或组织。

示例：消费者、委托人、最终使用者、零售商、内部过程的产品或服务的接收人、受益者和采购方。

注1：顾客可以是组织内部的或外部的。

注2：本手册的外部顾客特指"电网"管理单位，内部顾客指各部门的下游单位（即接受其输出的部门）。

万山红核电有限公司 综合管理手册 3 术语、定义和缩略语	版本/状态	B/0
	章节页次/总页	2/6
	手册页次/总页	15/145

(5) 供方：提供产品或服务的组织。

示例：制造商、批发商、产品或服务的零售商或商贩。

注1：供方可以是组织内部的或外部的。

注2：在合同情况下，供方有时称为"承包方"。

注3：本手册的内部供方指各部门的上游单位（即提供输出的部门）。

注4：外包方（外协单位）也是组织的外部供方。

注5：HAF 003 的定义是：按合同提供物项或服务的个人或单位。在采购中有不同层次不同种类的供方，例如卖方、销售者（包括主承包者、分承包者、制造者和咨询单位等），与 ISO 9000 的概念基本一致。

(6) 外包：安排外部组织执行组织的部分职能或过程。

注1：虽然外包的职能或过程是在组织的业务范围内，但是承包的外部组织是处在组织的管理体系覆盖范围之外。

注2：公司的外包方可能是外协单位、承包方。

注3：由外包方实施的过程或活动称之为"外包过程"，因核电的特点所致，公司的外包过程可能较多。

注4：对外包过程控制的类型和程度需在管理体系中加以规定，外包过程可通过采购过程实现控制，但对其实施控制不能免除满足公司及其顾客要求和法律法规要求的责任。

(7) 文件：信息及其载体。

示例：记录、规范、程序文件、图样、报告、标准。

注1：媒介可以是纸张、磁性的、电子的、光学的计算机盘片，照片或标准样品，或它们的组合。

注2：一组文件，如若干个规范和记录。

注3：某些要求（如易读的要求）与所有类型的文件有关，然而对规范（如修订受控的要求）和记录（如可检索的要求）可以有不同的要求。

注4：文件可分为两大类：一是，三个采用标准中"保持形成文件的信息（成文信息）"可直接称为"文件"，通常文件需要控制版本；二是，三个采用标准中"保留形成文件的信息（成文信息）"可称为"记录"，通常记录不需要控制版本。

注5：HAF 003 中"文件"和"记录"是分别定义的，与上述"注4"概念基本一致。

(8) 程序文件：描述为进行某项活动或过程所规定的途径的文件。

注1：一体化管理体系中三个采用标准要求或根据公司需要，将某项活动或过程"保持形成文件的信息（成文信息）"以支持其运行时，公司可形成

· 253 ·

万山红核电有限公司 综合管理手册 3 术语、定义和缩略语	版本/状态	B/0
	章节页次/总页	3/6
	手册页次/总页	16/145

相应的"程序文件"。

注2：实际上，公司已形成了大批管理或技术文件，这些文件都可称之为"程序文件"，只是要注意需按三个采用标准的要求提升其版本，使之适用于当前的要求。

（9）采购：由买方或买方指定的代表为得到物项或服务所进行的各种活动，它从提出规定要求开始，到买方验收该物项或服务为止。

注1：这是HAD003/03—1986的术语。

注2：新版ISO 9000已用"外部提供的过程、产品和服务"替代了"采购"概念。

注3：本手册仍然沿用了"采购"的概念。

（10）采购文件：反映买方采购要求的文件，如：发标书、采购技术规格书、订单和采购合同。采购文件需充分、完整反映买方的技术、质量保证、进度和商务等方面的要求；订单和采购合同是供方接受的采购文件。

（11）质量计划：由谁及何时对特定的客体应用程序和相关资源的规范。

注1：这些程序通常包括所涉及的那些质量管理过程以及产品和服务实现过程。

注2：通常，质量计划引用质量手册的部分内容或程序文件。

注3：质量计划通常是质量策划的结果之一。

注4：质量计划的编制依据可能不同，在不同行业也可能有不同的习惯名称，如质量保证大纲、施工组织设计等。

（12）合同：有约束力的协议。

注1：在本手册中合同的形式可能有意向书、协议、合作备忘录等；

注2：合同有采购合同和销售合同之分。

（13）项目：由一组有起止日期的、相互协调的受控活动组成的独特过程，该过程要达到符合包括时间、成本和资源的约束条件在内的规定要求的目标。

注1：单个项目可作为一个较大项目结构中的组成部分，且通常规定开始和结束日期。

注2：在一些项目中，随着项目的进展，目标和范围被更新，产品或服务特性被逐步确定。

注3：项目的输出可以是一个或几个产品或服务单元。

注4：项目组织通常是临时的，是根据项目的生命期而建立的。

注5：项目活动之间相互作用的复杂性与项目规模之间没有必然的联系。

注6：项目有内、外部项目之分。

（14）技术规格书（技术条件）：一种明示（如书面）的规定，说明产品、服务、材料或工艺必须满足的要求，并指出确定这些规定的要求是否得到满足的程序。

注1：这是HAF 003的术语。

注2：技术规格书是文件的一种形式，常用在合同环境条件下，如采购技术规

万山红核电有限公司 综合管理手册 3 术语、定义和缩略语	版本/状态	B/0
	章节页次/总页	4/6
	手册页次/总页	17/145

格书。

(15) 可追溯性：追溯实体的历史、应用情况或所处位置的能力。

注1：当考虑产品或服务时，可追溯性可涉及以下内容。

  a. 原材料和零部件的来源；

  b. 加工的历史；

  c. 产品或服务交付后的发送和所处位置。

注2：可追溯性要求将提高产品或服务的成本，一般在下述场合下采用。

  a. 合同要求时；

  b. 法律法规要求时；

  c. 质量控制要求时（如需实现可"追回"管理）；

  d. 公司需要时（如加强管理方面的考虑）。

(16) 特殊过程（工艺）：不易或不能经济地验证其输出是否合格的过程，通常称之为"特殊过程（工艺）"。

注1：这些过程（工艺）需事先通过试验或其他途径评定，以确认其工艺规程，在过程控制中要求严格执行工艺规程，并具有可追溯性。

注2：特殊过程（工艺）存在于各种产品类型之中，如制造业的焊接、热处理、铸造、锻造、铆接、无损检验、压力检验、表面处理和特殊清洗及防护处理、涂漆、黏合压缩、电气端接、混凝土施工、隐蔽工程等过程。

注3：服务提供活动中，往往有一些过程是特殊过程（工艺），如消毒、培训、呼救中心服务或紧急响应等过程。

(17) 风险：不确定性的影响。

注1：影响是指偏离预期，可以是正面的或负面的。

注2：不确定性是一种对某个事件，或是事件的局部的结果或可能性缺乏理解或知识方面的信息的情形。

注3：通常，风险是通过有关可能事件（GB/T 23694—2013 中的定义，4.5.1.3）和后果（GB/T 23694—2013 中的定义，4.6.1.3）或两者组合来描述其特性的。

注4：通常，风险以某个事件的后果（包括情况的变化）及其发生的可能性（GB/T 23694—2013 中的定义，4.6.1.1）中的组合来表述的。

注5："风险"一词有时仅在有负面后果的可能性时使用。

注6：事件：（GB/T 23694—2013 中的定义，4.5.1.3）某一类情形的发生或变化（事件可以是一个或多个情形；事件可以包括没有发生的情形；事件有时可称为"事故"；没有造成后果的事件可称为"未遂事件""事故征候""临近伤害""幸免"）。

万山红核电有限公司	版本/状态	B/0
综合管理手册 3 术语、定义和缩略语	章节页次/总页	5/6
	手册页次/总页	18/145

注7：后果：（GB/T 23694—2013 中的定义，4.6.1.3）某事件对目标的影响结果（一个事件可以导致一系列后果；后果可以是确定的，也可以是不确定的，对目标的影响可以是正面的，也可以是负面的；后果可以定性或定量表述；通过连锁反应最初的后果可能升级）。

注8：一体化管理体系中的"风险"是指对实现预期结果（目标）的能力的不确定性的影响，也可以称之为"组织风险"。

注9：国资委2006年6月6日发布的《中央企业全面风险管理指引》（国资发改革[2006]108号）中所指的"战略风险、财务风险、市场风险、运营风险、法律风险等"是"组织风险"的重要内容。

（18）职业健康安全风险：发生与工作相关的危险事件或有害暴露的可能性，与随之引发的人身伤害和健康损害的严重性的组合。

注1：这是指对工作人员的职业健康安全风险，也可以称之为"人员风险"。

注2："组织风险"与"人员风险"是两个不同的概念，"组织风险"在三个管理体系中都需要关注，"人员风险"只在职业健康安全管理体系中需要关注。

（19）职业健康安全机遇：可能导致职业健康安全绩效改进的一种或一组情形。

（20）（职业健康安全）风险评价：对危险源可能导致的风险进行评估、对现有控制措施的充分性加以考虑，以及对风险是否可接受予以确定的过程。

注1：风险评价需对可接受的程度进行分级，本公司在职业健康安全管理体系中将其分为五级，其中Ⅴ级为可忽略风险，Ⅳ级为可接受风险，Ⅲ级为中度风险，Ⅱ级为重度风险，Ⅰ级为不可接受风险（Ⅰ、Ⅱ、Ⅲ级统称为重大风险）。

注2：重大风险与重大危险源的概念不同。GB 18218—2000《重大危险源辨识》所指的重大危险源是"对于某种或某类危险物质规定的数量，若单元中的物质数量等于或超过该数量，则该单元定为重大危险源"；而 GB/T 45001—2018 要求"评价已确定的危险源产生的职业健康安全风险时，应当考虑现有措施的有效性"。因此，重大危险源控制得好可能不是重大风险，非重大危险源控制得不好也可能是重大风险。

2. 缩略语

本《综合管理手册》使用了以下缩略语。

（1）三个管理体系标准：本手册指 ISO 9001：2015、ISO 14001：2015 和 ISO 45001：2018 为三个管理体系标准，又称为"三个采用标准"或"采用标准"。

（2）一体化管理体系：本手册指依据三个管理体系标准建立综合方针和目标以及实现这些目标的过程的相互关联或相互作用的一组要素。这些要素结合公司业务情况和适用的法律义务，整合而成质量、环境、职业健康安全管理体系，简称为"一体化管理体

万山红核电有限公司 综合管理手册 3　术语、定义和缩略语	版本/状态	B/0
	章节页次/总页	6/6
	手册页次/总页	19/145

系"或"管理体系"。

（3）综合管理手册：质量、环境和职业健康安全综合管理手册是公司一体化管理体系的规范，简称"综合管理手册"或"本手册""手册"。

（4）公司：本手册将万山红核电有限公司简称为"公司"，又称为"万山红核电"。

（5）各部门：本手册对公司各部门的统称。

（6）三同时：新建、改建、扩建的基础建设项目、技术改造项目和引进的工程项目，其环保设施和职业健康安全设施必须与主体工程同时设计、同时施工、同时使用。

（7）"五不放过"原则：事故原因未查清不放过，责任人员未处理不放过，责任人和群众未受教育不放过，整改措施未落实不放过，事故责任人未处理不放过。

万山红核电有限公司	版本/状态	B/0
综合管理手册 4 组织所处的环境 4.1 理解组织及其所处的环境	章节页次/总页	1/2
	手册页次/总页	20/145

1 目的

确定影响公司实现质量/环境/职业健康安全管理体系预期结果的能力的各种外部和内部因素，并对其进行监视和评审。

2 管理职责

（1）安全质量处归口管理公司内外部因素的相关信息。
（2）核安全处办理公司相关行政许可资质及相关人员的资格证书。
（3）各部门根据职责分工对本部门的相关工作的内外部要素进行收集管理。
（4）分管副总经理监督、指导相关领域的内外部因素的管理。

3 管理要求

（1）本条款引用了公司已建立的《经营管理大纲》以及《经营环境管理程序》，以支持本过程的控制。

（2）各部门依据公司已确定的宗旨和战略方向，识别、监视并收集自身业务活动中影响实现一体化管理体系预期结果能力的内外部因素（包括需要考虑的有利和不利因素或条件）。

① 外部因素：包括国际、国内、地区和本地的相关法律法规（特别是核安全法规）、技术、竞争对手、市场变动和价格、文化、社会和经济因素，以此来促进对外部环境的理解。

② 内部因素：包括企业的价值观、文化、知识和以往绩效等相关因素，以此来促进对内部环境的理解。

（3）安全质量处组织各部门完成以下两方面工作：

① 确定与内外部因素相关的信息的类型、获取的渠道、获取频次、监视和评审时间及方法、职责权限等事项，并付诸实施，相关部门协助执行。

② 组织内外部因素的评审，通过分析或评估明确其给公司质量/环境/职业健康安全带来的风险和机遇及其优先项。

③ 采用SWOT分析法对公司内部和外部条件各方面内容进行综合汇总，形成《内外部因素表》，进而分析公司的优势和劣势、面临的机会和威胁，建立《SWOT矩阵图》，确定战略行动计划并经总经理批准后发布。

（4）核安全处依据法规的要求办理相关资质：

① 办理与公司经营范围相符的营业执照以及与提供产品或服务类型相适应的行政许可资质（许可证、资质证等）。

② 组织各相关部门办理相关人员（包括操纵员、核安全工程师、特殊工种、特种设

万山红核电有限公司	版本/状态	B/0
综合管理手册 4.1 理解组织及其所处的环境	章节页次/总页	2/2
	手册页次/总页	21/145

备操作人员和其他需要资质的人员）的资质证书。

③ 形成《相关资质清单》，并保持其有效性。

（5）将内外部因素监视和评审结果作为管理评审输入之一，以评价管理体系适宜性、充分性和有效性。

4 支持性文件或记录

（1）WSH-DG-01《经营管理大纲》

（2）WSH-QES-CX-4.1《经营环境管理程序》

（3）WSH-QES-CX-4.1-01《内外部因素表》

（4）WSH-QES-CX-4.1-02《SWOT矩阵图》

（5）WSH-QES-CX-4.1-03《相关资质清单》

万山红核电有限公司 综合管理手册 4.2 理解员工及其他相关方的需求和期望	版本/状态	B/0
	章节页次/总页	1/2
	手册页次/总页	22/145

1 目的

确定与公司一体化管理体系有关的相关方及其要求（特别是核与辐射安全的要求），并对其实施监视和评审。

2 管理职责

（1）安全质量处归口公司相关方需求和期望的管理。
（2）各部门配合归口部门对职能范围内相关方及要求实施管理。
（3）分管副总经理监督、指导相关领域的相关方需求和期望的管理。

3 管理要求

（1）本条款引用了公司已建立的《经营管理大纲》以及《相关方需求和期望管理程序》，以支持本过程的控制。

（2）各部门确定对实现一体化管理体系预期结果的能力具有影响或潜在影响的相关方及其需求和期望（要求）。这些相关方可能涉及：

① 股东，董事会。
② 监管机构（含监理）。
③ 顾客（包括最终用户或受益人）。
④ 员工及为公司工作的人员（包括管理类员工和非管理类员工）。
⑤ 外部供应商（包括承包方或外包方）。
⑥ 合作伙伴或竞争对手。
⑦ 社会团体（含地方社区团、工会、银行及非政府组织）等。

各部门日常监视并评审与其相关方有关的需求和期望，每年以管理评审的方式收集相关信息。

（3）安全质量处依据各部门的信息编制公司《相关方期望或要求识别表》，并在管理评审前组织各部门进行评审，形成《相关方期望或要求评审表》，以确定其：

① 可能对一体化管理体系带来的风险和机遇，并对存在的重大风险或重要机遇确定其应对措施。

② 可能成为公司的合规义务，并纳入手册"6.1.4 合规义务"中的《合规义务清单》。

（4）安全质量处将相关方需求与期望的监视和评审结果作为公司管理评审输入材料之一，以评价管理体系适宜性、充分性和有效性。

4 支持性文件或记录

（1）WSH-DG-01《经营管理大纲》

万山红核电有限公司 综合管理手册 4.2 理解员工及其他相关方的需求和期望	版本/状态	B/0
	章节页次/总页	2/2
	手册页次/总页	23/145

（2）WSH-QES-CX-4.2《相关方需求和期望管理程序》

（3）WSH-QES-CX-4.2-01《相关方期望或要求识别表》

（4）WSH-QES-CX-4.2-02《相关方期望或要求评审表》

万山红核电有限公司 综合管理手册 4.3 确定一体化管理体系的范围	版本/状态	B/0
	章节页次/总页	1/1
	手册页次/总页	24/145

1 目的

确定一体化管理体系的边界和适用性，以确定其范围。

2 管理职责

（1）管理者代表负责组织确定一体化管理体系的范围。
（2）总经理批准所确定的一体化管理体系范围。

3 管理要求

（1）公司在确定一体化管理体系的范围时考虑了如下内容：
① 各种内部和外部因素。
② 相关方的需求和期望。
③ 公司的活动、产品和服务。
④ 公司的单元、职能和物理边界。
⑤ 实施控制与施加影响的权限和能力。
⑥ 三个采用标准要求的适用性。

（2）公司一体化管体系范围的描述：

公司位于××省××市×××路××××号院的万山红核电基地。一体化管体系范围包括关于核电厂运行阶段所有与其经营相关的活动，包括设计、采购（含产品和服务的外包过程）、供电运行、维修、土建施工、检查/检验和试验、变更和改造，以及人员培训、辐射防护、环境监测、放射性废物管理、应急、消防、工业安全和安全保卫及后勤服务等。涉及公司的所有部门、人员及相关场所，三个采用标准（ISO 9001：2015、ISO 14001：2015 和 ISO 45001：2018）的所有要求全部适用。

公司运行阶段的外包活动主要包括：设计、变更设计、维修、无损检测、焊接、热处理、建筑安装、危险化学品运输、行政后勤服务及相关服务活动等。公司对外包过程按照分级控制的原则，通过与相关方签订合同进行监管。公司对参与上述活动的有关外部单位（供方和承包方）提出了相关管理要求，各主管部门通过合同的方式将相关管理要求延伸到外部单位。

（3）上述界定的公司所有活动、产品和服务均纳入一体化管理体系之中。

（4）管理者代表组织各有关部门确定的上述一体化管理体系范围，经总经理批准随同本手册公开发布，需要时发放到相关方。

（5）如有必要，可通过管理评审对一体化管理体系范围进行更改，并在手册中更换更改后的内容（换页或随新版手册发布）。

4 支持性文件或记录

无

万山红核电有限公司 综合管理手册 4.4 管理体系及其过程	版本/状态	B/0
	章节页次/总页	1/1
	手册页次/总页	25/145

1 目的

公司按照三个采用标准的全部要求，建立、实施、保持和持续改进质量、环境和职业健康安全一体化管理体系，包括所需过程及其相互作用。

2 管理职责

（1）管理者代表负责推动一体化管理体系建立、实施、保持和持续改进工作的指导，所确定的重大问题需经总经理批准。

（2）安全质量处归口管理公司建立、实施、保持和持续改进一体化管理体系。

（3）各部门协助归口部门确定在本部门一体化管理体系所需过程及其应用。

（4）各副总经理指导分管领域确定所需过程及其应用。

3 管理要求

（1）公司通过实施以下活动，确定一体化管理体系所需的策划、运行、检查和改进等过程及其在整个组织内的应用。

① 确定每一过程所需的输入和期望的输出。

② 确定每一过程的顺序和相互作用。

③ 确定和应用所需的准则和方法（包括监视、测量和相关绩效指标），以确保每一过程的有效运行和控制。

④ 确定每一过程所需的资源并确保其可获得。

⑤ 分配每一过程的职责和权限。

⑥ 按照本手册"6.1 应对风险和机遇的措施"的规定应对相关风险和机遇。

⑦ 评价这些过程，实施所需的变更，以确保实现这些过程的预期结果。

⑧ 改进过程和一体化管理体系。

（2）在必要的范围和程度上，公司针对管理体系过程及其应用要做到以下几方面。

① 保持形成文件的信息（如综合管理手册、管理大纲/管理流程/管理程序/工作程序/部门程序等），以支持过程运行。

② 保留形成文件的信息（如各类记录、报告等），以确信其过程按策划进行。

4 支持性文件或记录

无

万山红核电有限公司 综合管理手册 5 领导作用与工作人员参与 5.1 领导作用和承诺	版本/状态	B/0
	章节页次/总页	1/2
	手册页次/总页	26/145

1 总则

公司最高管理者（包括总经理及其他公司领导层成员）通过以下方面，证实其对一体化管理体系的领导作用和承诺。

（1）对一体化管理体系的有效性负责。

（2）确保制定一体化管理体系的综合方针和综合目标（包括确保核与辐射安全的内容），并与公司所处环境相适应，与战略方向相一致。

（3）确保一体化管理体系要求融入公司的业务过程（即核心活动）。

（4）促进使用过程方法和基于风险的思维。

（5）确保一体化管理体系所需的资源是可获得的。

（6）沟通有效的一体化管理和符合一体化管理体系要求的重要性。

（7）确保一体化管理体系实现其预期结果。

（8）确保核电厂各项业务活动满足核与辐射安全的要求。

（9）促使员工积极参与，指导和支持他们为一体化管理体系的有效性做出贡献。

（10）确保及促进一体化管理体系的持续改进，以提高公司绩效。

（11）支持其他相关管理者在其职责范围内发挥领导作用。

（12）营造有利于授权、主动参与、创新、快速反应、学习和守法诚信的环境。

（13）倡导积极履行公共责任、道德规范和公益支持等社会责任。

（14）当报告事件、危险源、风险和机遇时，保护员工免遭报复。

（15）确保建立和实施员工参与和协商的过程，支持公司工会工作以及健康安全委员会的建立和运行。

（16）确定公司的企业愿景、使命、价值观、精神、理念，培育、引导和宣传支持一体化管理体系的企业文化。

（17）主持管理评审，对一体化管理体系的适宜性、充分性和有效性进行评价，对下一阶段的改进事项做出决定。

2 以顾客和相关方为关注焦点

（1）最高管理者（包括总经理及其他公司领导层成员）通过以下方面，证实其以顾客为关注焦点的领导作用和承诺。

① 确定、理解并持续地满足顾客要求以及适用的法律法规要求。

② 确定并应对风险和机遇，这些风险和机遇可能影响产品和服务合格率以及提高顾客满意度的能力。

③ 始终致力于提高顾客满意度。

万山红核电有限公司	版本/状态	B/0
综合管理手册	章节页次/总页	2/2
5.1 领导作用和承诺	手册页次/总页	27/145

(2) 关注内容：

① 公司领导层不断识别、确定并满足顾客以及国家和地方质量、环境和安全主管部门、员工、社区与公众以及国际社会等相关方的要求，识别、确定影响核与辐射安全的因素，并进行有效控制，确保核设施、核材料、环境、公众和工作人员的安全。

② 为落实"以顾客和相关方为关注焦点"的原则，公司明确规定各部门的职责，以调查和确定顾客明确的和隐含的要求，以及国家法律、法规和强制性标准的要求，识别并确定顾客的需求和期望，通过公司管理体系的有效运行，使顾客和相关方的要求得到满足，提高其满意度，并持续提高公司各项业务的质量、环境和职业健康安全绩效。

(3) 具体措施如下：

① 通过调查、沟通交流和文件往来等方式识别顾客和相关方的质量、环境和职业健康安全管理要求，将这种要求传递、分解至有关部门，确保顾客和相关方的需求和期望转化为公司内部的要求并有效实施。

② 通过对顾客和相关方满意程度以及质量、环境和职业健康安全绩效的监测，评价公司管理体系的运行效果，制定体系的改进措施，不断提高顾客和相关方的满意度。

③ 通过出版物、视频、访谈等方式，宣传公司核电安全绩效，使顾客和相关方了解公司的营运情况。

④ 确保及时更新有关法律法规及其他要求的信息，保存和执行其有效版本，并将这些信息传达到员工和其他相关方。

⑤ 确保产品符合性和及时交付的业绩被测量，如果策划的结果不能达到，或将不能达到时，需采取适当的措施。

⑥ 确保建立并保持定期征求顾客和相关方对公司绩效及其改进方面意见的机制。

⑦ 确保顾客能够及时获得质量、环境和职业健康安全方面的问题的相关信息。

3 支持性文件或记录

无

万山红核电有限公司 综合管理手册 5.2 综合方针	版本/状态	B/0
	章节页次/总页	1/1
	手册页次/总页	28/145

1. 制定综合方针

（1）总经理组织制定、实施和保持公司综合方针，需：

① 适应公司的宗旨和环境并支持其战略方向以及公司的风险与机遇的特定性质。

② 为建立公司综合目标提供框架。

③ 包括满足适用要求的承诺。

④ 包括履行法律法规要求及其他要求的承诺，以及核电厂各项业务活动符合核与辐射安全的要求。

⑤ 包括保护环境的承诺，其中包含污染预防及其他与组织所处环境有关的特定承诺。

⑥ 包括消除危险源与降低职业健康安全风险的承诺，以及利用控制层级控制职业健康安全风险的承诺。

⑦ 包括员工及员工代表参与职业健康安全决策过程的承诺。

⑧ 包括提供安全健康的工作条件以预防与工作相关的伤害和健康损害的承诺。

⑨ 包括持续改进一体化管理体系以提升质量、环境和职业健康安全业绩的承诺。

（2）本公司的综合方针如下：

立足核电发展，满足社会需求；

安全生产第一，提高质量水平；

务求节能减排，力行以人为本；

遵守法律法规，实现持续改进。

该方针的具体内涵阐述见"0.6 企业文化及综合方针和目标"中2.2条款。

2. 沟通综合方针

公司的综合方针需：

（1）在本手册中明确规定了综合方针，并随手册发放。

（2）公司各部门采取适当方式宣贯综合方针，使其得到沟通，使员工理解并应用于各项活动之中。

（3）适宜时，可为相关方所获得（如随公司简介发放到需要的相关方）。

万山红核电有限公司 综合管理手册 5.3 公司岗位、职责和权限	版本/状态	B/0
	章节页次/总页	1/2
	手册页次/总页	29/145

1. 综述

(1) 公司最高管理层对一体化管理体系运行绩效负责，总经理对核电厂最终质量、环境和职业健康安全绩效负责。

(2) 公司设置质量、环境、职业健康安全管理的相关部门，并使其能独立行使职权。

(3) 确保公司每位员工有权力向其管理者反映任何问题或偏离，以便采取适当的措施。

2. 岗位、职责和权限

(1) 公司在分配各岗位的职责和权限时，考虑了如下方面：
① 确保一体化管理体系符合采用标准的要求。
② 确保各过程获得足够的资源和支持及其预期输出。
③ 报告一体化管理体系的绩效以及改进机会，特别是向最高管理者报告。
④ 在确保策划和实施一体化管理体系变更时保持其完整性。

(2) 201×年××月××日下发的《关于公司领导分工的通知》（红核办发[201×]×××号）明确了公司领导层各成员的具体业务分工。总经理最终对一体化管理体系的运行负责。

(3) 201×年××月××日下发的《关于公司组织机构设置及职责的通知》（红核办发[201×]×××号）明确了各部门及所属科室的职责及权限，各科室需明确每一名员工的具体职责。公司每一层级的员工应当承担他们所控制工作范围内的一体化管理体系方面的责任。

(4) 公司建立了党、团、工会的相关组织，设立了专业委员会（如安全生产委员会、技术委员会等），建立了各类会议制度（如职工代表大会、总经理工作例会、生产例会），以强化内部沟通、实现快速反应，促进公司知识创造和共享。

3. 管理者代表

总经理任命×××副总经理为公司一体化管理体系管理者代表（见本手册"0.4 管理者代表任命书"），并明确其在原职务的职责和权限外，还需履行的职责和权限。

4. 职业健康安全事务代表

总经理任命×××为职业健康安全事务代表（见 0.5 职业健康安全事务代表任命书），并明确管理者代表在原职务的职责和权限外，还需履行的职责和权限。

万山红核电有限公司 综合管理手册 5.3 公司岗位、职责和权限	版本/状态	B/0
	章节页次/总页	2/2
	手册页次/总页	30/145

5. 支持性文件或记录

(1)《关于公司领导分工的通知》(红核办发〔201×〕×××号)
(2)《关于公司组织机构设置及职责的通知》(红核办发〔201×〕×××号)

万山红核电有限公司 综合管理手册 5.4 工作人员的协商和参与	版本/状态	B/0
	章节页次/总页	1/2
	手册页次/总页	31/145

1. 目的

为职业健康安全管理体系的发展、计划、实施、绩效评价和改进活动，确保与各层次和部门的员工以及他们的员工代表进行协商和参与。

2. 职责

（1）工会归口管理公司员工的协商和参与活动。
（2）各部门配合归口部门组织员工的协商和参与活动。
（3）职业健康安全事务代表指导、监督员工的协商和参与活动。
（4）公司领导层为员工的协商和参与创造条件，并征求员工意见以改进工作。

3. 管理要求

本条款引用了公司已建立的《工会工作大纲》和《职工代表大会工作管理》《职工代表大会提案制度》《厂务公开管理》等规定以及《员工的协商和参与管理程序》，以支持公司员工的协商和参与。

（1）公司建立工会组织

1）公司依据《中华人民共和国工会法》建立基层工会委员会（简称"工会"），必要时建立健康安全委员会。

2）工会定期召开会员大会或者会员代表大会，讨论决定工会工作的重大问题。经基层工会委员会或者三分之一以上的工会会员提议，可以临时召开会员大会或者会员代表大会。

3）依法维护员工的合法权益，行使工会的权利和义务。

4）按《职工代表大会提案制度》规定，处理代表提案。

（2）公司建立员工协商和参与机制

1）及时征求员工代表的意见，提供协商和参与所需要的时间、培训和资源。

2）提供及时、清晰、易懂的与职业健康安全管理体系相关的信息。

3）确定并消除参与的障碍或壁垒，并减少那些不能消除的障碍或壁垒（可能包括未响应员工的声音或建议，语言或识读障碍，报复或威胁报复，劝阻或惩罚员工参与的政策或作法）。

4）公司领导层不仅重视各部门管理者的协商和参与活动，更需考虑从事基层工作的非管理员工的协商和参与活动。

5）在以下方面的活动，与非管理员工进行适当的协商是不可缺少的。

① 确定相关方的需求和期望。

② 建立职业健康安全方针。

万山红核电有限公司	版本/状态	B/0
综合管理手册	章节页次/总页	2/2
5.4 工作人员的协商和参与	手册页次/总页	32/145

③ 适用时，分配组织角色、职责和权限。
④ 确定如何满足法律法规要求及其他要求。
⑤ 建立职业健康安全目标和实施计划。
⑥ 确定外包、采购和承包商的适用控制。
⑦ 确定需要进行监视、测量和评价的内容。
⑧ 计划、建立、实施和保持和审核方案。
⑨ 确保持续改进。
6) 在以下方面的活动，非管理员工的适当参与是不可缺少的：
① 确定他们协商和参与的机制。
② 识别危险源、风险和机遇的评价。
③ 确定消除危险源和减少职业健康安全风险的活动。
④ 确定能力要求、培训需求、培训和培训评价。
⑤ 确定如何沟通及沟通的内容。
⑥ 确定控制措施及其有效的实施和应用。
⑦ 调查事件和不符合并确定纠正措施。
提供免费培训和尽量利用工作时间培训，会消除员工参与的重大障碍。
（3）适当保留员工协商和参与的相关记录（如《相关会议记录/纪要》《员工合理化建议》《员工意见反馈单》等）。

4. 支持性文件或记录

（1）《中华人民共和国工会法》（2016年修订）
（2）WSH-DG-110《工会工作大纲》
（3）WSH-DG-110-01《职工代表大会工作管理》
（4）WSH-DG-110-02《职工代表大会提案制度》
（5）WSH-DG-110-03《厂务公开管理》
（6）WSH-QES-CX-5.4《员工的协商和参与管理程序》
（7）WSH-QES-CX-5.4-01《相关会议记录/纪要》
（8）WSH-QES-CX-5.4-02《员工合理化建议》
（9）WSH-QES-CX-5.4-03《员工意见反馈单》

万山红核电有限公司	版本/状态	B/0
综合管理手册 6 策划/6.1 应对风险和机遇的措施 6.1.1 应对风险和机遇措施的策划	章节页次/总页	1/2
	手册页次/总页	33/145

1. 目的

策划一体化管理体系时，构建风险体系，识别风险寻找机遇。通过风险体系的建立，明确需要应对的风险和机遇及其应对措施，以确保能实现其预期结果，增强有利影响，预防或减少不利影响，实现改进。

2. 管理职责

（1）安全质量处归口风险和机遇的管理。
（2）各部门对风险和机遇进行日常监控，并对策划确定的风险应对措施进行落实。
（3）总经理为一体化管理体系策划提供充分的资源保障，管理者代表指导各领域实施策划。

3. 管理要求

（1）本条款引用了公司已建立的《风险管理大纲》和《风险初始信息收集和风险评估》《风险管理策略和解决方案》《风险管理监督、改进和考核》等相关规定以及《风险与机遇管理程序》，实施公司风险和机遇的管理工作，对确定风险和机遇并策划其应对措施进行管理，以建立风险管理体系。
（2）在策划一体化管理体系时，公司确定需要应对的风险和机遇，其目的在于：
① 确保一体化管理体系能够实现其预期结果。
② 预防或减少不利影响，增强有利影响。
③ 实现持续改进。
在策划过程中需考虑员工的有效参与，适当时，还需要其他相关方的参与。
（3）确定需要应对的质量/环境/职业健康安全管理的风险和机遇时，需考虑如下因素：
① 公司所处的环境（见4.1理解组织及其所处的环境）、相关方的需求和期望（见4.2理解员工及其他相关方的需求和期望）、一体化管理体系的范围（见4.3确定一体化管理体系的范围）。
② 适用于公司的合规义务（法律法规和其他要求）。
③ 核安全、环境和职业健康安全方面的因素。
（4）对于确定的风险和机遇，需策划：
① 制定风险管理的策略。
② 应对风险和机遇的措施。
③ 在过程中实施这些措施。
④ 评价这些措施的有效性；在永久或临时性的计划变更情况下，该评价需在变更发生前进行。

万山红核电有限公司	版本/状态	B/0
综合管理手册	章节页次/总页	2/2
6.1.1 应对风险和机遇措施的策划	手册页次/总页	34/145

应对措施需与风险和机遇的影响（如对产品和服务符合性的潜在影响、环境影响和潜在的事件的程度）相适应。

（5）应对风险和机遇的措施，可考虑：

① 可选择规避风险，为寻找机遇承担风险，消除风险源，改变风险的可能性或后果，分担风险，或通过信息充分的决策而保留风险。

② 机遇可能导致采用新实践、新工艺、推出新产品、开辟新市场、赢得新顾客、建立合作伙伴关系、利用新技术和其他可行之处，以应对公司或其相关方的要求。

（6）在必要的范围和程度上，公司在策划一体化管理体系及其过程时需：

① 保持成文信息以支持过程运行。

② 保留成文信息以确信其过程按策划进行。

各部门在策划一体化管理体系及其过程时，按"7.5 文件化信息"的规定形成文件化信息，并报文档管理处备案。

4. 支持性文件或记录

（1）WSH-DG-02《风险管理大纲》

（2）WSH-DG-02-GD01《风险初始信息收集和风险评估》

（3）WSH-DG-02-GD02《风险管理策略和解决方案》

（4）WSH-DG-02-GD03《风险管理监督、改进和考核》

（5）WSH-QES-CX-6.1.1《风险与机遇管理程序》

万山红核电有限公司 综合管理手册 6.1.2 环境因素	版本/状态	B/0
	章节页次/总页	1/2
	手册页次/总页	35/145

1. 目的

对公司涉及的活动、产品、服务中的环境因素进行识别、评价,以确定重要环境因素,并对其制定相应的控制措施。

2. 管理职责

(1) 环境应急处归口管理环境因素。
(2) 各部门负责所属范围环境因素识别、评价和控制。
(3) 管理者代表批准重要环境因素及其控制措施。
(4) 分管副总经理监督、指导相关领域的环境因素的控制。

3. 管理要求

(1) 本条款引用了公司已建立的《环境管理大纲》和《环境因素监督细则》以及《环境因素管理程序》,以支持本过程的控制。

(2) 确定环境因素:

公司需在所界定的环境管理体系范围内,确定其活动、产品和服务中能够控制和能够施加影响的环境因素及其相关的环境影响。

确定环境因素时,需考虑如下方面:

① 从活动、产品和服务的生命周期观点出发,考虑环境因素及其相关的环境影响。
② 考虑变更的因素,包括已纳入计划的或新的开发,以及新的或修改的活动、产品和服务。
③ 考虑异常状况和可合理预见的紧急情况。

(3) 评价环境因素:

① 建立适当的环境因素评价准则和方法(详见《环境因素的识别与评价程序》)。
② 通过评价确定具有或可能具有重大环境影响的因素,即重要环境因素。
③ 对重要环境因素进行分级(紧急优先项、一般优先项、非优先项)。
④ 重要环境因素可能导致与不利环境影响(威胁)或有益环境影响(机会)有关的风险和机遇。
⑤ 适当时,在各相关部门之间沟通共同关注的重要环境因素。

(4) 各部门分别进行环境因素的确定和评价,当活动、产品、服务发生变化或合规义务更新时对相关信息需及时更新,并将其结果传递给环境应急处。

(5) 环境应急处负责组织、指导、协调各部门环境因素的确定、评价及其更新,并汇总公司的相关信息,并保持以下内容的文件化信息:

① 环境因素及相关环境影响(《环境因素识别、评价清单》)。

万山红核电有限公司 综合管理手册 6.1.2　环境因素	版本/状态	B/0
	章节页次/总页	2/2
	手册页次/总页	36/145

② 用于确定其重要环境因素的准则。

③ 重要环境因素及其分级状况（《重要环境因素控制措施清单》）。

4. 支持性文件或记录

（1）WSH-DG-03《环境管理大纲》

（2）WSH-DG-03-GD01《环境因素监督细则》

（3）WSH-QES-CX-6.1.2《环境因素管理程序》

（4）WSH-QES-CX-6.1.2-01《环境因素识别、评价清单》

（5）WSH-QES-CX-6.1.2-02《重要环境因素控制措施清单》

万山红核电有限公司 综合管理手册 6.1.3 危险源辨识和风险机遇的评价	版本/状态	B/0
	章节页次/总页	1/2
	手册页次/总页	37/145

1. 总则

对活动、产品、服务中的可能导致伤害和健康损害危险源进行辨识，对其（职业健康安全）风险评价，以确定公司的重大（职业健康安全）风险。

2. 职责

（1）安全质量处归口管理危险源辨识及其（职业健康安全）风险和机遇评价。

（2）各部门负责对所属范围内的危险源辨识、（职业健康安全）风险评价。

（3）分管副总经理指导本过程的实施，管理者代表批准重大职业健康安全风险。

3. 管理要求

（1）本条款引用了公司已建立的《职业健康安全管理大纲》和《高风险作业工业安全监督细则》以及《危险源辨识和风险机遇评价管理程序》，以支持本过程的控制。

（2）考虑如下各方面（不限于），以持续主动地进行危险源辨识：

① 工作的组织形式、社会因素（包括工作强度、工作时间以及可能的受害、骚扰和恐吓），领导作用和组织文化。

② 常规和非常规的活动和情形产生的危险源，如：

a. 工作场所内的基础设施、设备、材料、物质和其他自然条件；

b. 产品和服务的设计、研究、开发、测试、生产、装配、施工、交付服务、维护和处置；

c. 人为因素；

d. 工作是如何履行的。

③ 公司内外部曾经发生的相关事件、包括紧急情况及其原因。

④ 潜在的紧急情况。

⑤ 人员，包括：

a. 那些有机会进入工作场所的人（员工、承包商、访问者及其他人员）；

b. 工作场所附近可能受到公司活动影响的人员；

c. 在不受公司直接控制地点的员工。

⑥ 其他情况，包括考虑：

a. 对工作区域、过程、装置、机器和（或）设备、操作程序和工作组织的设计，包括其对工作人员的需求和能力的适应性；

b. 由公司控制下的工作相关活动对工作场所附近所产生的影响；

c. 公司不能控制的在工作场所附近发生的可能导致工作场所内人员伤害和健康损害的情况。

万山红核电有限公司 综合管理手册 6.1.3 危险源辨识和风险机遇的评价	版本/状态	B/0
	章节页次/总页	2/2
	手册页次/总页	38/145

⑦ 公司、运行、过程、活动及职业健康安全管理体系的实际或建议的变更。

⑧ 关于危险源的知识和信息的变化等。

（3）职业健康安全风险和职业健康安全管理体系其他风险的评价：

① 评价已确定的危险源产生的职业健康安全风险时，应当考虑现有措施的有效性。

② 确定和评价与建立、实施、运行和保持职业健康安全管理体系相关的其他风险。

评价职业健康安全风险的方法和准则应当在其范围、性质和时机内界定，确保是主动而非被动地系统性应用。应当保持和保留这些准则和方法的成文信息。

（4）职业健康安全机遇和职业健康安全管理体系的其他机遇的评价：

① 考虑公司、方针、过程或活动的计划变更时，提升职业健康安全绩效的职业健康安全机遇，以及：

　　a. 使工作、工作组织和工作环境适应于员工的机遇；

　　b. 消除危险源和降低职业健康安全风险的机遇。

② 其他改进职业健康安全管理体系的机遇。

（5）各部门分别进行危险源辨识及其职业健康安全风险和职业健康安全管理体系的其他风险的评价，当活动、产品、服务发生变化或合规义务更新时对相关信息需及时更新，并将其结果传递给安全质量处。

（6）安全质量处负责组织、指导、协调各部门实施危险源辨识及其职业健康安全风险和机遇评价，汇总公司的相关信息，并保持以下内容的文件化信息：

① 危险源及相关影响（《危险源辨识、风险/机遇评价清单》）。

② 用于确定其重大职业健康安全风险/机遇的准则（详见《危险源辨识和风险机遇评价管理程序》）。

③ 重大职业健康安全风险/机遇及其分级状况（《重大风险/机遇及其控制措施清单》）。

4. 支持性文件或记录

（1）WSH-DG-04《职业健康安全管理大纲》

（2）WSH-DG-04-GD03《高风险作业工业安全监督细则》

（3）WSH-QES-CX-6.1.3《危险源辨识和风险机遇评价管理程序》

（4）WSH-QES-CX-6.1.3-01《危险源辨识、风险/机遇评价清单》

（5）WSH-QES-CX-6.1.3-02《重大风险/机遇及其控制措施清单》

万山红核电有限公司 综合管理手册 6.1.4　合规义务	版本/状态	B/0
	章节页次/总页	1/2
	手册页次/总页	39/145

1. 总则

获取适用于本公司的合规义务（即环境、职业健康安全法律法规和其他要求），并确定其应用。

2. 职责

（1）法律事务处归口管理合规义务。
（2）文档管理处负责沟通建立法规标准的获取渠道，供公司相关部门使用。
（3）各部门负责对所属业务范围内的合规义务的控制。
（4）分管副总经理指导本过程的实施。

3. 管理要求

3.1　本条款引用了公司已建立的《法规管理大纲》和《法规应用管理》以及《合规义务管理程序》，以支持环境、职业健康安全法律法规和其他要求的控制。

3.2　合规义务，环境、职业健康安全合规义务包括公司须遵守的法律法规要求，及公司须遵守的其他要求。

1）如适用，与公司环境因素和危险源相关的强制性法律法规要求可能包括：
① 政府机构或其他相关地方权力机构的要求。
② 国际、国家、行业和地方的法律法规。
③ 许可、执照或其他形式授权中规定的要求。
④ 监管机构颁布的法令、条例或指南。
⑤ 法院或行政的裁决。

2）如适用，与公司环境因素和危险源相关的其他要求可能包括：
① 与社会团体或非政府组织达成的协议。
② 与公共机构或客户达成的协议。
③ 公司的要求。
④ 自愿性原则或业务守则。
⑤ 自愿性标志或承诺。
⑥ 与公司签订的合同所约定的义务。
⑦ 相关的组织标准（含国际、国家或行业标准）。

3.3　法律事务处指导各部门在环境、职业健康安全管理体系范围内：

1）确定并获取与公司环境因素和危险源及其职业健康安全风险有关的最新合规义务（特别是与核与辐射安全相关的核工业产业链上公司需遵循核安全法规的要求），确保关注国际、国家、地方及各级管理部门的合规义务的变化。

万山红核电有限公司 综合管理手册 6.1.4 合规义务	版本/状态	B/0
	章节页次/总页	2/2
	手册页次/总页	40/145

2）确定将这些合规义务应用于本公司的业务活动之中，评估可能会给公司带来的风险和机遇，并确定需要沟通的内容。

3）在建立、实施、保持和持续改进环境、职业健康安全管理体系时，必须考虑这些合规义务。

3.4 保持合规义务的文件化信息：

1）各部门将识别、收集的环境、职业健康安全法律法规和其他要求形成部门《环境和职业健康安全合规义务清单》（含各文件的文本），报法律事务处。

2）法律事务处汇总、甄别后，形成公司《环境和职业健康安全合规义务清单》（并收集清单中各文件的文本），经管理者代表批准后在公司内网上发布。

3）每年初，各部门将公司《环境和职业健康安全合规义务清单》中与本部门有关的合规义务修订后报法律事务处，法律事务处汇总、甄别后形成公司新版《环境和职业健康安全合规义务清单》，经管理者代表批准后在网上更新原清单。

4. 支持性文件或记录

（1）WSH-DG-90《法规管理大纲》

（2）WSH-DG-90-GD01《法规应用管理》

（3）WSH-QES-CX-6.1.4《合规义务管理程序》

（4）WSH-QES-CX-6.1.4-01《环境和职业健康安全合规义务清单》

万山红核电有限公司 综合管理手册	版本/状态	B/0
	章节页次/总页	1/2
6.1.5 环境和职业健康安全管理措施的策划	手册页次/总页	41/145

1. 目的

针对环境和职业健康安全的风险和机遇的控制措施进行策划,并将其管理和控制的措施融入一体化管理体系过程的相关业务中。

2. 管理职责

(1) 环境应急处归口公司环境管理措施的策划。
(2) 安全质量处归口公司职业健康安全管理措施的策划。
(3) 各部门负责本部门的危险源辨识、风险/机遇评价并确定、实施控制措施。
(4) 分管副总经理指导本过程的实施。

3. 管理要求

(1) 本条款引用了公司已建立的《环境管理大纲》《职业健康安全管理大纲》《法规管理大纲》以及《环境因素管理程序》《危险源辨识与风险机遇评价管理程序》和《合规义务管理程序》,以支持本过程的控制。
(2) 采取措施管理以下事项。
① 重要环境因素和重大(职业健康安全)风险/机遇。
② 环境和职业健康安全合规义务。
③ 对紧急情况的应急和准备。
(3) 实施和评价以下措施:
① 在环境/职业健康安全管理体系过程或其他业务过程中融入并实施这些措施。
② 评价这些措施的有效性。
(4) 对重要环境因素和重大(职业健康安全)风险/机遇策划采取措施时,需考虑到控制的层级以及环境和职业健康安全管理体系的输出,需考虑:
① 其最佳实践、技术方案、财务、运行和经营要求。
② 环境/职业健康安全管理体系改进的输出。
③ 控制的层级(如消除、替代、工程控制、管理控制、提供防护装备等)。
(5) 可依据其程度确定以下一种或其组合的方式实施措施:
① 建立目标,必要时制定管理方案。
② 保持现行或采用新的运行控制措施。
③ 必要时制定应急准备和响应措施等。
(6)《环境因素管理程序》《危险源辨识与风险机遇评价管理程序》和《合规义务管理程序》中,已明确了重要环境因素、重大(职业健康和安全)风险/机遇和重要合规义务,并确定了对其控制的措施。

万山红核电有限公司 综合管理手册 6.1.5 环境和职业健康安全管理措施的策划	版本/状态	B/0
	章节页次/总页	2/2
	手册页次/总页	42/145

4. 支持性文件或记录

(1) WSH-DG-03《环境管理大纲》

(2) WSH-DG-04《职业健康安全管理大纲》

(3) WSH-DG-90《法规管理大纲》

(4) WSH-QES-CX-6.1.2《环境因素管理程序》

(5) WSH-QES-CX-6.1.3《危险源辨识与风险机遇评价管理程序》

(6) WSH-QES-CX-6.1.4《合规义务管理程序》

万山红核电有限公司 综合管理手册 6.2 综合目标及其实现的策划	版本/状态	B/0
	章节页次/总页	1/2
	手册页次/总页	43/145

1. 总则

依据综合管理方针，考虑所需的过程、重要环境因素和重大风险及相关的合规义务，并考虑其风险和机遇，建立并实施质量、环境和职业健康目标，并对其实现进行管理。

2. 职责

（1）经营计划处归口公司综合目标及其实现的策划。
（2）各部门负责管理本部门目标的实施。
（3）分管副总经理指导本过程的实施。

3. 管理要求

（1）本条款引用了公司已建立的《经营管理大纲》和《中长期规划管理》《综合工作计划管理》规定以及《目标及其实现的策划程序》等，以支持公司综合目标的策划、变更和实施管理。
（2）综合目标包括战略目标及年度行动目标，其总体要求是：
① 与综合方针保持一致。
② 可测量（可度量或能够进行绩效评价）。
③ 考虑到：
a. 适用的法律法规和其他要求；
b. 风险和机遇评价的结果；
c. 与员工和员工代表协商的结果。
④ 得到监视。
⑤ 予以沟通。
⑥ 适当时予以更新。
（3）质量/环境/职业健康安全目标的具体要求：
综合目标涉及质量目标、环境目标和职业健康安全目标，其中：
① 质量目标还需考虑适用的要求并与产品和服务合格以及增强顾客满意度有关。
② 环境和职业健康安全目标还需考虑环境因素和危险源评价结果。
③ 职业健康安全目标还需考虑与员工和员工代表协商的输出。
（4）经营计划处依据战略目标（见手册"0.6 企业文化及综合方针和目标"）组织各部门建立"年度行动目标"，以《绩效考核责任书》的形式，分解到各部门，并由其落实。对于那些难度较大或涉及部门较多的目标按下款的规定制定专项《管理方案》，进行专项管理。

万山红核电有限公司 综合管理手册 6.2 综合目标及其实现的策划	版本/状态	B/0
	章节页次/总页	2/2
	手册页次/总页	44/145

（5）策划所需的实施措施，需逐一确定如下内容：

① 该方案涉及目标的要求（如需达到的相关标准/规范要求，或具体的相关指标）。

② 实现该方案所需的资源（如涉及的人力、物力、技术措施和资金投入等）。

③ 实现该方案的责任人（部门）的职责和权限（涉及多部门和人员时，相关的分工和接口）。

④ 实现该方案的时间表（起止时间、进度安排）。

⑤ 实现该方案目标的评价准则（包括监视其实现进程所需的指标或参数）。

只涉及一个部门的管理方案由本部门组织制定，部门负责人审批；涉及多个部门或重大的管理方案由经营计划处牵头组织制定并经公司分管副总经理审批后实施。

（6）"年度行动目标"的实施措施和管理方案需融入其业务过程之中，当活动、产品、服务发生变化时，必要时按管理范围经批准可进行调整。

（7）经营计划处组织制定年度目标的绩效考核方法，定期对目标的实现情况进行考核。

（8）各部门就本部门负责的质量/环境/职业健康安全目标实施情况进行总结，并作为管理评审的重要输入。

4. 支持性文件或记录

（1）WSH-DG-01《经营管理大纲》

（2）WSH-DG-01-GD01《中长期规划管理》

（3）WSH-DG-01-GD02《综合工作计划管理》

（4）WSH-QES-CX-6.2《目标及其实现的策划程序》

（5）WSH-QES-CX-6.2-01《绩效考核责任书》

（6）WSH-QES-CX-6.2-02《管理方案》

万山红核电有限公司	版本/状态	B/0
综合管理手册 6.3 变更的策划	章节页次/总页	1/1
	手册页次/总页	45/145

1. 总则

对一体化管理体系的变更策划实施控制,以确保其持续有效。

2. 职责

(1) 安全质量处归口公司管理体系的维护和优化。
(2) 各部门负责所属范围内的变更的策划。
(3) 管理者代表指导本过程的实施。

3. 管理要求

(1) 本条款引用了公司已建立的《体系管理与绩效提升大纲》和《计划变更管理》规定,以支持一体化管理体系的优化变更进行策划管理。

(2) 公司内部通过评审、内部评审等方式,为公司管理体系变更优化提供依据。当公司确定需要对一体化管理体系进行变更时,变更需按所策划的方式实施。对于一体化管理体系的变更策划,需考虑:

① 变更目的及其潜在后果。
② 一体化管理体系的完整性。
③ 资源的可获得性。
④ 职责和权限的分配或再分配等。

(3) 一体化管理体系的变更,无论是计划性的、永久性的或是临时性的,均需在变更实施前进行评价相关的风险并识别相关的机遇,适当时明确应对措施,以确保一体化管理体系的预期结果的实现。

(4) 必要时,变更的输出需形成文件化信息。

4. 支持性文件或记录

(1) WSH-DG-06《体系管理与绩效提升大纲》
(2) WSH-DG-06-GD01《计划变更管理》

万山红核电有限公司 综合管理手册 7 支持/7.1 资源 7.1.1（资源）总则/7.1.2 人员	版本/状态	B/0
	章节页次/总页	1/1
	手册页次/总页	46/145

1. 总则

（1）公司需确定并提供所需的资源（包括人员、设施、生产设备、检测设备、必要的知识以及其他相关资源），以建立、实施、保持和持续改进一体化管理体系。

（2）确定并提供所需的资源时，需考虑：

① 公司现有内部资源的能力和局限。

② 需要时，可从外部供方获得的相关资源。

（3）公司资源支持特点：

公司核电营运过程，有很多重要活动是依靠具有相应行政许可和专业资质的外部供方（外包方/承包方）提供的，如设计、核电工程建设、设备（物项）的生产/制造等，此外还有诸如后勤保障等活动也依靠外部供方（外包方/承包方）提供。这种资源支持通常需通过合同关系予以实现，即在与外部供方签订的合同中明确对其控制要求。

2. 人员

公司需确定组织机构和岗位，并根据岗位需要配备所需的人员，以有效实施一体化管理体系并运行和控制其过程。

对于公司重要岗位（如值长、主控室操纵员、安全工程师以及换料运行、维修、技术、辐射防护等岗位人员）进行重点管理，加强培训并及时获取所需的内/外部资质证书，保证授权和持证上岗。

万山红核电有限公司 综合管理手册 7.1.3 基础设施	版本/状态	B/0
	章节页次/总页	1/3
	手册页次/总页	47/145

1. 总则

确定、提供并维护为满足产品质量、环境和职业健康安全绩效要求所需的基础设施。

2. 职责

（1）基础设施的确定、提供和维护分别由各业务部门和职能部门依据部门职责和公司有关运行、日常维修、大修、变更改造、采购等管理程序落实和实施。

（2）信息系统处负责公司信息系统基础设施的建设和运维管理工作，建立和完善信息系统的管理体系及技术体系。

（3）维修处、燃料操作处、堆芯燃料处、设备管理处、工程管理处、保卫处、储运管理处、公司办公室、后勤管理处等部门按赋予的职责和权限，履行相关基础设施和设备的管理职责。

（4）各部门确保本部门使用的基础设施的管理和控制。

（5）总经理为基础设施的管理和控制提供充分的资源保障，分管副总经理指导本过程的实施。

3. 管理要求

（1）本条款引用了公司已建立的《设施管理大纲》《设备管理大纲》《IT系统管理大纲》《核燃料管理大纲》《信息化管理大纲》和《厂房管理》《设备分级管理》《备品备件管理》《设施维修管理》《设备维修管理》《运输设备管理》《办公设备管理》《IT系统管理》《IT服务管理》《核燃料管理》《食堂管理》《仓储管理》等规定以及《基础设施管理程序》，以支持本过程的实施和管理。

（2）公司确定、提供并维护为达到核电安全生产要求所需的基础设施。基础设施主要包括：

① 核电厂所有的建筑物、工作场所和相关设施（包括实验室、仓库以及水、电、气等动力供应设施）。

② 过程设备（系统、设备和软件）。

③ 必要的运输资源（各类车辆、输送带等）。

④ 适当的信息和通信技术。

（3）需建立并保持各类设施和设备的台账、管理制度、年度检修计划，并对其采购、性能确认、操作人员培训、运行的监督检查等进行控制。

（4）使用设施和设备的部门负责其日常维护、保养，当出现故障时应及时报告维修，并对维修质量进行监督检查。

万山红核电有限公司 综合管理手册 7.1.3 基础设施	版本/状态	B/0
	章节页次/总页	2/3
	手册页次/总页	48/145

（5）特殊过程、关键过程使用的设施和设备需进行重点控制，对其过程设备能力按相关程序进行确认；特种设备按《特种设备安全监察条例》和公司相关规定进行管理。

（6）各责任部门需建立并保持各类设施和设备等资源的台账、管理制度、年度检修计划，并对其采购、性能确认、操作人员培训、运行的监督检查等进行控制。

（7）使用设施和设备的部门负责其日常监视，对承包方的设施或设备进行监管，当出现故障时应及时报告归口责任部门维修，并对维修质量进行监督检查。

（8）公司需定期评价基础设施在实现质量目标、核与辐射安全目标时的适用性，考虑如下相关问题：

① 基础设施的可靠性、安全性，其故障对实现产品要求符合性和安全的影响。
② 安全、保卫、保密、工作环境对基础设施提出的要求。
③ 基础设施的配置和安排有利于产品质量的形成和保护。
④ 基础设施的退役和处置过程对环境和安全产生的影响。
⑤ 中长期规划对基础设施提出的要求。

（9）特种设备除按上述规定管理外，设备管理处还需按照《特种设备安全监察条例》进行管理。

（10）适当时，保留设施、设备的维修记录（如《设施/设备维修记录》）。

4. 支持性文件或记录

（1）《特种设备安全监察条例》（国务院令第549号公布，2009年5月1日起施行）
（2）WSH-DG-07《设施管理大纲》
（3）WSH-DG-08《设备管理大纲》
（4）WSH-DG-09《IT系统管理大纲》
（5）WSH-DG-10《核燃料管理大纲》
（6）WSH-DG-18《成文信息管理大纲》
（7）WSH-DG-07-GD01《厂房管理》
（8）WSH-DG-07-GD04《运输设备管理》
（9）WSH-DG-07-GD05《办公设备管理》
（10）WSH-DG-07-GD02《食堂管理》
（11）WSH-DG-07-GD03《仓储管理》
（12）WSH-DG-08-GD01《设备分级管理》
（13）WSH-DG-08-GD02《备品备件管理》
（14）WSH-DG-08-GD03《设施维修管理》
（15）WSH-DG-08-GD04《设备维修管理》

万山红核电有限公司 综合管理手册 7.1.3　基础设施	版本/状态	B/0
	章节页次/总页	3/3
	手册页次/总页	49/145

（16）WSH-DG-09-GD01《IT 系统管理》

（17）WSH-DG-09-GD02《IT 服务管理》

（18）WSH-DG-10-GD01《核燃料管理》

（19）WSH-QES-CX-7.1.3《基础设施管理程序》

（20）WSH-QES-CX-7.1.3-01《设施/设备维修记录》

万山红核电有限公司 综合管理手册 7.1.4 过程运行环境	版本/状态	B/0
	章节页次/总页	1/2
	手册页次/总页	50/145

1. 总则

确定、提供并维护所需的环境，以运行过程，并获得符合质量、环境和职业健康安全绩效的要求。

2. 职责

（1）安全质量处归口"5S"管理。

（2）保健物理处负责公司的辐射工作控制，负责公司的核清洁、去污作业管理。

（3）保卫处负责公司消防管理、消防监督、警卫与守护、出入控制和核安保事件响应处置。

（4）经验反馈处负责公司内外部经验反馈和人因管理。

（5）党群工作处负责企业文化管理和精神文明建设。

（6）工会办公室负责公司民主管理、劳动竞赛、班组建设、文化活动、女工工作、关爱员工方面的工作。

（7）各部门负责各自工作场所的日常管理，确保所需的各过程运行环境符合要求。

（8）分管副总经理为各分管部门过程运行环境管理和控制提供充分的资源保障，指导本过程的实施。

3. 管理要求

（1）本条款引用了公司已建立的《党建工作大纲》《工会工作大纲》《辐射防护大纲》《安全保卫大纲》《人因管理大纲》和《精神文明建设管理》《企业文化建设管理》《生产区域安全管理》《人因管理》和《生活区域安全管理》规定以及《过程运行环境管理程序》，以支持过程运行环境的管理。

（2）适宜的过程运行环境是人为因素与物理因素的结合，如：

① 社会因素（如非歧视、安定、非对抗等）。

② 心理因素（如减压、预防过度疲劳、稳定情绪等）。

③ 物理因素（如辐射、温度、热量、湿度、照明、空气流通、卫生、噪声，以及洁净度、静电、电磁辐射、振动、盐雾等）。

④ 员工和相关方的作业环境符合辐射防护要求。

由于所提供的产品和服务不同，这些因素在各部门可能存在显著差异。

（3）公司实施"5S"管理，安全质量处对各工作场所实施的情况进行监督检查。

（4）公司致力于通过多种措施营造亲密和谐、团结协作的氛围，发挥党群组织的作用，充分调动员工的积极性和创造力，创造公司健康的人文氛围和适宜的工作环境。

（5）各部门按规定的职责和权限，负责各自日常的过程运行环境管理。

万山红核电有限公司	版本/状态	B/0
综合管理手册	章节页次/总页	2/2
7.1.4 过程运行环境	手册页次/总页	51/145

（6）必要时，对需要控制的环境物理因素，保持监视、测量、控制和改进措施的记录（如《环境物理因素记录》）。

4. 支持性文件或记录

（1）WSH-DG-100《党建工作大纲》

（2）WSH-DG-110《工会工作大纲》

（3）WSH-DG-11《辐射防护大纲》

（4）WSH-DG-12《安全保卫大纲》

（5）WSH-DG-13《人因管理大纲》

（6）WSH-DG-100-GD01《精神文明建设管理》

（7）WSH-DG-100-GD02《企业文化建设管理》

（8）WSH-DG-12-GD01《生产区域安全管理》

（9）WSH-DG-12-GD02《生活区域安全管理》

（10）WSH-DG-13-GD01《人因管理》

（11）WSH-QES-CX-7.1.4《过程运行环境管理程序》

（12）WSH-QES-CX-7.1.4-01《环境物理因素记录》

万山红核电有限公司 综合管理手册 7.1.5 监视和测量资源	版本/状态	B/0
	章节页次/总页	1/2
	手册页次/总页	52/145

1. 总则

对用于确定和证明产品和服务符合规定要求以及用于质量、环境和职业健康安全绩效监视和测量的资源进行控制，确保监视和测量结果有效和可靠。

2. 职责

（1）维修处负责公司维修通用工器具（含计量器具）及工器具库房管理；负责维修专用工器具、实验室仪器、标准室的管理；负责计量管理。

（2）在线计量器具维护部门负责对在线计量器具的校准和检定。

（3）相关部门按职责分工对本部门专用非在线计量器具进行管理维护。

（4）分管副总经理为公司监视和测量的资源的管理和控制提供充分的资源保障，指导本过程的实施。

3. 管理要求

（1）本条款引用了公司已建立的《计量管理大纲》和《实验室/试验仪器设备管理》《计量管理》《计量标准管理》《测量共用工器具管理》《检测用计算机软件管理》《电厂关口计量管理》等规定以及《监视和测量资源管理程序》，以支持监视和测量资源过程的管理和控制。

（2）公司需确保所提供的监视和测量资源：

① 适合于所开展的监视和测量活动的特定类型。

② 得到维护，以确保持续适合其用途。

③ 所包括的监视和测量设备的计量特性需与监视和测量的要求相适应。

保留适当的记录（如《校准证书》《检定证书》），作为监视和测量资源适合其用途的证据。

（3）当要求测量溯源时，或公司认为测量溯源是信任测量结果有效的基础时，测量设备需：

① 对照能溯源到国际或国家标准的测量标准，按照规定的时间间隔或在使用前进行校准和（或）检定，当不存在上述标准时，需保留作为校准或验证依据的记录（如《自校（验证）规程》）。

② 予以标识，以确定其校准或检定的状态，以免误用。

③ 予以保护，防止由于调整、损坏或衰减所导致的校准状态和随后的测量结果的失效。

（4）用于监视和测量的计算机软件，初次使用前需经过验证和确认合格，需要时再次验证和确认合格，并保留记录（如《检测用计算机软件确认记录》）；可采用验证或保持其适用性的配置管理对其进行确认。

万山红核电有限公司 综合管理手册 7.1.5 监视和测量资源	版本/状态	B/0
	章节页次/总页	2/2
	手册页次/总页	53/145

（5）生产和检验共用的测量设备，用作检验前需加以校准或验证合格，并保留记录（如《共用测量设备校准或验证记录》）。

（6）对一次性使用的测量设备，需明确其使用期限且在使用前进行校准或检定合格，并保留记录。

（7）当发现测量设备不符合预期用途时，需确定以往测量结果的有效性是否受到不利影响，必要时需采取适当的措施。

（8）封存与报废：当监视和测量设备需要封存或报废时，按公司计量器具封存与报废规定执行。

（9）对外部使用的监视和测量设备或借用外单位的监视和测量设备，使用时，需确保其在检定、校准有效期内并处于正常状态，必要时在使用前进行检定、校准或校验。

（10）各部门负责对口供方使用的监视和测量设备的监管。

4. 支持性文件或记录

（1）WSH-DG-14《计量管理大纲》

（2）WSH-DG-14-GD01《实验室/试验仪器设备管理》

（3）WSH-DG-14-GD02《计量管理》

（4）WSH-DG-14-GD03《计量标准管理》

（5）WSH-DG-14-GD04《测量共用工器具管理》

（6）WSH-DG-14-GD05《检测用计算机软件管理》

（7）WSH-DG-14-GD06《电厂关口计量管理》

（8）WSH-QES-CX-7.1.5《监视和测量资源管理程序》

（9）WSH-QES-CX-7.1.5-01《自校（验证）规程》

（10）WSH-QES-CX-7.1.5-02《校准证书》

（11）WSH-QES-CX-7.1.5-03《检定证书》

（12）WSH-QES-CX-7.1.5-04《检测用计算机软件确认记录》

（13）WSH-QES-CX-7.1.5-05《共用测量设备校准或验证记录》

万山红核电有限公司 综合管理手册 7.1.6 组织的知识	版本/状态	B/0
	章节页次/总页	1/2
	手册页次/总页	54/145

1. 总则

公司需确定必要的组织的知识，以利于运行，并获得合格产品和服务。

2. 职责

（1）文档管理处归口公司的知识管理。

（2）各相关部门按职责分工向文档管理处提供知识信息，并按运行过程的需要运用相关知识。

（3）分管副总经理为公司组织的知识的获得提供充分的资源保障，指导本过程的实施。

3. 管理要求

（1）本条款引用了公司已建立的《科技管理大纲》和《科技项目管理》《知识管理》《知识产权管理办法》等规定以及《组织知识管理程序》，以支持其实施。

（2）组织的知识是指那些公司特有的知识，通常从其经验中获得，是为实现公司目标所使用和共享的信息。人员及其经验是组织知识的基础，其获取及分享可产生整合效应，从而创造出新的或更新的组织知识。

（3）在所需的范围内基于如下来源获得相应的知识并予以保持：

① 内部来源（如管理层、各部门）。

② 外部来源（如顾客、供方、相关方、承包方、合作伙伴、竞争对手、主管部门、国内外同行及相关机构、媒体等）。

（4）针对不断变化的需求和发展趋势，文档管理处组织各部门对公司现有的知识管理体系进行维护，从如下方面考虑确定如何获取或接触更多必要的知识和知识更新：

① 从失败、挫折和成功中汲取经验教训。

② 获取公司内部人员的知识和经验（过程、产品和服务的改进结果）。

③ 获取公司内部存在的知识（包括显性的和隐性的，如知识产权或未形成文件的知识和经验），例如继承原有的计划和进行内部培训、辅导等。

④ 利用国际、国家、行业公开发布的相关知识，其中与核电营运相关的法律法规、标准、相关文件作为必备知识，予以应用，保持并适时更新。

⑤ 从顾客、供应商和合作伙伴方面收集知识（例如通过学术交流，专业会议获得）。

⑥ 在与竞争对手比较中，找出差距获取知识。

⑦ 与相关方分享组织的知识，以确保组织的可持续性。

⑧ 根据改进的结果更新必要的组织知识。

万山红核电有限公司 综合管理手册 7.1.6 组织的知识	版本/状态	B/0
	章节页次/总页	2/2
	手册页次/总页	55/145

4. 支持性文件或记录

（1）WSH-DG-15《科技管理大纲》
（2）WSH-DG-15-GD01《科技项目管理》
（3）WSH-DG-15-GD02《知识管理》
（4）WSH-DG-15-GD03《知识产权管理办法》
（5）WSH-QES-CX-7.1.6《组织知识管理程序》

万山红核电有限公司 综合管理手册 7.2 能力	版本/状态	B/0
	章节页次/总页	1/3
	手册页次/总页	56/145

1. 总则

确保在公司控制下从事的工作影响质量/环境/职业健康安全管理体系绩效和有效性的人员的能力。

2. 职责

（1）人力资源处负责公司人力资源政策与规划的制定；负责公司组织机构和岗位管理；负责工作人员入职、离职管理；负责绩效管理、干部管理以及工作人员职业发展管理。

（2）培训管理处负责公司员工安全和通用培训、承包商人员安全培训；负责公司管理培训的实施和外委培训项目的归口管理；负责工作人员岗位培训资格归口管理。

（3）运行培训处负责操纵人员全范围模拟机取、换证培训。

（4）技能培训处负责公司技能培训管理，负责职业技能鉴定工作。

（5）各部门员工参与各种培训、教育和学习。

（6）主管副总经理为员工能力的提高提供充分的资源保障，并指导本过程的实施。

3. 管理要求

（1）本条款引用了公司已建立的《人力资源管理大纲》和《培训与授权管理》《操纵人员培训与再培训管理》《组织机构和岗位管理》《员工培训与资格管理》《技能培训管理》《岗位资格与岗位授权管理》《全员绩效管理》等规定以及《人力资源管理程序》，以支持其实施。

（2）确定能胜任工作的人员，以确保：

① 各项过程的控制及质量管理体系绩效和有效性。

② 环境因素、履行合规义务的控制及环境管理体系绩效和有效性。

③ 危险源/风险、履行合规义务的控制及职业健康安全管理体系绩效和有效性。

④ 特殊工种、特种设备操作人员及其他需要取得资质的人员资格有效。

（3）人员配置：

① 为确保有足够数量的合格人员可供使用，公司各部门应加强培训策划和组织实施，明确规定培训需求，制订人力资源配备计划，人力资源配备需进行相应培训和资格认定。

② 特殊工种、特种设备操作人员和重要岗位人员必须严格执行国家主管部门的规定和公司有关人员授权管理程序持证上岗。各责任部门依据相关规定，确保值长、主控室操纵员、安全工程师、换料运行、维修、技术、辐射防护、内审员、监查员以及电工、焊工、架子工、危险化学品管理和使用人员、放射性物品管理和使用人员、汽车驾驶员、吊车工、起重工、在役检查等特殊工种等所有可能影响质量、环境和职业健康安全绩效的人员符合国家或公司的有关规定。

(4) 采取措施保持并提高人员的能力：

① 确定从事影响产品要求符合性工作的人员所需的能力。

② 为满足核电生产和服务对质量、环境和职业健康安全管理的要求，人力资源处组织制定并实施符合核电业务特点与需求的人才政策，加强引进和配备高层次有经验、有能力的人才。

③ 各部门根据工作的需要提出人员的需求申请，人力资源处依据公司政策范围审批员工的厂内调配、申请人员招聘或人力外包等方式，满足工作需要。

④ 劳动用工管理执行相关政策和公司的相关用工制度，逐一聘用并签订用工合同。

⑤ 确保所有承担核电运行的公司和供方人员在从事工作前均完成并通过规定的培训、知识更新或采取其他措施以获得所需的能力。包括制定培训大纲和培训计划，确保对各级管理者和对产品质量、环境因素、危险源有影响的员工实施定期培训和知识更新，使其胜任所承担的工作以及理解其活动的质量、安全后果；进行岗前和在岗人员培训及资格考核，根据从事特定活动的需要，需按相关规定取得资格，并持证上岗。

⑥ 培训需考虑不同层次人员的职责、能力、语言和文化程度等，以及不同岗位的质量要求、环境影响及风险等因素。

⑦ 由责任部门评价所采取措施的有效性，确保公司的人员认识到所从事活动的相关性和重要性，以及如何为实现质量目标做出贡献，确保公司内人员了解本组织的质量文化和安全文化。

(5) 能力、资格与授权控制：

① 公司确保影响质量、环境和职业健康安全的管理、执行和验证人员具备相应的岗位能力。对各类管理人员、核岛值班人员、维修人员、作业人员（包括国家规定的持证作业人员）、检验人员、安全人员、质保质控人员、内审员等进行严格的资格和授权控制。

② 工作人员在执行各项任务前，只有具备足够的能力、获得相应资格并取得授权，才允许承担相应岗位的工作。对于顾客和国家有专门资格考评要求的岗位，严格按照有关规定执行。需确保公司和供方所有特种作业人员均经过培训并持证上岗。通过严格的合同纳入和合同管理确保供方人员具备相应的岗位能力。

(6) 考核与激励：

① 为促进公司和员工获得更高的绩效，人力资源处根据公司发展规划、内外部需求和期望以及为员工设定的工作目标和工作标准应建立员工绩效评价、薪酬、奖惩管理制度。

② 实施员工绩效的评价与考核，对取得的成绩和获得的技能给予适当的奖励，以充分调动员工的主动性和积极性。

万山红核电有限公司	版本/状态	B/0
综合管理手册	章节页次/总页	3/3
7.2 能力	手册页次/总页	58/145

(7) 职业发展规划：

为最大限度地发挥员工的潜能，满足员工自我实现需要，从而实现公司的战略规划和绩效提升，人力资源管理部门负责对员工的职业发展进行规划，为所有员工创造一个认识其全部潜能并充分发挥的职业环境，让员工能够了解到公司的使命、愿景、价值观、培训、职业发展的相关信息，并对职业发展规划的有效实施进行管理。

(8) 相关部门分别保留适当的人员的能力、资格、培训和授权方面的记录，以作为人员能力的证据。

4. 支持性文件或记录

(1) WSH-DG-16《人力资源管理大纲》

(2) WSH-DG-16-GD01《培训与授权管理》

(3) WSH-DG-16-GD02《操纵人员培训与再培训管理》

(4) WSH-DG-16-GD03《组织机构和岗位管理》

(5) WSH-DG-16-GD04《员工培训与资格管理》

(6) WSH-DG-16-GD05《技能培训管理》

(7) WSH-DG-16-GD06《岗位资格与岗位授权管理》

(8) WSH-DG-16-GD07《全员绩效管理》

(9) WSH-QES-CX-7.2《人力资源管理程序》

(10) 人员的能力、资格、培训和授权方面的相关记录

万山红核电有限公司 综合管理手册 7.3 意识	版本/状态	B/0
	章节页次/总页	1/2
	手册页次/总页	59/145

1. 总则

确保在公司控制下从事的工作影响质量/环境/职业健康安全管理体系绩效和有效性的人员的意识。

2. 职责

（1）党群工作处负责企业文化、精神文明建设并归口公司企业文化、精神文明的管理。

（2）人力资源处负责公司员工责任心的考核归口管理。

（3）各部门负责提高本部门员工的质量/环境/职业健康安全意识。

（4）公司全体员工有权利接受相关培训，有义务接受相关教育，以提高质量/环境/职业健康安全意识。

（5）主管副总经理为员工的质量/环境/职业健康安全意识的提高提供充分的资源保障，并指导本过程的实施。

3. 管理要求

（1）本条款引用了公司已建立的《党建工作大纲》《人力资源管理大纲》和《企业文化建设管理》《精神文明建设管理》《核安全文化推进管理》《安全生产责任制》《工作责任心管理要求》等规定以及《人力资源管理程序》，以支持其实施。

（2）公司需确保在其控制下工作的所有人员都意识到：

① 公司的综合方针。

② 与其工作岗位相关的目标。

③ 与其工作岗位相关的重要环境因素和相关的实际或潜在的环境影响，以及职业健康安全危险源和风险、相关事件调查的信息和结果。

④ 对一体化管理体系有效性的贡献，包括改进综合绩效的益处。

⑤ 不符合一体化管理体系要求（包括未履行合规义务）的后果。

⑥ 公司文化。

⑦ 岗位责任，并且当面临生命或健康危机时，他们具有脱离险境的能力，以及因此而引起不当后果时的保护规定。

⑧ 所从事活动的重要性以及与其他活动的相关性。

⑨ 产品和服务不满足规定或预期要求的后果。

⑩ 道德行为的重要性。

（3）党群工作处结合公司的特点，通过多种活动完成以下工作。

① 开展思想政治和宣传工作、公众沟通工作、企业文化管理、安全文化建设和精神文明建设。

万山红核电有限公司 综合管理手册 7.3 意识	版本/状态	B/0
	章节页次/总页	2/2
	手册页次/总页	60/145

② 负责核电宣教中心的管理,通过多种形式进行宣传教育。
③ 开展适宜的活动,不断提高全员的质量/环境/职业健康安全意识。

(4) 安全质量处、环境应急处按公司的特点,结合"安全月""质量月"职业健康宣传、传达安全环保要求等活动和方式,不断提高全员的质量/环境/职业健康安全意识。

(5) 各部门需结合本部门的业务特点,通过多种措施使员工:
① 理解自己在实现综合方针、目标及一体化管理体系过程中的作用。
② 明确自己的工作活动和行为对保持核电安全生产的相关性与重要性,工作中的重要环境因素和环境影响,工作中的危险因素及其后果,工作和行为的改进所带来的质量、环境与安全效益。
③ 明确自己在实现一体化管理体系要求方面的岗位作用与职责,偏离管理程序、操作规程等的潜在后果。
④ 恪守爱岗敬业、诚实守信、奉献核电、奉献社会等职业道德,遵守员工行为守则,维护公司整体利益。

4. 支持性文件或记录

(1) WSH-DG-100《党建工作大纲》
(2) WSH-DG-16《人力资源管理大纲》
(3) WSH-DG-100-GD01《企业文化建设管理》
(4) WSH-DG-100-GD02《精神文明建设管理》
(5) WSH-DG-100-GD03《核安全文化推进管理》
(6) WSH-DG-16-GD08《安全生产责任制》
(7) WSH-DG-16-GD09《工作责任心管理要求》
(8) WSH-QES-CX-7.2《人力资源管理程序》

万山红核电有限公司 综合管理手册 7.4 沟通和交流	版本/状态	B/0
	章节页次/总页	1/2
	手册页次/总页	61/145

1. 总则

确保信息沟通和交流畅通，以促进一体化管理体系的有效性。

2. 职责

（1）环境应急处负责公司职业健康安全与环境信息交流的归口管理。

（2）党群工作处负责舆情管理工作办公室职责，归口公司公众沟通的管理。

（3）工会办公室负责厂务公开办公室职责，厂务公开的日常管理，负责收集、整理职工群众对厂务公开的意见和建议。

（4）各部门按领域分工和职责分工负责相关的内外部沟通交流工作。

（5）主管副总经理为信息沟通和交流的控制提供充分的资源保障，指导本过程的实施。

3. 管理要求

（1）本条款引用了公司已建立的《公共关系管理大纲》和《公众沟通管理》《外部接口管理》《行政会议管理》《厂务公开管理》《职工代表大会工作管理》等规定以及《沟通和交流管理程序》，以支持其实施。

（2）公司与一体化管理体系有关的内部与外部沟通所需的过程，包括：

① 信息沟通和交流的内容。

② 信息沟通和交流的时机。

③ 信息沟通和交流的对象：

a. 在组织各层级与职能之间；

b. 工作场所内承包商与访问者之间；

c. 其他相关方之间。

④ 信息沟通和交流的方式。

⑤ 信息沟通和交流的职责。

在考虑沟通需求时，需考虑多种情况（如对象的性别、文化程度和身体状况，使用的语言等），在建立沟通过程时，需考虑到外部相关方的意见。

（3）策划信息沟通和交流过程时，需考虑：

① 一体化管理体系涉及的相关过程、合规义务、重要环境因素和职业健康安全重大风险。

② 确保所沟通和交流信息与一体化管理体系形成的信息一致且真实可信。

③ 对相关的沟通和交流信息做出响应。

（4）内部沟通需：

· 299 ·

万山红核电有限公司 综合管理手册 7.4 沟通和交流	版本/状态	B/0
	章节页次/总页	2/2
	手册页次/总页	62/145

① 各部门按制度要求采取各种形式（如会议、协同平台、信息反馈、专题会、定期的例会、报表、电话、内部刊物、班前/后会等）就一体化管理体系的相关信息进行内部信息交流，适当时包括变更的信息。

② 确保信息交流过程，使在公司控制下工作的人员能够为持续改进做出贡献。

（5）外部沟通需：

① 各部门按职责分工负责与相关方（如顾客、业主、监理、主管部门、周边社区等）进行一体化管理体系有关信息的沟通交流，以达到相互了解、相互信任。

② 沟通交流可采取相互认可的适当方式，如会议交流或讨论、文件和资料的传递、数据信息传递、互访、传真、电子邮件等。

③ 考虑法律法规要求及其他要求，就职业健康安全管理体系的相关信息与相关方进行外部沟通。

（6）必要时，需保留内外部信息沟通和交流的记录（如相互传递的重要信息或会议纪要等），以作为沟通的证据。

4. 支持性文件或记录

（1）《公共关系管理大纲》

（2）WSH-DG-17-GD01《公众沟通管理》

（3）WSH-DG-17-GD02《外部接口管理》

（4）WSH-DG-17-GD03《行政会议管理》

（5）WSH-DG-17-GD04《厂务公开管理》

（6）WSH-DG-110-GD01《职工代表大会工作管理》

（7）WSH-QES-CX-7.4《沟通和交流管理程序》

万山红核电有限公司 综合管理手册 7.5 文件化信息	版本/状态	B/0
	章节页次/总页	1/5
	手册页次/总页	63/145

1. 总则

对一体化管理体系所要求的文件化信息（包括文件和记录）进行控制，以确保各相关场所使用的形成文件的信息均有效和适用，并提供核电运行管理符合要求的证据。

2. 职责

（1）安全质量处负责一体化管理体系文件的管理。
（2）技术处负责技术文件体系的总体归口管理职责。
（3）文档管理处归口公司文档管理工作。
（4）各部门依据职能要求负责各自的一体化管理体系所需的文件和记录的管理和控制。
（5）主管副总经理为一体化管理体系所要求的文件化信息的控制提供充分的资源保障，并指导本过程的实施。

3. 管理要求

本条款引用了公司已建立的《成文信息管理大纲》和《文件编码管理》《文件编制管理》《技术文件管理》《生产文件管理》《采购文件管理》《电子文档管理》《记录管理》《档案工作管理》《文档保密管理》等规定以及《文件化信息管理程序》，以支持其实施。

（1）公司管理体系文件化信息

1）一体化管理体系的文件化信息包括：

① 采用标准所要求的形成文件的信息［包括方针、目标以及需保持形成文件的其他信息（简称"文件"）或保留的有关的形成文件的其他信息（简称"记录"）］。

② 公司根据需要确定的、为确保一体化管理体系有效性所需的形成文件的有关信息（包括文件和记录）。

2）一体化管理体系的文件化信息层次：

① 管理文件：包括管理大纲、综合管理手册、质保大纲。
② 程序文件：包括管理程序、工作程序、部门程序等管理文件。
③ 作业文件：包括各业务活动所需的文件（如管理方案、质量计划、设计文件、设计图样、工艺文件、作业指导书、规章制度、工作指南、采购文件、操作规程、检验和试验规程、工作令及其相关记录等）。
④ 外来文件：包括适用于公司质量、环境和职业健康安全管理的合规义务（特别是与核与辐射安全相关的应遵循核安全法规的要求），以及顾客、供方、监管部门等相关方提供的文件化信息。

万山红核电有限公司 综合管理手册 7.5 文件化信息	版本/状态	B/0
	章节页次/总页	2/5
	手册页次/总页	64/145

3）确定公司一体化管理体系文件时，其数量和详略程度需考虑：
① 公司的规模以及过程、活动、产品和服务的类型。
② 过程的复杂程度及其相互作用。
③ 人员的能力等。
（2）文件化信息的创建和更新
1）对文件化信息（包括文件和记录表格）进行适当的标识和说明（如标题、日期、编写人员或参考文件的名称和编号等）。
2）根据需要文件化信息（包括文件和记录表格）采用适当的形式（如语言文字、软件版本、图表）和载体（如纸质的、电子的）。
3）文件化信息（包括文件和记录表格）需进行评审和批准，以保持适宜性和充分性。
4）文件（包括记录表格）的编制人员需熟悉所编文件范围内的活动，了解相应的法规、标准和规范的要求，并在有关文件中全面反映这些法规、标准和规范的要求。对于涉及面广、内容复杂的文件需由各有关部门联合编制，审批有特别规定的（如必须经国家核安全主管部门或顾客审查认可的）文件需严格执行有关规定。文件审核人员有权查阅作为审批依据的背景材料。
5）所有文件（包括文件和记录表格）须按照公司规定进行编码，并明确其修订状态，以显示其唯一性和防止版本的误用。
（3）文件化信息的控制
1）基本要求
① 需控制一体化管理体系和采用标准所要求的文件化信息（包括文件和记录），以确保：
a. 在需要的场合和时机，均可获得适用的版本；
b. 予以妥善保护（如防止失密、不当使用或完整性受损）。
② 为控制文件化信息（包括文件和记录表格），适用时，需实施下列活动：
a. 分发到使用人员或处所，按授权范围进行查阅（包括员工及员工代表）或修改，易于检索和便于使用；
b. 进行适当的存储和防护，保持易读性；
c. 按规定进行更改控制（如明确相应的版本）；
d. 按规定予以保留和处置；
e. 对所保留的、作为符合性证据的记录予以保护，并防止其非预期的更改。
③ 文件的归档、贮存和检索：
a. 执行公司关于文件的收集、归档制度，并按照有关规定适时整理、立卷，确保案卷的完整性、准确性、系统性和有效性；

万山红核电有限公司	版本/状态	B/0
综合管理手册	章节页次/总页	3/5
7.5 文件化信息	手册页次/总页	65/145

b. 文件资料应妥善贮存，确保文件贮存条件满足要求，并定期对文件管理情况进行检查；

c. 明确一体化管理体系所需文件的查询途径，严格执行公司的文件借阅制度。

④ 记录的控制：

a. 按照《记录管理》的规定，对质量、环境和职业健康安全相关活动中所涉及记录和档案的标识、生成、编目、分发、分类、检查、立卷、归档、移交、贮存、保护、检索、借阅、保留和处置等进行规定。

b. 提供核电产品实现/运行过程的完整证据，并能清楚地证明产品/活动满足规定要求的程度，应明确记录的保存期限。记录应标识明确，具备对有追溯性要求的相关活动、产品或服务的可追溯性。

c. 事先规定需产生和提交的记录：公司各有关部门在从事影响质量、环境和职业健康安全的活动之前，须规定应产生的记录，即在适用的设计文件、采购文件、检查或试验程序、运行规程和合同及其他文件中规定公司应产生和提交的记录，并在工作进行中落实这些规定。

d. 记录的产生、修正和增补：

a) 记录应按事先规定的格式及时填写，其内容应完整、真实，字迹应清晰，并签署姓名和日期。重要的记录还应规定监督检查人签名，或经有关的审查人签名；

b) 记录由合适的材料制成，不易消失；

c) 记录不得擅自进行涂改、修正和增补。修正和增补记录需经有关领导批准，并签署姓名和时间。

e. 记录的鉴别和收集，在鉴别的基础上有选择地收集以下内容：能证明质量、环境和职业健康安全管理体系运行情况的客观证据；核电各系统、设备安全可靠的证据；满足顾客和相关方要求的证据；规定由供方生成及保存的记录的控制要求。

f. 记录保存期分类：

a) 记录根据其价值分为永久性记录和非永久性记录两类。永久性记录保存期应不短于设施或设备的寿期，非永久性记录应规定其保存时间。达到下列一项或几项的具有价值的记录应列为永久性记录：如证明安全运行能力，使物项（设施、设备及计算机软件等）维修、返工、修理、更换或修改得以进行，确定物项事故或动作失常的原因，为在役检查提供所需的基准数据，便于退役；

b) 公司在每个项目或活动实施前负责根据上述原则编制和确定永久性记录的目录，确保不遗漏地收集和妥善保存应收集的永久性记录。在与供方签订的合同中，合同归口管理部门组织有关部门根据上述原则规定其应提交的永久性记录清单，以确保记录的完整收集。

g. 记录的目录和标识：执行公司记录目录和标识的管理规定，以使记录与涉及的物项或服务相对应。

万山红核电有限公司 综合管理手册 7.5 文件化信息	版本/状态	B/0
	章节页次/总页	4/5
	手册页次/总页	66/145

h. 记录的交接签收和记录管理责任制：执行公司记录交接登记、签收制度；建立记录管理责任制，使记录管理人员了解所管记录的价值，以保证妥善管理记录、需要时可供使用。

i. 记录的贮存、保管、借阅和处理：

a）制定记录贮存和保管的制度，以妥善地贮存和保管记录，其贮存场所采取措施（如"防潮、防虫鼠、防火、防水"等）以防止记录损坏、变质或丢失；

b）记录的转移、处理和过期记录的销毁必须按照公司规定的程序经过批准；

c）严格执行公司记录借阅制度。

⑤ 公司所保持的文件或保留的记录，可按其类别适当形成《内部文件清单》或《内部记录清单》，以便于检索。

2) 外来文件的控制

① 对于公司确定的策划和运行一体化管理体系所需的来自外部的文件化信息，可能包括适用的法律义务（如相关法规、标准/规范）以及顾客、供方、监管部门等相关方提供的文件化信息，简称"外来文件"。

② 外来文件控制职责：

a. 与质量管理体系相关适用的法律法规和其他要求由安全质量处管理和控制；

b. 与环境和职业健康安全管理体系相关适用的法律法规和其他要求，按手册"6.1.4 合规义务"的规定管理和控制；

c. 与顾客和供方相关的外来文件由与其工作相关的责任部门管理和控制；

d. 监管部门等相关方提供的外来文件由公司办公室管理和控制。

③ 外来文件的控制要求：

a. 对外来文件的适用性、有效性进行适当的识别，保存适用、有效的外来文件，适当时按其类别形成《外来文件清单》，并分发到使用部门；

b. 在与顾客和供方签订合同时，相关业务主管部门需明确提交给公司的文件资料和提交时间，提交时进行登记签收，并及时移交或归档；

c. 外文资料需由取得资格认可的人员翻译、校审后，保存中外两种版本。

3) 电子文档和特殊介质档案的管理

① 电子文档的管理：

a. 电子化成文信息的管理，包括规定数据的保护过程（如防止丢失、未授权更改、非预期更改、损坏和物理损坏等）；

b. 对电子文档（包括文件和记录）按照《电子文件管理》程序的规定，确保其发布或更新前得到批准，并适时备份；

c. 电子文档只发布只读文件，发布或更新时（或前）需向相关人员进行有效告知，防止需要的人员不能及时读到的情况；

万山红核电有限公司 综合管理手册 7.5 文件化信息	版本/状态	B/0
	章节页次/总页	5/5
	手册页次/总页	67/145

d. 电子文档的更改由已取得资格许可的人员实施。

② 特殊介质档案的控制和管理，按照《专门档案管理》的规定实施。

4. 支持性文件或记录

(1) WSH-DG-18《成文信息管理大纲》

(2) WSH-DG-18-GD01《文件编码管理》

(3) WSH-DG-18-GD02《文件编制管理》

(4) WSH-DG-18-GD03《技术文件管理》

(5) WSH-DG-18-GD04《生产文件管理》

(6) WSH-DG-18-GD05《采购文件管理》

(7) WSH-DG-18-GD06《电子文档管理》

(8) WSH-DG-18-GD07《记录管理》

(9) WSH-DG-18-GD08《档案工作管理》

(10) WSH-DG-18-GD09《文档保密管理》

(11) WSH-QES-CX-7.5《文件化信息管理程序》

(12) WSH-QES-CX-7.5-01《内部文件清单》

(13) WSH-QES-CX-7.5-02《内部记录清单》

(14) WSH-QES-CX-7.5-03《外来文件清单》

万山红核电有限公司 综合管理手册 8 核电营运/8.1 核电营运的策划和控制	版本/状态	B/0
	章节页次/总页	1/3
	手册页次/总页	68/145

1. 总则

根据公司的实际情况，依据适用法律法规和采用标准的要求，对核电营运所需过程的运行活动进行周密策划，并按策划结果予以实施，确保核电高质量、清洁环保、安全稳定和高效地运行。

2. 职责

（1）经营计划处负责策划公司经营管理。
（2）责任部门组织各相关部门实施如下过程的策划：
① 电力营销处归口公司电力营销工作，策划公司电力销售工作。
② 设备管理处负责公司变更和设备管理的策划。
③ 采购管理处负责公司采购管理的策划。
④ 运行处负责电厂运行的策划。
⑤ 维修处负责电厂维修的策划。
⑥ 大修管理处负责公司大修的策划。
⑦ 堆芯燃料处负责核燃料管理的策划。
⑧ 燃料操作处负责核燃料操作管理的策划。
⑨ 安全质量处负责公司质量管理、工业安全管理的策划，组织运行质保大纲编写及维护，负责不符合项归口管理。
（3）相关职能部门按策划要求负责各自职责实施相应产品和服务所需过程的运行策划和控制，包括对相应供方的监管策划。
（4）各主管副总经理为核电运营的运行策划和控制提供充分的资源保障，并指导本过程的实施。

3. 管理要求

（1）本条款引用了公司已建立的《经营管理大纲》《软件配置管理大纲》《设备管理大纲》《采购管理大纲》《运行管理大纲》《维修管理大纲》《大修管理大纲》《核燃料管理大纲》《质量保证管理大纲》和《中长期规划管理》《质量保证监督》《基建项目质量监督管理》《核电厂运行质量保证大纲》规定以及《产品和服务实现过程的策划和控制管理程序》，以支持其实施。

（2）策划和控制的对象

为满足核电营运（即产品和服务实现）的要求，并实施本手册"6 策划"所确定的措施，公司需对质量管理体系运行活动所需的过程进行策划、实施和控制。其中重点过程为：核电机组的安全稳定运行，系统设备的日常维护、维修和换料大修，系统变更改

万山红核电有限公司 综合管理手册 8.1 核电营运的策划和控制	版本/状态	B/0
	章节页次/总页	2/3
	手册页次/总页	69/145

造，放射性物品和危险品管理及其相关服务等。

（3）公司通过采取下列措施，对满足核电营运（即产品和服务实现）要求所需的过程进行策划、实施和控制。

① 确定核电营运（即产品和服务实现）的要求。
② 建立与下列内容相关的准则：
a. 核电营运（即产品和服务实现）要求所需的过程；
b. 核电营运（即产品和服务实现）的接收。
③ 确定符合核电营运（即产品和服务实现）要求所需的资源。
④ 按照确定的准则实施过程控制。

（4）必要时，对过程进行策划、实施和控制的措施还可能包括：
① 产品标准化要求。
② 计算机软件工程化管理要求。
③ 产品可靠性、维修性、保障性、测试性、安全性和环境适应性要求。
④ 产品质量评价和改进的数据收集和分析要求。
⑤ 安全重要的产品的风险识别、分析和控制活动。
⑥ 新技术、新器材、新工艺、新产品的使用。
⑦ 产品实现和使用中的环境要求。
⑧ 产品转移和防护要求。
⑨ 质量计划的制定与实施，顾客要求时质量计划需经顾客认可。
⑩ 对供方的要求和管理。
⑪ 分级要求。
⑫ 技术状态管理要求。

（5）策划的输出需适合于公司的运行：
① 适合于公司的运作方式，包括操作、监测、检查、试验、检验活动以及相关规范标准、工作包等。
② 依据 HAF003（91）《核电厂质量保证安全规定》的要求在各阶段编制质量保证大纲，质量保证大纲及其调整需经过核安全监管部门的许可。

（6）需控制策划的变更，评审非预期变更的后果，必要时，采取措施减轻不利影响。

（7）由于本公司核电营运（即产品和服务实现）的实现过程中，部分活动委托供方实施，因此公司各部门在策划中需识别涉及的外包方，明确对其外包过程的控制的方式和内容，确保其受控。

（8）在需要的范围和程度上，确定并保持、保留形成文件的信息，以：
① 证实过程已经按策划进行。

万山红核电有限公司 综合管理手册 8.1 核电营运的策划和控制	版本/状态	B/0
	章节页次/总页	3/3
	手册页次/总页	70/145

② 证明核电营运（即产品和服务实现）符合要求。

4. 支持性文件或记录

（1）HAF003（91）《核电厂质量保证安全规定》

（2）WSH-DG-01《经营管理大纲》

（3）WSH-DG-08《设备管理大纲》

（4）WSH-DG-10《核燃料管理大纲》

（5）WSH-DG-19《软件配置管理大纲》

（6）WSH-DG-20《质量保证管理大纲》

（7）WSH-DG-25《采购管理大纲》

（8）WSH-DG-27《运行管理大纲》

（9）WSH-DG-28《维修管理大纲》

（10）WSH-DG-29《大修管理大纲》

（11）WSH-DG-01-GD01《中长期规划管理》

（12）WSH-DG-20-GD01《质量保证监督》、

（13）WSH-DG-20-GD02《基建项目质量监督管理》

（14）WSH-DG-20-GD03《核电厂运行质量保证大纲》

（15）WSH-QES-CX-8.1《产品和服务实现过程的策划和控制管理程序》

（16）核电营运的策划和控制相关文件和记录

万山红核电有限公司 综合管理手册 8.2 产品和服务要求	版本/状态	B/0
	章节页次/总页	1/3
	手册页次/总页	71/145

1. 总则

与顾客进行沟通，确定与核电营运（即产品和服务实现）的相关要求，并对其进行评审，必要时进行更改，以确保公司具有满足顾客供电要求的能力，从而提高顾客的满意程度。

2. 职责

（1）电力营销处归口电力客户管理，负责组织电力营销管理。
（2）生产计划处负责中长期发电规划和发电计划，负责电网接口归口管理。
（3）各部门按职责分工负责电力行业外部接口工作。
（4）主管副总经理为产品和服务要求控制提供充分的资源保障，并指导本过程的实施。

3. 管理要求

本条款引用了公司已建立的《经营管理大纲》《电力营销大纲》和《电力营销管理》《售电计划管理》《售电合同管理》《电价管理》《电力直接交易工作管理》《电力行业接口管理》等规定以及《产品和服务要求管理程序》，以支持其实施。

（1）顾客沟通

1）电力营销处负责保持与顾客的沟通，以便于准确地了解顾客要求并持续地满足顾客的要求。

2）与顾客沟通的内容包括：
① 提供有关核电营运（包括产品和服务）的信息。
② 处理问询、合同或订单，包括更改。
③ 获取有关核电营运（包括产品和服务）的顾客反馈，包括顾客投诉。
④ 处置或控制顾客财产。
⑤ 关系重大时（如因内部或外部原因，可能对实现顾客要求造成重大不利影响的情况），制定应急措施的特定要求。

3）与顾客的沟通形式：
① 日常可采取电话、函件等灵活的方式通报情况，有关部门也可就某一事项及时与顾客代表沟通，以进一步理解、实现顾客的要求。
② 必要时，建立电力营销定期协调机制，组织与客户开展定期沟通，必要时可由公司领导主持开展。

4）沟通实施：
① 责任部门确定与顾客沟通的接口，并且明确其沟通渠道和方式。

万山红核电有限公司 综合管理手册 8.2 产品和服务要求	版本/状态	B/0
	章节页次/总页	2/3
	手册页次/总页	72/145

②责任部门就核电营运（即产品和服务）要求的信息、协议、合同的处理，包括对其修改，对核电营运（即产品和服务）的反馈信息（包括顾客投诉）与顾客建立联系和有效沟通的渠道，并对顾客的反馈信息做出回应处理，确保顾客满意。

③生产计划处需对公司中长期发电规划和发电计划与输电电网进行及时沟通，根据其需要调整发电计划。

④在合同签订及运行或供电服务过程中，归口部门负责与顾客保持密切联系和沟通，以及时了解顾客的要求，并通过公司相关管理程序及时传达、分解并落实到各业务部门。

（2）产品和服务要求的确定

确定与核电营运（包括产品和服务）活动有关的要求时，公司需确保：

1）规定核电营运（包括产品和服务）要求的活动，包括：

①适用的法律法规要求和技术要求（如相关法规、标准、规范等）。

②质量保证大纲和发电计划。

③公司认为必要的其他要求（如与运行或输电相关的事宜、服务项目、结算方式等）。

2）向电网提供核电的过程能够满足公司所声称的要求。

3）电力营销处负责售电合同的管理，将顾客需求转化为合同，并在其中对核电营运（即产品和服务）的运行或供电要求的有关事项做出规定。

（3）产品和服务要求的评审

1）为确保有能力满足顾客的运行和供电需求，在向顾客（电网）承诺提供服务之前，电力营销处组织对公司的售电合同进行如下内容的评审。

①顾客或业主规定的要求，包括对交付及交付后活动的要求。

②顾客或业主虽然没有明示，但规定的用途或已知的预期用途所必需的要求。

③公司自身规定的要求。

④适用于核电营运（包括产品和服务）的法律法规要求，包括与核与辐射安全相关的核安全法规的要求。

⑤与以前表述不一致的合同或订单要求。

⑥风险（如新技术、供电量等）得到识别、评估、控制。

2）公司与顾客存在的不一致的要求或差异，电力营销处需与其进行确认，并确保完全解决分歧。

3）对于顾客或业主没有提供形成文件的要求内容，在接受其要求之前电力营销处对顾客要求进行确认，并反映在合同之中。

4）公司领导层审批确定售电合同正式版本，并经双方盖章、签字后生效。

5）适用时，评审需保留与下列内容有关的评审记录：

万山红核电有限公司 综合管理手册 8.2 产品和服务要求	版本/状态	B/0
	章节页次/总页	3/3
	手册页次/总页	73/145

① 评审结果（包括分歧的解决、对口头或电话订单确认的信息或风险分析），如合同/协议审批记录。

② 产品和服务的新要求。

（4）产品和服务要求的更改

1) 签订售电合同后的任何修订，都必须经合同双方协商同意，由电力营销处负责按原评审程序重新进行审批，并经审批后签订补充协议。

2) 若核电营运（即产品和服务）内容或方式发生的变更影响到顾客要求时，其相应文件的修改应征得顾客的同意。

3) 确保与变更相关的形成文件的信息得到修改，并及时传达到相关部门和人员使其知晓已更改的要求。

4. 支持性文件或记录

（1）WSH-DG-01《经营管理大纲》

（2）WSH-DG-22《电力营销大纲》

（3）WSH-DG-22-GD01《售电计划管理》

（4）WSH-DG-22-GD02《售电合同管理》

（5）WSH-DG-22-GD03《电价管理》

（6）WSH-DG-22-GD04《电力直接交易工作管理》

（7）WSH-DG-22-GD05《电力行业接口管理》

（8）WSH-DG-22-GD06《电力营销管理》

（9）WSH-QES-CX-8.2《产品和服务要求管理程序》

（10）产品和服务要求相关记录

万山红核电有限公司 综合管理手册 8.3 产品和服务的设计和开发	版本/状态	B/0
	章节页次/总页	1/6
	手册页次/总页	74/145

1. 总则

对万山红核电厂产品、服务设计和开发全过程进行控制，确保核电安全营运和满足顾客的要求，并符合相关法律法规和其他要求（包括与核与辐射安全相关的核安全法规的要求）。

2. 职责

（1）科技管理处负责科技创新归口管理；负责科技项目组织、策划、成果推广；负责科技创新平台建设与管理；负责知识产权及核电标准管理；负责科技及科协对外接口；负责科技创新政策研究及配套制度制定与实施。

（2）技术处负责核电厂系统设备技术管理、设计变更管理、技术文件管理等。

（3）维修处负责设计变更的实施管理。

（4）工程管理处负责新建、改建、扩建基建项目的建设管理。

（5）其他技术责任部门分别负责责任范围内系统设备的设计变更管理。

（6）公司各主管部门需对相关的设计和开发供方（或承包方）进行有效的控制和管理。

（7）主管副总经理为产品和服务设计和开发提供充分的资源保障，并指导本过程的实施。

3. 管理要求

本条款引用了公司已建立的《设计和开发管理大纲》《工程基建项目管理大纲》《科技管理大纲》《采购管理大纲》和《委托设计管理》《工程基建项目管理》《初步设计管理》《详细设计管理》《科技项目管理》等规定以及《设计和开发管理程序》，以支持其实施。

（1）设计和开发总则

1）设计和开发是指"将对客体的要求转换为对其更详细的要求的一组过程"，即只要把客体的要求（可能来自于顾客、最终用户或公司本身）转换为更详细的要求的活动，就存在设计和开发过程。

2）设计和开发不仅适用于产品和服务，也适用于实现产品和服务的过程，本条款主要指产品和服务的设计和开发，但可将其应用于其实现过程（如某些难度大的工艺过程）的开发。

3）公司建立、实施和保持设计和开发过程，以确保后续的产品和服务提供（包括对采购、生产、服务或交付后活动的要求）。

4）本公司所使用的产品或服务及工程基建项目有很多是委托承包方设计或开发完

万山红核电有限公司 综合管理手册	版本/状态	B/0
	章节页次/总页	2/6
8.3 产品和服务的设计和开发	手册页次/总页	75/145

成的，需按《委托设计管理》的规定对相关承包方进行延伸控制，一般在与承包方签订采购合同的《采购技术规格书》中规定其控制要求，必要时规定相应的（R、W、H）设计见证点。

（2）设计和开发策划

1）从事设计和开发的部门或承包方在设计和开发开始之前对每项设计和开发活动编制《设计和开发计划》，以确定各阶段的控制活动。

2）各阶段的控制活动需考虑如下基本内容：

① 区别设计和开发活动的性质、持续时间和复杂程度。

② 每项设计和开发活动所需的过程阶段，包括适用的评审、验证或确认活动。

③ 设计和开发过程涉及的职责和权限（委派具有一定资格的人员）。

④ 配备充分的产品和服务的设计和开发所需的内部、外部资源。

⑤ 设计和开发过程参与人员之间接口的控制需求（采取措施协调各部门或与承包方设计活动之间的关系，确保协调一致）。

⑥ 顾客及使用者参与设计和开发过程的需求。

⑦ 对后续产品和服务提供的要求。

⑧ 顾客和其他相关方期望的对设计和开发过程的控制水平。

⑨ 证实已经满足设计和开发要求所需的形成文件的信息。

3）在策划重要产品或项目的设计和开发活动时，必要时还需考虑：

① 书面规定从事设计的各方内部和外部接口，并明确职责分工，为设计各方规定涉及设计接口的设计资料（包括设计变更）交流的方法，并予以控制。

② 识别制约产品设计和开发的关键因素和薄弱环节并确定相应的措施。

③ 实施产品标准化要求，确定设计和开发中使用的标准和规范。

④ 运用优化设计和可靠性、维修性、保障性、测试性、安全性、环境适应性等专业工程技术进行产品设计和开发。

⑤ 按软件工程方法，设计和开发计算机软件。

⑥ 按规定的要求确定并提出产品交付时需要配置的保障资源。

⑦ 构筑物、系统和部件按其安全重要性所进行的分级。

⑧ 纵深防御的概念，从而提供多层次的保护。

4）需对参与设计和开发的不同小组之间的接口实施管理，以确保有效的沟通，并明确职责分工。随着设计和开发的进展，在适当时，策划的输出应予以更新。

（3）设计和开发输入

1）从事设计和开发的部门或承包方针对所设计和开发具体类型的产品和服务确定必需的要求时，考虑：

① 产品功能、性能或特性的要求，包括可靠性、维修性、安全性、保障性、测试性

万山红核电有限公司 综合管理手册	版本/状态	B/0
	章节页次/总页	3/6
8.3 产品和服务的设计和开发	手册页次/总页	76/145

和环境适应性等要求。

② 来源于以前类似设计和开发活动的信息。

③ 法律法规、标准、设计规范和准则要求（包括与核与辐射安全相关核安全法规的要求）。

④ 组织承诺实施的标准或行业规范。

⑤ 由产品和服务性质所导致的潜在失效后果。

2）设计和开发输入的详略程度需足以保证设计活动能正确进行，针对设计和开发的目的对其进行评审，以确保其充分、适宜、完整、清楚，相互矛盾之处需得到解决。

3）设计开发输入及评审结果需形成《设计开发输入文件》，由设计部门负责保存。必要时，设计承包方确定和评审的输入记录需经公司相关部门代表书面认可。

（4）设计和开发控制

1）设计和开发控制总要求

从事设计和开发的部门或承包方对设计和开发过程进行控制，以确保：

① 规定拟获得的结果。

② 实施评审活动，以评价设计和开发的结果满足要求的能力。

③ 实施验证活动，以确保设计和开发输出满足输入的要求。

④ 实施确认活动，以确保形成的产品和服务能够满足规定的使用要求或预期用途。

⑤ 针对评审、验证和确认过程中确定的问题采取必要措施。

⑥ 保留这些活动的形成文件的信息。

2）设计和开发评审

① 每次设计和开发评审的参加者包括与被评审的设计阶段有关的职能部门的代表和其他专家，评审需由未参加原设计的人员进行（但可来自同一单位），评审人员应能查阅所有相关资料。设计和开发评审可以采用会议评审、会签、授权人员审批等方式。对评审结果和评审后所采取的措施需予以记录。

② 可实施分级、分阶段的设计和开发评审。必要时，进行可靠性、维修性、安全性、保障性、测试性、环境适应性以及元器件和软件等专题评审。

③ 评审的参加者包括与所评审的设计和开发阶段有关的职能的代表，由未参加原设计的人员进行（但可来自同一组织或部门），评审人员需能查阅所有相关资料。

④ 顾客要求时，需通知顾客或其代表参加设计和开发评审；公司认为必要时可派代表参加承包方的设计评审，并应按公司代表的意见进行整改。

3）设计和开发验证

① 验证是通过提供客观证据，对规定要求已得到全部认定。规定要求是设计和开发的输入，认定可以通过变换方法进行计算、新设计与已证实的类似设计进行比较、试验或文件评审等形式得到。需对产品的样机或样品进行规定的设计项目进行验证，以证明

万山红核电有限公司	版本/状态	B/0
综合管理手册 8.3 产品和服务的设计和开发	章节页次/总页	4/6
	手册页次/总页	77/145

设计阶段的输出是否满足设计阶段输入的要求。对验证结果和验证后所采取的措施需予以记录。

② 验证由未参加原设计的人员进行（但可来自同一组织），验证人员应能查阅所有相关资料。

③ 当通过模拟件或适当的样机鉴定试验来完成验证时，鉴定试验的工况包括：试验需在受验证的特定设计特性的最恶劣设计工况下进行；不能在最恶劣设计工况下试验时，如果能把结果外推到最恶劣设计工况，并足以证实该设计特性的适用性时，则试验可在其他工况下完成；如果试验计划是证实整个设计的适用性，则在确定最恶劣设计工况时，必须考虑各种有关的运行方式。

④ 当试验只用来验证一种设计特性时，应用其他方法验证其他特性。

⑤ 顾客要求时，需通知顾客或其代表参加设计和开发验证；公司认为必要时可派代表参加承包方的设计验证，并应按公司代表的意见进行整改。

4）设计和开发确认

① 确认是通过提供客观证据对特定的预期用途或应用要求已得到满足的认定。只要可行，确认需在产品交付或实施之前完成；供方的批量产品在小批量生产之后进行确认。

② 需定型（鉴定）的产品，设计供方需按有关规定完成定型（鉴定）准备工作，并按规定进行定型（鉴定），以证实产品满足规定要求并给出结论。

③ 当设计确认采用试验的方式时，则需按照对试验提出的要求进行策划、实施、控制和记录，试验需能证实产品能够在规定的使用环境下，正常地工作。当试验过程出现故障影响到对试验结果的判定时，应重新试验。

④ 顾客要求时，需通知顾客或其代表参加设计和开发的确认；公司认为必要时，可派代表参加供方或承包方的设计确认，并按公司代表的意见进行整改。

5）对设计和开发评审、验证、确认结果及任何必要措施的记录予以保持，必要时形成《设计和开发评审报告》《设计和开发验证报告》《设计和开发确认报告》或《设计和开发评审/验证/确认报告》。

6）必要时，设计和开发供方（或承包方）需向公司提供设计和开发评审、验证和确认活动及采取措施的相关证据。

(5) 设计和开发输出

1）设计方需确保设计和开发输出：

① 满足输入的要求。

② 满足后续产品和服务提供过程的需要。

③ 包括或引用监视和测量的要求，适当时，包括接收准则。

④ 规定产品和服务的预期目的以及安全和正常提供所必需的产品和服务的特性。

万山红核电有限公司 综合管理手册 8.3 产品和服务的设计和开发	版本/状态	B/0
	章节页次/总页	5/6
	手册页次/总页	78/145

2）必要时，设计和开发输出还包括：

① 编制关键件（特性）、重要件（特性）项目明细表或产品等级清单，并在产品设计文件和图样上做相应标识。

② 规定产品使用所必需的保障方案和保障资源要求。

③ 编制产品规范、工艺总方案、工艺规程、使用手册、诊断指南、产品和服务安全使用培训教程等，以及根据顾客要求制作交互式电子技术手册。

④ 编写通用质量特性设计报告。

⑤ 产品符合技术状态标识要求，计算机软件符合配置标识的要求。

⑥ 进行风险评估分析（含风险控制措施）。

3）保留设计和开发输出的成文信息，并形成《设计和开发输出文件清单》，包括（不限于）：

① 性能计算书（如强度、抗振等）、产品说明书。

② 图样、相关规范或准则（包括材料、监测、防护细节）。

③ 作业指导书、工艺文件。

④ 服务规范（如安装、调试手册）等。

4）承包方设计和开发的输出：

① 设计和开发输出清单或重要输出文件，需经公司主管部门代表的书面认可，并办理交付归档手续。

② 由公司委托设计和开发供方（或承包方）的产品和服务，其输出清单或关键输出文件需经公司主管部门代表的书面认可，并随竣工资料交付。

（6）设计和开发更改

1）设计方对识别、评审设计和开发期间或后续过程中的设计和开发更改进行管理，以确保更改对满足要求不造成负面影响。

2）明确设计更改控制的程序，程序中需规定：

① 对设计更改采取与原设计相称的控制措施。

② 除非专门指定，设计更改文件需由审核和批准原设计文件的同一小组或组织审核和批准。

③ 在授权其他人员进行设计更改文件的审核和批准时，该人员需掌握有关的背景材料，能胜任相关的具体设计领域的工作，对原设计要求和意图有足够的了解。

3）设计和开发更改实施：

① 设计和开发更改由设计方视情况分别下达《设计和开发更改通知单》，责任部门实施更改。更改执行审签制度，由原授权人员（或替代人员）审核和批准。

② 若设计和开发更改涉及产品或服务的质量特性时，需重新进行适当的评审或验证、确认，符合要求后实施更改。

万山红核电有限公司 综合管理手册 8.3 产品和服务的设计和开发	版本/状态	B/0
	章节页次/总页	6/6
	手册页次/总页	79/145

③ 设计和开发更改的评审或验证、确认活动，包括评价更改对产品组成部分和已交付产品的影响，对发现的问题实施必要的整改措施。

4）设计和开发供方（或承包方）对已定型的设计和开发更改，需征得公司相关部门同意。

5）保留下列设计和开发更改的记录，包括：

① 设计和开发变更（内容）。

② 评审或验证、确认的结果。

③ 更改人员的授权。

④ 为防止不利影响而采取的相关措施。

必要时形成《设计和开发更改报告》。

4. 支持性文件或记录

（1）WSH-DG-15《科技管理大纲》

（2）WSH-DG-23《设计和开发管理大纲》

（3）WSH-DG-24《工程基建项目管理大纲》

（4）WSH-DG-25《采购管理大纲》

（5）WSH-DG-15-GD01《科技项目管理》

（6）WSH-DG-23-GD01《委托设计管理》

（7）WSH-DG-23-GD02《初步设计管理》

（8）WSH-DG-23-GD03《详细设计管理》

（9）WSH-DG-24-GD01《工程基建项目管理》

（10）WSH-DG-25-GD01《采购技术规格书》

（11）WSH-QES-CX-8.3《设计和开发管理程序》

（12）WSH-QES-CX-8.3-01《设计和开发计划》

（13）WSH-QES-CX-8.3-02《设计开发输入文件》

（14）WSH-QES-CX-8.3-03《设计和开发评审报告》

（15）WSH-QES-CX-8.3-04《设计和开发验证报告》

（16）WSH-QES-CX-8.3-05《设计和开发确认报告》

（17）WSH-QES-CX-8.3-06《设计和开发评审/验证/确认报告》

（18）WSH-QES-CX-8.3-07《设计和开发输出文件清单》

（19）WSH-QES-CX-8.3-08《设计和开发更改报告》

万山红核电有限公司 综合管理手册 8.4 外部提供的过程、产品和服务的控制	版本/状态	B/0
	章节页次/总页	1/6
	手册页次/总页	80/145

1. 总则

对外部提供的过程、产品和服务（包括相关物项及其外包过程）进行控制，以确保其质量、环境和职业健康安全运行符合规定的要求。

2. 职责

（1）采购管理处负责采购支持管理和采购标准化建设；负责招投标管理；负责承包商归口管理；负责采购绩效管理；负责物资调配及共享；负责归口管理采购领域管理体系和程序体系建设和优化；负责履行承包商委员会办公室和招标办公室职责。

（2）物资采购处负责公司物资采购、物资采购计划和物项进出口管理。

（3）服务合同处负责公司服务项目的采购与合同管理；负责核燃料、重水采购合同管理。

（4）储运管理处负责仓储管理和物资运输管理。

（5）安全质量处负责供应商资格评价。

（6）采购申请相关部门/项目管理相关部门负责提供采购技术规格书或明确采购技术要求；负责服务合同项目执行过程管理，包括进度管理、质量管理、技术管理、安全管理，以及组织合同验收和合同执行文件的移交归档等；负责物项合同执行过程中的技术管理和技术支持；参加采购质量见证和验收；参加到货验收、应急采购和非库存物资等的现场交接和接收确认。

（7）主管副总经理为外部提供的过程、产品和服务（包括相关物项及其外包过程）控制提供充分的资源保障，并指导本过程的实施。

3. 管理要求

本条款引用了公司已建立的《采购管理大纲》和《供应商管理》《重要物项供应商管理》《供应商资格评价管理》《供应商绩效评价管理》《采购过程管理》《招投标管理》《采购文件管理》《物项采购质量管理》《物项和服务的质量保证分级》《物资入库管理》《物资出库管理》《承包商现场管理》等规定以及《采购控制管理程序》，以支持其实施。

（1）总体要求

1）对外部提供的过程、产品和服务实施控制，以确保其符合要求。在下列情况下，需分别确定对外部提供的过程、产品和服务的控制的要求：

① 外部供方的过程、产品和服务构成公司自身的产品和服务的一部分（从供方处采购产品或服务，公司将其应用于本身的产品或服务）。

② 外部供方代表公司直接将产品和服务交付给顾客（由供方按照公司与顾客的约

万山红核电有限公司 综合管理手册	版本/状态	B/0
	章节页次/总页	2/6
8.4 外部提供的过程、产品和服务的控制	手册页次/总页	81/145

定,代表公司向顾客直接交付的产品和服务,由供方负责最终运作,如配套设备、委托培训等)。

③ 公司决定由外部供方提供过程或部分过程(由供方承包提供外包过程,是公司的中间运作过程,如外包设计或开发项目、建设施工项目、核电运行项目、第三方检测、计量器具的检定等)。

2)公司根据外部供方(或承包方)按照要求提供过程、产品或服务的能力,确定对其评价、选择、绩效监视以及再评价的准则(见《供应商资格评价管理》),并加以实施。对于这些活动和由评价引发的任何必要的措施,需保留相应的成文信息,形成《供方(或承包方)评价记录》。

3)公司根据评价的结果编制《合格供方名录》,包括过程、产品和服务的范围,作为选择、采购的依据,并根据对供方质量保证能力的重新评价,及时修订合格供方名录。《合格供方名录》是选择外部供方和采购的依据,在其之外选择外部供方时,需按规定履行审批手续;公司需要求外部供方对其直接和次级外部供方采取适当的控制,以确保其提供的产品和服务满足要求。

4)选择、评价外部供方时,需确保有效地识别并控制其风险。

(2)控制类型和程度

1)公司需确保外部提供的过程、产品和服务不会对公司稳定地向顾客交付合格产品和服务的能力产生不利影响。需执行如下规定:

① 确保外部提供的过程保持在公司质量管理体系的控制之中。

② 规定对外部供方的控制及其输出结果的控制。

③ 并考虑:

a. 外部提供的过程、产品和服务对公司稳定地满足顾客要求和适用的法律法规要求的能力的潜在影响;

b. 由外部供方实施控制的有效性。

2)对外部提供过程、产品和服务的验证。

确定必要的验证或其他活动,以确保外部提供的过程、产品和服务满足要求。

① 需确定并实施对外部提供的过程、产品和服务的验证活动,以确保其满足规定的要求。拟在供方现场实施检验验证时,需在采购合同中对采购验证安排和产品放行的方法做出规定。

② 外部提供的过程、产品和服务的验证方式按《物项采购质量管理》规定的职权与流程执行。

③ 外部提供的过程、产品和服务验证活动还需考虑以下内容(不限于):

a. 编制产品的验证准则,过程、产品和服务的验证包括对其质量客观证据的验证;

b. 当公司委托供方进行验证时,应规定委托的要求并保持委托的目录;

万山红核电有限公司 综合管理手册 8.4 外部提供的过程、产品和服务的控制	版本/状态	B/0
	章节页次/总页	3/6
	手册页次/总页	82/145

c. 涉及核与辐射安全的过程、产品和服务时，没有达到事先约定的要求不须接收；

d. 过程、产品和服务的所有验证（检验）已经得出合格的结论，但在所有规定的文件（如材料合格证）已经收到并核对之前，不需投入使用或安装；

e. 必要时，需在双方同意的地点，对规定的材料样品保存一段规定的时间并加以控制，以便作为进一步检验的证据；

f. 根据成文信息的要求，可进行源地（在供方的厂区）检查和试验活动。这些活动不能免除供方提供可接受的产品或服务的职责。当在分供方的厂区进行源地检查和试验时，供方应保留对分供方的控制职责。

3）公司对重要外部供方还需采取如下措施：

对重要外部供方（如提供核安全级产品、1E级产品或工程施工项目的外部供方），按《重要物项供应商管理》实施加严控制措施。

① 对外部提供过程、产品和服务（含物项）实施分级控制。对供方及其提供的过程、产品和服务的控制类型和程度取决于采购产品对随后公司的产品和服务提供或核电输送的影响。公司对其实行分级控制的原则。控制和验证的程度由外部提供过程、产品和服务（含物项）的安全重要性、质量等级、复杂性和成熟度等决定（详见《物项和服务的质量保证分级》）。

② 考虑相关活动的责任和风险：

a. 对从供方包括顾客指定的货源采购的产品的质量负责；

b. 对顾客要求控制的采购产品，需邀请顾客参加对供方的评价和选择；

c. 当有要求时，确保顾客要求传递到整个供应链，尤其是需要顾客批准的特殊过程；

d. 评估和管理整个供应链中关键产品服务和风险。

③ 当顾客要求时，合格供方的确认需通知顾客或其代表，或征得其同意。

4）对于符合招标条件的物项和服务采购项目，需执行国家相关法律法规，公司成立招标委员会，全面领导招标工作。按《招评标管理》的规定的招标范围、招标方式、招标前的准备、招标、开标和评标等要求实施。

5）市场采购的控制：

① 对于市场采购产品，索取产品目录样本和产品技术规格书的充分信息，以及所有有关的技术数据和试用信息。为了证明这些产品执行其预期功能的充分性，可能要求进行确认性分析或试验。

② 当市场采购产品用于安全功能时，需对其安全重要性进行全面的技术评价。执行该安全功能所要求的关键特性应作为产品验收准则的内容。

6）对顾客要求控制的外部供方，邀请顾客代表参与对其评价和选择，或将其准入、退出的信息征求顾客的意见。

万山红核电有限公司 综合管理手册	版本/状态	B/0
	章节页次/总页	4/6
8.4 外部提供的过程、产品和服务的控制	手册页次/总页	83/145

(3) 提供给外部供方的信息

1) 在与外部供方沟通前，相关部门需确保所确定的要求是充分和适宜的，并与外部供方沟通以下方面的要求。

① 需提供的过程、产品和服务的内容（如项目、品种、规格型号、数量、交货期及其标准、规范，或接收准则等）。

② 法律法规需要批准的许可或资质要求（如对产品和服务，实现的方法、过程、工艺和设备以及产品和服务放行的批准要求等）。

③ 能力，包括所要求的人员资格（如供方需具备的行政许可或资质、质量管理体系的有效性、技术能力和商务能力，以及相关人员的必要的资质等）。

④ 外部供方与组织的互动（联系部门、人员及方式等）。

⑤ 公司使用的对外部供方绩效的控制和监视（包括内容、方式、方法）。

⑥ 公司或其顾客拟在外部供方现场实施的验证或确认活动，需要时对其安排和产品放行的方法做出规定。

2) 采购文件。

① 提供给外部供方的信息可称为采购文件（如《采购计划》《采购单》或《采购合同/协议》《采购技术规格书》《招标书》等）。采购文件必须全面、完整、准确地反映所购物项和服务的技术、质量、进度、商务和安全等要求，并确保在与供方沟通前，规定的采购要求是充分和适宜的。必须确保采购文件与其安全、质量等级相符（详见《采购文件管理》）。

② 对于安全重要物项和服务，必须制定措施并形成《采购技术规格书》，以保证在采购物项和服务的文件中包括或引用国家核安全部门有关的要求、设计基准、标准、技术规格书以及为保证质量所必需的其他要求。

③ 必要时，采购文件还需包括（不限于）下列内容：

a. 标准、程序、细则及技术规格书等文件（包括其修订版）对物项供方承担的工作范围的说明；

b. 根据条例、规范或服务所规定的技术要求；

c. 试验、检查和验收要求以及任何有关这些活动的专用细则和要求；

d. 当需要到源地进行检查和监查时，为此目的而进入供方设施、查阅记录的规定；

e. 确定适用于物项或服务采购的质量保证要求和质量保证大纲条款；

f. 确定所需要的文件，例如编写并提交买方审核或认可的程序、细则、技术规格书、检查和试验记录以及其他质量保证记录；

g. 有控制地分发、保存、维护和处置质量保证记录的规定；

h. 对处理不符合项进行报告和批准的要求；

i. 将有关的采购文件的要求扩展到下一层次分包者和供方的规定，包括买方便于进入设施和查阅记录的规定；

万山红核电有限公司	版本/状态	B/0
综合管理手册	章节页次/总页	5/6
8.4 外部提供的过程、产品和服务的控制	手册页次/总页	84/145

j. 提交文件限期的规定。

④ 采购文件的制定，需考虑以下要求（不限于）：

a. 供方承担的工作范围的说明；

b. 国家核安全部门有关的要求；

c. 技术要求；

d. 检查、试验和验收要求；

e. 当需要到源地进行审核时，进入供方设施、查阅记录的规定；

f. 质量保证要求；

g. 所需的文件要求；

h. 有关产品和过程定义的更改的批准要求；

i. 记录控制要求；

j. 与产品交付有关的要求；

k. 不合格品控制要求；

l. 对分供方的控制要求。

（4）在与供方沟通前，公司各相关部门制定的采购文件需经审批，与供方签订合同（或协议）前需进行审核，以确保规定的采购要求是充分与适宜的。

4. 支持性文件或记录

（1）WSH-DG-25《采购管理大纲》

（2）WSH-DG-25-GD01《采购技术规格书》

（3）WSH-DG-25-GD02《供应商管理》

（4）WSH-DG-25-GD03《重要物项供应商管理》

（5）WSH-DG-25-GD04《供应商资格评价管理》

（6）WSH-DG-25-GD05《供应商绩效评价管理》

（7）WSH-DG-25-GD06《承包商现场管理》

（8）WSH-DG-25-GD07《采购过程管理》

（9）WSH-DG-25-GD08《招投标管理》

（10）WSH-DG-25-GD09《采购文件管理》

（11）WSH-DG-25-GD10《物项采购质量管理》

（12）WSH-DG-25-GD11《物项和服务的质量保证分级》

（13）WSH-DG-25-GD12《物资入库管理》

（14）WSH-DG-25-GD13《物资出库管理》

（15）WSH-QES-CX-8.4《采购控制管理程序》

（16）WSH-QES-CX-8.4-01《供方（或承包方）评价记录》

万山红核电有限公司	版本/状态	B/0
综合管理手册	章节页次/总页	6/6
8.4 外部提供的过程、产品和服务的控制	手册页次/总页	85/145

（17） WSH-QES-CX-8.4-02《合格供方名录》

（18） WSH-QES-CX-8.4-03《采购计划》

（19） WSH-QES-CX-8.4-04《采购单》

（20） WSH-QES-CX-8.4-05《采购合同/协议》

（21） WSH-QES-CX-8.4-06《招标书》

万山红核电有限公司 综合管理手册 8.5 生产和服务提供 8.5.1 核电运行和服务提供的控制	版本/状态	B/0
	章节页次/总页	1/3
	手册页次/总页	86/145

1. 总则

对核电运行生产过程实施有效控制，以确保满足业主和顾客的需求和期望。

2. 职责

（1）生产计划处、运行处、维修处、大修管理处、技术处、燃料操作处、堆芯燃料处、设备管理处、保健物理处、化学处以及其他相关部门按公司程序要求履行职责实施核电运行的活动。

（2）总经理为核电运行提供过程提供充分的资源保障，领域主管分管领导负责指导本过程的实施。

3. 管理要求

本条款引用了公司已建立的《经营管理大纲》《生产计划管理大纲》《化学管理大纲》《运行管理大纲》《维修管理大纲》《大修管理大纲》《核燃料管理大纲》和《发电规划管理》《发电计划管理》《生产运行调度管理》《运行操作管理》《系统在线管理》《维修准备和实施》《维修支持管理》《大修计划管理》《大修准备管理》《大修实施管理》《堆芯监督管理》《化学控制管理》《物项和服务的质量保证分级》等规定以及《生产和服务提供管理程序》，以支持其过程的实施。

（1）公司的核电运行和服务提供

1）公司的生产和服务提供过程，主要是通过核电运行向电网提供电能及供电相关服务。

2）对外提供的相关技术服务按国家、核行业相关要求、本公司相关规定予以管理和控制，以满足与顾客签订的合同要求。

（2）核电运行控制

1）公司需策划核电运行生产的条件，并在受控条件下进行核电运行。常规受控条件包括：

① 相关部门或岗位获得适当的文件，以规定以下内容。

a. 所提供核电运行活动的特性（如技术文件、工艺文件、规范、作业指导书等）；

b. 提供核电运行活动拟获得的结果（如相关标准、控制要求、准则等）。

② 可获得和使用适宜的监视和测量资源，如测量设备（包括各类计量器具和具有检测功能的工装、工卡模具、辅具以及相关测量软件设备等）。

③ 在适当阶段按照确定的时机和方法实施监视和测量活动，以验证是否符合过程或输出的控制准则以及核电运行活动的接收准则。

④ 在相关场所为过程的运行配置并使用适宜的基础设施，并保持适宜的文明生产和服务环境。

万山红核电有限公司 综合管理手册	版本/状态	B/0
	章节页次/总页	2/3
8.5.1 核电运行和服务提供的控制	手册页次/总页	87/145

⑤ 配备胜任的具备相应能力的人员，包括所要求的资格。

⑥ 当某些核电运行活动提供过程的输出结果不能由后续的监视或测量加以验证时（通常称为"特殊过程"），需对其实现策划结果的能力进行确认，并定期再确认（详见本条款"3.3 特殊过程的确认"的规定）。

⑦ 采取措施防止人为错误，对人为因素（如失误、违章）可能造成的不符合，需有足够的预判，尽早实施事先预防。

⑧ 根据核电运行不同活动的特点，在完成所有规定的检验、试验后，方可实施适当的放行、交付和交付后活动。

2）除上述常规控制条件外，需要时还需考虑如下受控条件：

① 生产和服务使用的计算机软件，需经确认和审批。

② 生产场地和环境。

③ 多余物和清洁度。

④ 使用代用器材，需经审批。

⑤ 生产前准备状态的检查。

⑥ 当计划临时在公司的设施之外的场所进行工作时，需规定控制和确认工作质量的措施。

⑦ 对产品质量特性有影响的辅助材料和公用设施（如生产用水、压缩空气及其他气体介质、电源、化学用品等），公司需采取有效的控制和验证措施，以消除其对过程和产品质量的影响。

（3）特殊过程的确认

1）公司核电运行活动中的特殊过程可能有：

① 公司内部的特殊过程：如焊接、防腐和保温等。

② 公司供方的特殊过程：常见的有焊接、热处理、铸造、锻造、铆接、无损检测、压力检验、表面处理、特殊清洗、防护处理、涂漆、黏合压缩、电气端接等。

2）对特殊过程的确认做出安排，适用时包括：

① 为过程的评审和批准规定准则（如相关标准或规范）。

② 进行设备认可和人员资格鉴定。

③ 使用特定的经评定的工艺或程序。

④ 对评定的结果和实施情况予以记录。

⑤ 必要时再确认。

3）对承包方特殊过程的监督：

① 对承包方实施的外包过程中的特殊过程，公司需对其过程确认及其实施进行适当的监督，其管理和控制要求需在与其签订的合同/协议（或采购技术规格书）中予以明确，必要时其确认过程文件需经公司代表签字认可。

万山红核电有限公司 综合管理手册 8.5.1 核电运行和服务提供的控制	版本/状态	B/0
	章节页次/总页	3/3
	手册页次/总页	88/145

② 公司《物项和服务的质量保证分级》中明确规定的重要特殊过程，需对承包方的该过程确认文件予以认可，并在质量计划中设置适当的控制点（如 H、W、R 点）予以监视。

4. 支持性文件或记录

（1）WSH-DG-01《经营管理大纲》
（2）WSH-DG-05《化学管理大纲》
（3）WSH-DG-10《核燃料管理大纲》
（4）WSH-DG-26《生产计划管理大纲》
（5）WSH-DG-27《运行管理大纲》
（6）WSH-DG-28《维修管理大纲》
（7）WSH-DG-29《大修管理大纲》
（8）WSH-DG-05-GD01《化学控制管理》
（9）WSH-DG-25-GD11《物项和服务的质量保证分级》
（10）WSH-DG-26-GD01《发电规划管理》
（11）WSH-DG-26-GD02《发电计划管理》
（12）WSH-DG-27-GD01《生产运行调度管理》
（13）WSH-DG-27-GD02《运行操作管理》
（14）WSH-DG-27-GD03《系统在线管理》
（15）WSH-DG-28-GD01《维修准备和实施》
（16）WSH-DG-28-GD02《维修支持管理》
（17）WSH-DG-29 GD01《大修计划管理》
（18）WSH-DG-29 GD02《大修准备管理》
（19）WSH-DG-29 GD03《大修实施管理》
（20）WSH-DG-29 GD04《堆芯监督管理》
（21）WSH-QES-CX-8.5《生产和服务提供管理程序》
（22）核电运行和服务提供的控制相关记录

万山红核电有限公司 综合管理手册 8.5.2 标识和可追溯性	版本/状态	B/0
	章节页次/总页	1/2
	手册页次/总页	89/145

1. 总则

确保不同类别或不同状态的产品和服务（物项）不混淆，并在核电运行过程中具有可追溯性，对产品和服务（物项）标识和可追溯性实施管理。

2. 职责

（1）各部门负责对本部门管辖的产品和服务（物项）及相关的作业活动等按照规定的要求实施标识和可追溯性管理。

（2）领域主管领导为（物项）标识和可追溯性控制提供充分的资源保障，领域分管领导负责指导本过程的实施。

3. 管理要求

（1）本条款引用了公司已建立的《运行管理大纲》和《设备编码管理》《设备标识管理》《标牌标识管理》《辐射防护标识管理》《系统状态控制》《运行隔离与行政隔离管理》《可追溯性管理》等规定以及《生产和服务提供管理程序》等程序，以支持其过程的实施。

（2）公司需最大可能地使用实体标识，在实际不可能或不满足要求的情况下，可采用实体分离、程序控制或其他适用的方法。标识方法和标识材料不能对产品或服务的功能和性能造成不良影响。

（3）产品和服务（物项）标识：

需要时，按照生产管理的各个环节要求，对物项进行标识。标识需在物项上或记载在可以追查到物项的记录上，标识必须清晰、耐久、信息完整且易于查阅。

（4）检验和试验状态标识：

对物项的检验及试验状态进行标识，可采用"合格""不合格""待检"等标识。

（5）可追溯性：

① 对要求可追溯性的物项，应控制物项的唯一性标识，并保持记录，使标识和记录对应、可追溯。对于运行操作、维修操作等过程的可追溯性一般通过相关操作记录实施。技术状态管理是实施可追溯性管理的一种方法。

② 可追溯性要求可包括：

a. 整个物项寿命周期内保持标识；

b. 能追溯到由同一批原材料（物项）或同一制造批生产的所有产品，以及所有同一批产品的最终去向；

c. 对于组件，能追溯到其组合的单元件以及其后更高级组件的标识；

d. 对给定的物项能追溯其生产历史记录。

万山红核电有限公司 综合管理手册 8.5.2 标识和可追溯性	版本/状态	B/0
	章节页次/总页	2/2
	手册页次/总页	90/145

③ 使用可追溯性要求的场合：

a. 合同要求；

b. 法律法规要求；

c. 产品或服务实现的需要（如批量生产的产品）；

d. 质量控制要求（如可"追回"管理）；

e. 公司的需要（如加强管理方面的考虑）等。

（6）对供方标识和可追溯性的监管由主管业务部门负责。

4. 支持性文件或记录

（1）WSH-DG-27《运行管理大纲》

（2）WSH-DG-27-GD05《设备编码管理》

（3）WSH-DG-27-GD06《设备标识管理》

（4）WSH-DG-27-GD07《标牌标识管理》

（5）WSH-DG-27-GD08《辐射防护标识管理》

（6）WSH-DG-27-GD09《系统状态控制》

（7）WSH-DG-27-GD10《运行隔离与行政隔离管理》

（8）WSH-DG-27-GD11《可追溯性管理》

（9）WSH-QES-CX-8.5《生产和服务提供管理程序》

（10）标识和可追溯性相关记录

万山红核电有限公司 综合管理手册 8.5.3 顾客或外部供方的财产	版本/状态	B/0
	章节页次/总页	1/1
	手册页次/总页	91/145

1. 总则

对顾客或外部供方的财产实施控制，以确保产品和服务（物项）的提供满足要求。

2. 职责

（1）各部门负责对本部门管辖的顾客或外部供方财产按照约定的要求实施管理。

（2）主管副总经理为顾客或外部供方的财产控制提供充分的资源保障，并指导本过程的实施。

3. 工作程序

（1）本条款引用了公司已建立的《运行管理大纲》和《供方及承包方财产的管理》等规定以及《生产和服务提供管理程序》，以支持其过程的实施。

（2）顾客或外部供方财产是指顾客或外部供方所拥有的、为满足合同要求交由本公司控制的或提供给本公司使用的财产，可能是材料、零部件、工具和设备（包括生产和监测设备）以及场所（如安装、调试过程的外现场）、知识产权（如图样、工艺文件、配方等）和个人资料（如通信方式和相关证件）及其需要对外保密的信息。

（3）爱护在核电生产与供电过程由本公司控制的或本公司使用的顾客或外部供方财产，需识别、验证、保护和维护供本公司使用或构成产品一部分的顾客或外部供方财产，以确保顾客或外部供方财产的有效实施。

（4）对本公司涉及的顾客或外部供方财产进行识别，做好日常保管和维护，提供的产品进行检查或验证，并在其产品和服务（物项）标签或随行资料上明确标识。

（5）在贮存、维护和使用过程中，发现顾客或外部供方财产异常（如丢失、损坏或发现不适用）时，需立即通知顾客或外部供方，并保持记录，并按照与顾客或外部供方协商的解决办法进一步处理。

（6）当顾客或外部供方财产涉及知识产权或个人信息时，需对其实施保密管理。

（7）对顾客或外部供方财产所带来的环境因素和危险源进行识别和评价，必要时实施控制。

（8）公司需在与顾客或外部供方签订的合同中规定对其财产的控制要求。

（9）保留顾客或外部供方的财产管理和控制的适当记录。

4. 支持性文件或记录

（1）WSH-DG-27《运行管理大纲》

（2）WSH-DG-27-GD12《供方及承包方财产的管理》

（3）WSH-QES-CX-8.5《生产和服务提供管理程序》

（4）顾客或外部供方的财产相关记录

万山红核电有限公司 综合管理手册 8.5.4 防护	版本/状态	B/0
	章节页次/总页	1/2
	手册页次/总页	92/145

1. 总则

对核电运营提供期间的输出进行防护管理和控制，以确保产品和服务（物项）满足要求。

2. 职责

（1）各部门负责对本部门管辖的产品和服务（物项）按照规定的要求实施防护管理。

（2）主管副总经理为过程输出防护提供充分的资源保障，并指导本过程的实施。

3. 工作程序

（1）本条款引用了公司已建立的《运行管理大纲》《辐射防护大纲》《安全保卫大纲》《消防大纲》《放射性废物管理大纲》和《辐射防护标识管理》《辐射分区管理》《辐射工作许可管理》《辐射防护用品管理》《放射性废物管理大纲》《放射性废物处理和整备》《动火管理》《可燃物料防火管理》《厂区出入控制管理》《重点部位保卫管理》《厂区交通安全管理》《库存物资维护保养》《防异物管理》《常规作业清洁管理》《放射性作业清洁管理》《保温作业管理》《防腐作业管理》《行政隔离与运行隔离管理》《生产区域安全管理》等规定以及《生产和服务提供管理程序》等程序，以支持其过程的实施。

（2）核电生产包括许多过程，如涉及采购、运输和仓储的生产准备和燃料准备，核岛和常规岛运行，各辅助设施（如去离子水生产）和各种废物的监测和管理，各机组的日常维护、大修和改造等。这些过程有些较为复杂，尽管公司的最终产品是核电，但为核电的安全生产需防护中间过程产生的产品和服务众多，需要进行的输出（物项）防护也较多。

（3）各部门需精心策划、精心组织实施、严格监管，做好采购仓储、各辅助设施运行、机组运行、日常维护、大修、变更改造各过程的输出防护活动。输出（物项）防护活动可能包括标识、处置、污染控制、保护、贮存、传输或运输以及保护等。

（4）各部门需按照有关程序的要求做好核电生产和服务过程输出所使用的各类软件的防护标识、贮存、备份和保护和保密等工作。

（5）必要时，制定措施并形成文件，以控制各个过程。控制措施包括按照已制定的程序、细则或图样对材料和设备进行清洗、保护和保管，以防止损伤、变质和丢失。当特定输出（物项）需要时，需规定和提供专用覆盖物、专用装卸设备及特定的保护环境，并验证这些措施的实施情况是否符合要求。

（6）对安全具有重要性的输出（物项）的维护，需保证其质量相当于该输出原来所规定的质量。

万山红核电有限公司 综合管理手册 8.5.4 防护	版本/状态	B/0
	章节页次/总页	2/2
	手册页次/总页	93/145

(7) 对危险作业或有害物质场所，按照要求进行适宜的安全警示标识，如放射性警示标识和起重警示标识等。

4. 支持性文件或记录

（1）WSH-DG-11《辐射防护大纲》
（2）WSH-DG-12《安全保卫大纲》
（3）WSH-DG-27《运行管理大纲》
（4）WSH-DG-30《消防大纲》
（5）WSH-DG-31《放射性废物管理大纲》
（6）WSH-DG-11-GD01《辐射防护标识管理》
（7）WSH-DG-11-GD02《辐射分区管理》
（8）WSH-DG-11-GD03《辐射工作许可管理》
（9）WSH-DG-11-GD04《辐射防护用品管理》
（10）WSH-DG-27-GD13《动火管理》
（11）WSH-DG-27-GD14《可燃物料防火管理》
（12）WSH-DG-27-GD15《厂区出入控制管理》
（13）WSH-DG-27-GD16《重点部位保卫管理》
（14）WSH-DG-27-GD17《厂区交通安全管理》
（15）WSH-DG-27-GD18《库存物资维护保养》
（16）WSH-DG-27-GD19《防异物管理》
（17）WSH-DG-27-GD20《常规作业清洁管理》
（18）WSH-DG-27-GD21《放射性作业清洁管理》
（19）WSH-DG-27-GD22《保温作业管理》
（20）WSH-DG-27-GD23《防腐作业管理》
（21）WSH-DG-27-GD24《行政隔离与运行隔离管理》
（22）WSH-DG-27-GD25《生产区域安全管理》
（23）WSH-DG-31-GD01《放射性废物处理和整备》
（24）WSH-QES-CX-8.5《生产和服务提供管理程序》
（25）与防护相关的记录

万山红核电有限公司 综合管理手册 8.5.5 交付后活动	版本/状态	B/0
	章节页次/总页	1/2
	手册页次/总页	94/145

1. 总则

对产品和服务的交付后活动实施控制,以确保核电的供电和其他产品和服务的交付后活动满足要求。

2. 职责

(1) 生产计划处负责电网接口归口管理。

(2) 电力营销处负责行业政策与电力市场研究,制定电能消纳方案和电力营销策略;参加其组织的会议,收集电力市场信息,关注电力市场变化形势;建立、维护良好客户关系。

(3) 相关部门协助产品和服务交付后活动的实施。

(4) 主管副总经理为交付后活动提供充分的资源保障,并指导本过程的实施。

3. 管理要求

(1) 本条款引用了公司已建立的《电力营销大纲》《运行管理大纲》《公共关系管理大纲》《计量管理大纲》和《售电计划管理》《售电合同管理》《电价管理》《电力直接交易工作管理》《电力行业接口管理》《电力营销管理》《电厂关口计量管理》《生产信息通告要求》《电网及用户沟通管理》《外部接口管理》以及《生产和服务提供管理程序》,以支持其过程的实施。

(2) 公司需满足与产品和服务相关的交付后活动的要求,按《并网安全性评价》的规定在确定所要求的交付后活动的覆盖范围和程度时,需考虑:

① 法律法规要求(包括核安全法规)。

② 与产品和服务相关的潜在不期望的后果。

③ 产品和服务的性质、使用和预期寿命。

④ 顾客要求。

⑤ 顾客反馈。

(3) 交付后活动包括合同保证条款或公司承诺的附加服务,可能有(不限于):

① 考核要求:按华东区域并网发电厂辅助服务管理细则和华东区域发电厂并网运行管理实施细则要求,对电厂相关运行要求和指标进行考核。

② 信息报送:按要求将公司小修信息及时报送电网。

(4) 定期或不定期走访顾客(电网)及使用单位,收集和分析产品使用或服务中的信息,调查顾客意见,对服务信息进行统计和分析,以增强顾客满意。

4. 支持性文件或记录

(1) WSH-DG-14《计量管理大纲》

万山红核电有限公司 综合管理手册 8.5.5 交付后活动	版本/状态	B/0
	章节页次/总页	2/2
	手册页次/总页	95/145

(2) WSH-DG-17《公共关系管理大纲》

(3) WSH-DG-22《电力营销大纲》

(4) WSH-DG-27《运行管理大纲》

(5) WSH-DG-14-GD06《电厂关口计量管理》

(6) WSH-DG-17-GD02《外部接口管理》

(7) WSH-DG-22-GD01《售电计划管理》

(8) WSH-DG-22-GD02《售电合同管理》

(9) WSH-DG-22-GD03《电价管理》

(10) WSH-DG-22-GD04《电力直接交易工作管理》

(11) WSH-DG-22-GD05《电力行业接口管理》

(12) WSH-DG-22-GD06《电力营销管理》

(13) WSH-DG-22-GD07《电网及用户沟通管理》

(14) WSH-DG-27-GD26《生产信息通告要求》

(15) WSH-QES-CX-8.5《生产和服务提供管理程序》

(16) 交付后活动相关记录

万山红核电有限公司 综合管理手册 8.5.6 更改控制	版本/状态	B/0
	章节页次/总页	1/2
	手册页次/总页	96/145

1. 总则

对核电营运活动提供的更改实施控制，以确保核电营运活动满足要求。

2. 职责

（1）维修处辅助各电厂设计变更的实施。

（2）各部门按职责划分分别负责责任范围内设计变更的实施或技术文件的编制和更改。

（3）主管副总经理负责为核电营运更改控制过程的实施提供资源支持，并指导该过程的实施。

3. 管理要求

（1）本条款引用了公司已建立的《运行管理大纲》和《变更实施管理》《永久变更实施管理》《变更后试验管理》《变更投用检查管理》《变更验收评价管理》《文件编制管理》等规定以及《生产和服务提供管理程序》，以支持其过程的实施。

（2）核电营运活动的更改可能有（不限于）：
① 生产或服务计划的更改。
② 工艺文件或规范的更改。
③ 相关规定或制度的更改。
④ 产品或服务交付后涉及的更改。

（3）对核电运营活的更改进行必要的评审和控制，以确保持续地符合要求：
① 评审并确定相应的更改，对更改带来的风险采取必要的事先预防措施。
② 必要时，更改实施前进行验证或确认。
③ 对更改经授权人批准（必要时，需经顾客认可）。
④ 按照更改的结果实施。

（4）保留的更改记录，其中包括如下信息：
① 有关更改评审的结果。
② 授权进行更改的人员。
③ 根据评审所采取的必要措施。

4. 支持性文件或记录

（1）WSH-DG-27《运行管理大纲》
（2）WSH-DG-27-GD27《变更实施管理》
（3）WSH-DG-27-GD28《永久变更实施管理》

万山红核电有限公司	版本/状态	B/0
综合管理手册	章节页次/总页	2/2
8.5.6 更改控制	手册页次/总页	97/145

(4) WSH-DG-27-GD29《变更后试验管理》

(5) WSH-DG-27-GD30《变更投用检查管理》

(6) WSH-DG-27-GD31《变更验收评价管理》

(7) WSH-DG-18-GD02《文件编制管理》

(8) WSH-QES-CX-8.5《生产和服务提供管理程序》

(9) 更改控制相关记录

万山红核电有限公司 综合管理手册 8.6 产品和服务的放行	版本/状态	B/0
	章节页次/总页	1/2
	手册页次/总页	98/145

1. 总则

按适当阶段策划的安排，采取适宜的监视和测量方法，验证外部提供的过程、产品和服务以及核电生产过程中所有中间产品（新燃料组件和乏燃料组件参数、反应堆运行参数、蒸汽参数、常规岛有关过程的参数、采购的各设备的性能参数、大修前后每台设备与系统的性能参数等），确保核电安全生产的要求，监视和测量向电网输送的核电参数，确保满足规定要求。

2. 职责

（1）各相关部门根据其职责权限和有关程序规定负责对核电运行过程中的各种产品和服务（物项）的性能或参数实施监视和测量。

（2）质量、安全和环境主管部门负责职责范围内产品和服务（物项）放行的检查和监督。

（3）主管副总经理为产品和服务（物项）放行提供充分的资源保障，领域分管领导负责指导本过程的实施。

3. 管理要求

（1）本条款引用了公司已建立的《运行管理大纲》《采购管理大纲》《维修管理大纲》《大修管理大纲》和《物资采购质量管理》《物资入库管理》《物资出库管理》《设备定期试验管理》《维修后试验管理》《大修后试验管理》《在役检查管理》《变更验收评价管理》《堆芯监督管理》《核燃料相关组装件管理》《运行值交接班管理》等规定以及《产品和服务的放行管理程序》，以支持其过程的实施。

（2）为安全地核电营运并向客户电网输送符合要求的核电，在所有外部提供的过程、产品和服务（包括外包过程）进厂阶段（如采购的各种原材料、设备和新燃料组件）、核电运行（如核岛和常规岛运行、大修和维修过程，废物处理过程）的各阶段及最终核电并网前阶段进行策划，并按相应的接收准则验证其要求（如状态、性能、特性、参数）已得到满足。

（3）除非得到有关授权人员的批准，适用时得到顾客的批准，否则在所有上述策划的安排已圆满完成之前，不向下一环节（或下一道工序）以及顾客放行产品或交付服务。

（4）当需要以试验的方式验证物项的功能时，需制定试验控制程序，并按以下要求对试验过程实施控制。

① 编制试验大纲，明确试验要求，做好试验前的准备，并实施试验前准备状态检查。

万山红核电有限公司	版本/状态	B/0
综合管理手册 8.6 产品和服务的放行	章节页次/总页	2/2
	手册页次/总页	99/145

② 按照试验的重要性，对试验大纲确定不同审批级别。
③ 试验大纲需包括所需进行的试验。
④ 按照试验大纲规定的程序进行试验，并对影响试验过程的诸因素进行控制。
⑤ 试验结束后，按规定的程序收集、整理试验数据和原始记录，保证数据的完整性和准确性。同时应分析、评价试验结果。
⑥ 对试验发现的故障和缺陷，采取有效的纠正措施，并进行试验验证。
⑦ 试验过程、结果及任何必要措施的记录应予保存。

（5）当采用抽样检验作为产品合格的验收方法时，需适当选择采用国家抽样检验标准（GB 2828 系列标准），以使抽样方案在统计学上是有效和适用的。

（6）保留有关产品和服务（物项）放行的形成文件的信息，如：
① 符合接收准则的证据（如《检验规范》《试验大纲》）。
② 可追溯到授权放行人员的信息（如《检验记录》《试验记录》）。

4. 支持性文件或记录

（1）WSH-DG-25《采购管理大纲》
（2）WSH-DG-27《运行管理大纲》
（3）WSH-DG-28《维修管理大纲》
（4）WSH-DG-29《大修管理大纲》
（5）WSH-DG-25-GD10《物资采购质量管理》
（6）WSH-DG-25-GD12《物资入库管理》
（7）WSH-DG-25-GD13《物资出库管理》
（8）WSH-DG-27-GD31《变更验收评价管理》
（9）WSH-DG-27-GD32《在役检查管理》
（10）WSH-DG-27-GD33《堆芯监督管理》
（11）WSH-DG-27-GD34《核燃料相关组装件管理》
（12）WSH-DG-27-GD35《运行值交接班管理》
（13）WSH-DG-28-GD03《设备定期试验管理》
（14）WSH-DG-28-GD04《维修后试验管理》
（15）WSH-DG-29-GD05《大修后试验管理》
（16）WSH-QES-CX-8.6《产品和服务的放行管理程序》
（17）WSH-QES-CX-8.6-W01《检验规范》
（18）WSH-QES-CX-8.6-W02《试验大纲》
（19）WSH-QES-CX-8.6-J01《检验记录》
（20）WSH-QES-CX-8.6-J02《试验记录》

万山红核电有限公司 综合管理手册 8.7 不合格输出的控制	版本/状态	B/0
	章节页次/总页	1/5
	手册页次/总页	100/145

1. 总则

对不合格（不符合）要求的输出（不符合的物项或服务）进行识别和控制，以防止其非预期的使用或交付。

2. 职责

（1）安全质量处归口负责公司不符合项的归口管理；不符合项的最终关闭；建立和维护生产不符合项数据信息等。

（2）技术处负责公司设备缺陷、质量缺陷报告和生产不符合项报告的原因分析及纠正措施、技术方案或处理方案的提出和验证；负责采购不符合项报告的技术审查。

（3）维修处和大修管理处负责公司设备缺陷、质量缺陷报告和生产不符合项报告的纠正措施、技术方案或处理方案的实施。

（4）核安全处负责对与核安全相关的不符合项进行安全审查，根据法规和程序的规定将其报 NNSA 审查。

（5）物资采购处接口公司采购不符合项的供应商，组织公司相关技术部门实施采购不符合项技术审查和处理措施的验证。

（6）现场工作人员（包括电厂员工、聘用人员以及承包商人员）在发现电厂系统、设备缺陷时，有责任提出工作申请或状态报告，及时报告发现的不符合品项。

（7）主管副总经理为不符合项的控制提供充分的资源保障，并指导本过程的实施。

3. 管理要求

（1）本条款引用了公司已建立的 WSH-DG-27《运行管理大纲》《采购管理大纲》《工程基建项目管理大纲》《电力营销大纲》和《采购不符合项管理》《生产不符合项管理》《质量缺陷报告管理》《设备缺陷管理》《运行决策与缺陷管理》《状态报告管理》等规定以及《不合格输出的控制管理程序》，以支持其过程的实施。

（2）根据不符合项的性质及其对相关产品和服务的影响采取适当的措施，包括产品交付后以及服务提供期间或之后发现的不符合项。

（3）公司建立不符合项审理系统，并保证其独立行使职权。参与不符合项审理的人员须经资格确认并授权，合同规定时须征得顾客同意。

（4）不符合项控制的一般要求：

① 发现不符合项后需采取即时措施（必要时应通知顾客，并向指定机构报告），消除不安全或危险状况，防止状态进一步恶化。需对不符合项进行标识，防止其被误用和误装。

② 明确不符合项的判定、处理的职责。

万山红核电有限公司 综合管理手册 8.7 不合格输出的控制	版本/状态	B/0
	章节页次/总页	2/5
	手册页次/总页	101/145

③对检验人员确认的不符合项，责任部门配合对其进行标识、隔离，由授权人评审。必要时，通知顾客或向指定机构报告。

④不符合项的处理方式：外部提供的过程、产品和服务中发生的不符合项，依据《采购不符合项管理》，核电运行过程中发生的不符合项，依据《生产不符合项管理》程序处理。

(5) 不符合项的控制：

①公司不符合（物项）一般按工作申请、质量缺陷报告和不符合项报告的形式分别进行报告和处理。通过物理标识、标注、隔离或者其他适用的方法对不符合项加以标识。标记、标签和其他信息应当同不符合项报告中的内容一致。只有授权人员才能变更不符合项的状态，以确保不符合项的进一步使用受到适当的控制。

②由授权人员审查不符合项，以使不符合项得到恰当的处理。根据不符合项的特性，对于处理后仍不能满足原设计要求的不符合项，需要征求设计方对不符合项处理方案的意见。对于核安全相关的不符合项还需根据需要报国家核安全局审查。根据审查结果，不符合项按程序要求进行处理。只有相关工作实施完成并经过验证，相关文件修订后纠正措施才可关闭。

③采取措施防止不符合项的重复发生。通过分析各种信息查找不符合项的趋势，确定需要进行根本原因分析的问题，采取适当的纠正措施，防止不符合项的重复发生。

(6) 公司通常采用如下步骤实施不符合项的处理：

①《工作申请（WR）》：

a. 当发现工艺系统、设备的不符合物项时，任何人均有义务进行缺陷报告并在电子流程中发起 WR。在工作申请中应准确描述不符合项的现象、性质、范围和需要维修的部位等，应提供足够的信息，以便不符合项得到及时处理；

b. 工作申请提出人的上级通过校核认可该工作申请。值长和计划部门根据不符合的性质和对安全的重要性确定处理的优先级和工作计划，维修部门审核或提出不符合处理的技术措施。不符合物项的处理记录形成工作报告。

②《质量缺陷报告（QDR）》：

a. 对在系统设备和部件的检修、检查和试验中发现任何与设计要求不相符合的异常情况都应填写 QDR，通过 QDR 对异常进行控制和处理，使质量缺陷得到及时有效的消除；

b. 实施单位/部门应针对维修过程中发现的异常缺陷及时填写 QDR，提出 QDR 的建议处理方案，根据设备的重要程度，分别由授权的人员进行审查和批准。对于跨专业的 QDR，由相关专业进行会签。对于经过处理达不到技术要求或当前窗口不能处理的 QDR 转为不符合项报告；

c. 对 QDR 所实施的纠正措施进行验证，已确保 QDR 得到正确的处理。

万山红核电有限公司	版本/状态	B/0
综合管理手册 8.7 不合格输出的控制	章节页次/总页	3/5
	手册页次/总页	102/145

③《不符合项报告（NCR）》：

a. NCR 分成生产 NCR 和采购 NCR 两种：采购 NCR 是指供方按其已有的工艺方案进行处理无法达到与采购文件一致且仍要买方让步接收，或需要另行制定新的工艺方案进行处理的质量缺陷［处理方式见（7）］；生产 NCR 是指生产运行过程中通过 WR 或 QDR 的形式进行处理后，仍然不能满足原设计要求或相关验收准则的系统、设备及构筑物的质量缺陷［处理方式见（8）］；

b. 制定生产不符合项管理程序，明确生产 NCR 的准则，对其方案编制、审查和批准的权限做出规定。所有生产 NCR 均应通过受控的方式得到有效的处理，并且处理结果必须得到验证。对于出现的重大缺陷和重复出现的缺陷必须经过详细的技术分析以确定其发生的根本原因和采取的纠正措施以防止重复发生，生产 NCR 处理方案的制定必须经过充分检查和论证，综合考虑安全性、可用性、技术等各方面因素；

c. 制定采购不符合项管理程序，对制造过程中和到货验收过程中发现的质量缺陷进行鉴别、报告和处理。

（7）采购不符合项的处理方式：

采购不符合项的处理方式有以下 4 种，即照用、返工、修理、报废。

① 照用：当对缺陷的可接受性进行说明，并附以适当级别签署的技术论证材料作为依据，经公司相关人员认可后可以照用处置。

② 返工或修理：当物项按批准的制造程序进行，发现不符合项，供方编制返工或修理方案（包括质量计划和设置控制点），并按程序要求一并上报审批后予以实施，经公司相关人员认可后可以返工或修理处置，返工或修理后必须重新进行检验。

③ 报废：当发现的不符合项不能照用、返工或修理处置时，需报废处置。

对于违反公司采购文件产生的不符合项，供方提出建议的处理意见需经相关部门的审查认可。当涉及需要修改设计或改变验收准则时，必须将报告传递给设计单位，以便取得设计单位的审查意见。

（8）生产不符合项的处理方式：

生产不符合项的处理措施包括临时措施和最终措施。

① 临时措施：临时措施是指处理措施采取后，该物项并未能恢复到满足设计、维修或运行规定的验收准则，但是能满足设计功能，经过评价后确认不影响物项的安全稳定运行。临时措施可采用以下几种方式：

a. 继续使用有缺陷的物项：缺陷的存在不影响物项设计、运行、安全等功能的实现，则该物项可以继续使用；

b. 临时替代：由于缺少原要求的备件，在保证不降低物项原设计功能和安全水平的前提下，用其他备件暂时替代缺陷设备，在这种情况下，需对替代备件的可行性进行充分分析；

万山红核电有限公司 综合管理手册 8.7 不合格输出的控制	版本/状态	B/0
	章节页次/总页	4/5
	手册页次/总页	103/145

c. 临时设计变更：因原部件存在设计缺陷，或由于特殊原因现场无法恢复到原设计状态，通过可恢复性的设计改造或临时备件（如自行加工的备件）来使系统设备能实现正常运行功能；

d. 临时修复：无原要求的备件或无须临时替代或临时设计变更，但由于现场条件限制，在经过评价后，对缺陷设备暂时采取临时处理措施来保证设备能实现正常的运行功能。

② 最终措施：是指该措施采取后缺陷得以消除，系统设备恢复到满足设计、维修、运行参数要求；或通过技术澄清、现场跟踪验证评价，确认设备能满足原设计功能。最终措施的实施可采用如下方式：

a. 对缺陷进行彻底处理，设备恢复到满足原设计、维修或运行参数要求；

b. 通过对缺陷扩展情况及设备运行状况进行至少 2 个检修周期的跟踪后，确认缺陷的存在不影响系统设备设计功能的实现，并提出新的维修、运行标准；

c. 对临时变更进行评价，确定是进行正式变更还是恢复原设计；

d. 厂家或设计进行技术澄清给出可接受的意见；

e. 可以等同正常物项使用，缺陷的存在不影响设备功能的实现，且经过至少 2 个检修周期的运行后，验证缺陷没有扩展趋势。

在实际生产不符合项处理过程中，上述最终处理措施可能会采用多种方式同时使用，如经与厂家协调后，允许生产不符合项等同于正常物项使用，同时给出新的验收标准。

（9）不符合项得到纠正之后需对其再次进行验证，以证实符合要求，并保存检验结果的证据。

（10）获得让步（照用、回用、继续使用有缺陷的物项）接收的授权：

① 当不符合项不妨碍预期使用时，允许使用或交付不符合项。

② 但这种许可必须经过有关授权人员批准，必要时经顾客批准（如与顾客达成协议）。

③ 法规要求或合同规定不允许的，或可能造成后续损害的，不能让步接收不合格输出。

（11）保留以下内容的不符合项处理记录，包括：

① 有关不符合项的描述。

② 所采取措施的描述。

③ 获得让步的描述。

④ 处置不符合项的授权人员。

（12）安全质量处负责对不符合项的处理情况进行监督，编制《季度不合格处理汇总分析报告》，经管理者代表批准后发放到相关部门。

万山红核电有限公司 综合管理手册 8.7 不合格输出的控制	版本/状态	B/0
	章节页次/总页	5/5
	手册页次/总页	104/145

4. 支持性文件或记录

（1） WSH-DG-22《电力营销大纲》
（2） WSH-DG-24《工程基建项目管理大纲》
（3） WSH-DG-25《采购管理大纲》
（4） WSH-DG-27《运行管理大纲》
（5） WSH-DG-27-GD36《采购不符合项管理》
（6） WSH-DG-27-GD37《生产不符合项管理》
（7） WSH-DG-27-GD38《质量缺陷报告管理》
（8） WSH-DG-27-GD39《设备缺陷管理》
（9） WSH-DG-27-GD40《运行决策与缺陷管理》
（10） WSH-DG-27-GD41《状态报告管理》
（11） WSH-QES-CX-8.7《不合格输出的控制管理程序》
（12） WSH-QES-CX-8.7-01《工作申请（WR）》
（13） WSH-QES-CX-8.7-02《质量缺陷报告（QDR）》
（14） WSH-QES-CX-8.7-03《不符合项报告（NCR)》
（15） WSH-QES-CX-8.7-04《季度不合格处理汇总分析报告》

万山红核电有限公司 综合管理手册 8.8 环境管理运行策划和控制	版本/状态	B/0
	章节页次/总页	1/3
	手册页次/总页	105/145

1. 总则

对环境管理运行进行策划并控制重要环境因素的影响，以防止环境污染和能源和资源不当消耗。

2. 职责

（1）环境应急处归口公司环境管理。负责秦山核电环境管理文件体系的建立；推进实施公司环境管理工作，协调环境管理相关事务；管理环境的运行控制有关事务。

（2）保健物理处负责各生产单元放射性固体废物管理。

（3）化学处负责化学和流出物排放控制管理。

（4）储运管理处负责危险废物的集中储存和处置。

（5）维修处、大修管理处负责机组运行、维修期间工业废物的管理。

（6）工程管理处负责土建维修期间建筑垃圾的管理。

（7）各相关部门负责本部门职责范围内环境保护相关的运行控制。

（8）主管副总经理为环境管理运行策划和控制提供充分资源保障，并指导本过程的实施。

3. 管理要求

（1）本条款引用了公司已建立的《环境管理大纲》《化学管理大纲》《放射性废物管理大纲》《运行管理大纲》和《环境监督》《环境监测管理》《放射性废物处理和整备》《放射性废物贮存》《放射性废物最小化管理》《化学物质排放管理》《放射性流出物排放管理》《压水堆乏燃料处置管理》《重水堆乏燃料干式贮存管理》《工业"三废"治理》《废旧物资回收和处理管理》《污染防治管理》《资源、能源管理》《新、改、扩建项目管理》《噪声控制管理》《生产区域保洁管理》《办公区域保洁管理》《生活区域保洁管理》《承包商现场环境管理》等规定以及《环境运行过程策划和控制管理程序》，以支持其过程的实施。

（2）为满足环境管理体系要求并实施应对风险、机遇和实现环境目标及实现的策划所识别的措施，建立、实施、控制并保持过程，可通过以下方式实现。

① 建立过程的运行准则（如各类相关规定或制度）。

② 按照运行准则实施过程控制：

a. 可根据情况采用工程控制或程序控制的方式；

b. 可按层级（如消除、替代、管理）实施控制，并可单独使用或结合使用。

（3）对计划内的变更进行控制，并对非预期变更的后果予以评审，必要时，应采取措施降低任何不利影响。

万山红核电有限公司	版本/状态	B/0
综合管理手册 8.8 环境管理运行策划和控制	章节页次/总页	2/3
	手册页次/总页	106/145

（4）确保对外包过程实施控制或施加影响，在环境管理体系内规定对这些过程实施控制或施加影响的类型与程度。

（5）从生命周期观点出发，考虑以下方面的控制。

① 适当时，制定控制措施，确保在产品或服务的设计和开发过程中，落实其环境要求，此时应考虑生命周期的每一阶段，需特别关注核电机组运行、日常维护维修、换料大修和变更改造等。

② 适当时，确定公司采购或使用的物项和服务的环境要求。

③ 与外部供方（包括合同方）沟通组织的相关环境要求。

④ 对进入工作场所的承包商和访问者的控制，由对口部门制定并实施必要的控制措施，确保质量环境绩效。

⑤ 考虑提供与其产品或服务的运输或交付、使用、寿命结束后处理和最终处置相关的潜在重大环境影响的信息的需求。

（6）对相关方的环境施加影响，对新/改/扩建项目、新工艺/新材料/新技术的应用、资源/能源的消耗进行管理，以确保运行过程按策划的要求得到实施。

（7）各部门和岗位负责相关过程中重要环境因素的控制，并执行相关规定及合规义务。

（8）保持必要程度的文件，以确信过程已按策划得到实施；保留必要程度的记录，以证实控制过程符合要求。

4. 支持性文件或记录

（1）WSH-DG-03《环境管理大纲》

（2）WSH-DG-05《化学管理大纲》

（3）WSH-DG-27《运行管理大纲》

（4）WSH-DG-31《放射性废物管理大纲》

（5）WSH-DG-03-GD01《环境监督》

（6）WSH-DG-03-GD02《环境监测管理》

（7）WSH-DG-03-GD03《工业"三废"治理》

（8）WSH-DG-03-GD04《废旧物资回收和处理管理》

（9）WSH-DG-03-GD05《污染防治管理》

（10）WSH-DG-03-GD06《资源、能源管理》

（11）WSH-DG-03-GD07《噪声控制管理》

（12）WSH-DG-03-GD08《生产区域保洁管理》

（13）WSH-DG-03-GD09《办公区域保洁管理》

（14）WSH-DG-03-GD10《生活区域保洁管理》

万山红核电有限公司 综合管理手册 8.8 环境管理运行策划和控制	版本/状态	B/0
	章节页次/总页	3/3
	手册页次/总页	107/145

(15) WSH-DG-03-GD11《承包商现场环境管理》

(16) WSH-DG-05-GD02《化学物质排放管理》

(17) WSH-DG-24-GD02《新、改、扩建项目管理》

(18) WSH-DG-27-GD42《新工艺、新材料、新技术应用管理》

(19) WSH-DG-31-GD01《放射性废物处理和整备》

(20) WSH-DG-31-GD02《放射性废物贮存》

(21) WSH-DG-31-GD03《放射性废物最小化管理》

(22) WSH-DG-31-GD04《放射性流出物排放管理》

(23) WSH-DG-31-GD05《压水堆乏燃料处置管理》

(24) WSH-DG-31-GD06《重水堆乏燃料干式贮存管理》

(25) WSH-QES-CX-8.8《环境运行过程策划和控制管理程序》

(26) 环境管理运行策划和控制相关文件

万山红核电有限公司 综合管理手册 8.9 职业健康安全管理运行策划和控制	版本/状态	B/0
	章节页次/总页	1/4
	手册页次/总页	108/145

1. 总则

对职业健康安全管理运行策划并控制重大健康安全风险，以防止对员工和相关人员的健康安全损害。

2. 职责

（1）核安全处归口公司职业健康管理。

（2）安全质量处归口公司工业安全管理，负责工业安全事故和工伤管理，负责组织落实劳动保护。

（3）保健物理处负责各生产单元辐射工作控制，负责个人剂量控制。

（4）工会办公室依法组织职工参加公司安全生产工作的民主管理和民主监督，维护职工在安全生产方面的合法权益；按照有关规定参与公司安全管理和监督工作；对职业病防治工作提出意见和建议，对职工反映的有关职业病防治的问题进行协调并督促解决；对违反职业病防治法律、法规，侵犯职工合法权益的行为，提出纠正意见；参与职业病危害事故调查处理。

（5）各相关部门负责本部门的职业健康安全的运行控制，包括有效地影响与职业健康安全管理有关的相关方。

（6）主管副总经理为职业健康安全管理运行策划和控制提供充分的资源保障，并指导本过程的实施。

3. 管理要求

本条款引用了公司已建立的《职业健康安全管理大纲》《辐射防护大纲》《工会工作大纲》和《工业安全管理》《高风险作业工业安全监督细则》《工业安全设施管理》《工业安全工器具管理》《特种设备管理》《职业病防治管理》《员工职业健康检查》《劳动防护管理》《劳动保障管理》《女职工保护规定》《个人剂量管理》《生产区域安全管理》《工业安全事故与工伤管理》《辐射防护优化管理》《厂务公开管理》《承包商现场职业健康管理》等规定以及《职业健康安全运行过程策划和控制管理程序》，以支持其过程的实施。

（1）总要求

1）确定已辨识的与危险源相关的运行和活动（需特别关注核电机组运行、日常维护维修、换料大修和变更改造等），并通过以下措施对其重大风险实施控制。

① 建立职业健康安全过程的准则。

② 按照准则实施过程控制。

③ 在必要程度上，保持相关文件和保留相关记录，以确信过程已按策划得到实施。

④ 确定因缺乏文件化信息而可能偏离职业健康安全方针和目标的情况。

万山红核电有限公司 综合管理手册 8.9 职业健康安全管理运行策划和控制	版本/状态	B/0
	章节页次/总页	2/4
	手册页次/总页	109/145

⑤ 使所有工作适合于员工（其工作方法、条件、环境能被员工所掌握）。

2）在多雇主工作场所，公司需与相关方协调职业健康安全管理体系的相关内容，以保障工作顺利开展。

3）保持必要程度的文件化信息，以确信过程已按策划得到实施；保留必要程度的记录，以证实控制过程符合要求。

（2）消除危险源和降低职业健康安全风险

1）公司建立控制措施，应用以下的层级控制以消除危险源并降低职业健康安全风险。

① 消除危险源。

② 用危险性更低的过程、操作、材料或设备替代。

③ 运用工程控制和工作重组措施。

④ 运用管理控制措施（标志、警告或规定），包括培训。

⑤ 运用足够的个体防护装备。

2）按相关法律法规要求和其他要求，对员工个体免费提供防护装备（PPE）。

（3）变更管理

1）公司制定控制措施，以实施和控制影响职业健康安全管理绩效的计划的永久或临时性变更。

① 新的产品、服务和过程，或者现有产品、服务和过程的变更，包括：

a. 工作场所的地点和环境；

b. 工作组织；

c. 工作条件；

d. 装备；

e. 劳动力。

② 法律法规要求和其他要求的变更。

③ 关于危险源和职业健康安全风险的知识或信息的变更。

④ 知识和技术的发展。

2）评审计划外变更的后果（变更可能导致风险和机遇），必要时，采取措施降低任何的不利影响。

（4）采购控制

1）公司需建立、实施和保持过程，控制产品和服务的采购，以确保符合其职业健康安全管理体系。

2）对承包商的控制。

① 从以下方面与承包商协调其采购过程，以进行辨识危险源、评价和控制职业健康安全风险。

万山红核电有限公司	版本/状态	B/0
综合管理手册 8.9 职业健康安全管理运行策划和控制	章节页次/总页	3/4
	手册页次/总页	110/145

　　a. 对组织有影响的承包商活动和业务；
　　b. 对承包商员工有影响的承包商活动和业务；
　　c. 对工作场所内其他相关方有影响的承包商活动和业务。
　　② 确保承包商及其员工符合公司的职业健康安全管理体系的要求。公司的采购过程需在合同文件中确定和提供选择承包商的职业健康安全准则。
　　3）对外包过程的控制。
　　① 公司需确保外包的职能和过程得到控制，确保其外包安排考虑了法律法规要求和其他要求，以及实现其职业健康安全管理体系的预期结果。需在职业健康安全管理体系中确定适用于这些功能和过程的控制类型和程度。
　　② 与外部供应商的协调可以协助公司消除外包对其职业健康安全绩效的影响。
　　③ 不论外包过程的场所在何处，对其控制的措施都需落实。
　　(5) 专项控制
　　1）核燃料管理：
　　① 按照《核材料管制条例》的要求，管理与核燃料有关的活动（如运输、贮存、使用、换料堆芯设计、堆芯与核燃料的运行与操作、乏燃料处置等）。
　　② 按照《核材料管制条例实施细则》（HAF501/01）的规定，对核材料许可证申请、审查、核准、颁发，并对核材料的账务衡算管理及实物保护。
　　2）危险化学品管理：
　　① 按照《危险化学品安全管理条例》的要求，对与危险化学品有关的活动（如运输、储存、使用等），由化学处实施统一管理。
　　② 《危险化学品安全使用说明书（MSDS）》符合GB16483—2016《化学品安全技术说明书编写规定》的要求，使用者需按其规定执行。
　　3）职业病防治：
　　① 按照《职业病防治法》的要求，预防、控制和消除职业病危害，防治职业病，保护劳动者健康及其相关权益。
　　② 按照《职业病防治管理》，对接触粉尘、放射性物质和其他有毒、有害因素岗位工作的人员，在工作过程中做好防护和管理。
　　③ 按规定对可能的职业病人员进行诊断、鉴定，并向所在地卫生行政部门和安全生产监督管理部门报告；确诊为职业病的，向所在地劳动保障行政部门报告，并保障职业病病人依法享受国家规定的职业病待遇。
　　4）特种设备管理：
　　按照《特种设备安全监察条例》的规定，对与特种设备（包括承包商现场使用的特种设备）的安全使用有关的活动（如备案、安装、年检和操作人员的资质等），由安全质量处对特种设备实施统一管理。

万山红核电有限公司 综合管理手册 8.9 职业健康安全管理运行策划和控制	版本/状态	B/0
	章节页次/总页	4/4
	手册页次/总页	111/145

5）按照《劳动保障监察条例》的规定，维护劳动者的合法权益。

6）按照《承包商现场职业健康管理》的规定，对现场工作的承包商及其人员进行管理，以确保其在规定的条件下运行。

4. 支持性文件或记录

(1)《核安全法》（2018年1月1日施行）

(2)《职业病防治法》（2002年5月1日施行）

(3)《核材料管制条例》（国务院，1987年6月15日发布）

(4)《核材料管制条例实施细则》（〔90〕国核安法字129号，1990年9月1日实施）

(5)《危险化学品安全管理条例》（国务院令第591号，2011年12月1日施行）

(6)《特种设备安全监察条例》（国务院令第373号，2016年6月1日实施）

(7)《劳动保障监察条例》（国务院，2004年12月1日施行）

(8) GB 16483—2016《化学品安全技术说明书编写规定》

(9) WSH-DG-04《职业健康安全管理大纲》

(10) WSH-DG-11《辐射防护大纲》

(11) WSH-DG-110《工会工作大纲》

(12) WSH-DG-04-GD01《工业安全管理》

(13) WSH-DG-04-GD02《工业安全设施管理》

(14) WSH-DG-04-GD03《高风险作业工业安全监督细则》

(15) WSH-DG-04-GD04《工业安全工器具管理》

(16) WSH-DG-04-GD05《特种设备管理》

(17) WSH-DG-04-GD06《职业病防治管理》

(18) WSH-DG-04-GD07《员工职业健康检查》

(19) WSH-DG-04-GD08《劳动防护管理》

(20) WSH-DG-04-GD09《劳动保障管理》

(21) WSH-DG-04-GD10《女职工保护规定》

(22) WSH-DG-04-GD11《个人剂量管理》

(23) WSH-DG-04-GD12《生产区域安全管理》

(24) WSH-DG-04-GD13《工业安全事故与工伤管理》

(25) WSH-DG-04-GD14《承包商现场职业健康管理》

(26) WSH-DG-11-GD05《辐射防护优化管理》

(27) WSH-DG-110-GD03《厂务公开管理》

(28) WSH-QES-CX-8.9《职业健康安全运行过程策划和控制管理程序》

(29) 职业健康安全管理运行策划和控制相关文件

万山红核电有限公司	版本/状态	B/0
综合管理手册	章节页次/总页	1/2
8.10 环境和职业健康安全应急准备和响应	手册页次/总页	112/145

1. 总则

识别可能对环境、职业健康安全造成影响的潜在的紧急情况，并规定响应措施，以预防或尽可能减弱潜在的紧急情况带来的有害环境影响或职业健康安全不良后果。

2. 职责

（1）环境应急处归口应急准备和响应的管理。

（2）各部门承担各类应急预案中规定的职责，并负责承包商单位的应急接口。

（3）公司成立应急组织机构，应急组织机构中的所有应急人员按照各类应急预案实施应急准备和响应工作。

（4）主管副总经理为环境和职业健康安全应急准备和响应提供充分的资源保障，并指导本过程的实施。

3. 管理要求

（1）本条款引用了公司已建立的《应急管理大纲》和《核安全事故应急管理》《突发事件应急管理》《应急组织机构与人员任命》《应急文件与设施设备管理》《应急培训与演习管理》《承包商应急响应管理》《应急通知与启动》《应急环境监测》《应急公众信息管理》等规定以及《应急准备和响应管理程序》，以支持其过程的实施。

（2）识别潜在的环境和职业健康安全事故或紧急情况，策划应急准备与响应的有关事项。

① 针对识别的环境或职业健康安全潜在紧急情况，必要时制定应急准备和响应预案。

② 应急准备与响应策划时，需考虑应急组织机构、重点物资和场所、现场危险的类型、预计影响范围、需采取的措施、联络信息、疏散路线、有关相关方的需求、应急服务机构、相邻组织或居民和外部支援等因素。

③ 适当时，向相关方（承包商、访问者、应急响应服务机构、主管部门、当地社区等）提供与应急准备和响应相关的信息，并确保他们的参与。

（3）应急准备和响应实施需考虑以下内容。

① 通过策划，建立紧急情况的响应措施（包括提供急救服务），做好响应紧急情况的准备，以预防或减轻它所带来的不利环境影响。

② 当实际发生紧急情况时，应用策划的措施对其做出响应。

③ 根据紧急情况和潜在环境影响的程度，采取相适应的措施以预防或减轻紧急情况带来的后果。

④ 可行时，定期演练所策划的响应措施，演练策划的响应措施后形成报告，以确信过程能按策划得到实施。

万山红核电有限公司 综合管理手册	版本/状态	B/0
	章节页次/总页	2/2
8.10 环境和职业健康安全应急准备和响应	手册页次/总页	113/145

⑤ 定期评审并修订过程和策划的响应措施，特别是发生紧急情况后或进行试验后。

⑥ 和在公司控制下工作的人员沟通并提供与他们的岗位和职责相关应急准备和响应的信息，并提供紧急预防或急救的资源和培训，指导应急准备和响应预案的贯彻落实；与承包商、访问者、紧急响应服务者、政府机构，必要时包括当地社区沟通有关信息。

⑦ 考虑所有相关方的需求和能力，适用时，确保他们参与响应措施的改善。

（4）保持和保留潜在紧急情况的响应措施和过程的成文信息：

① 针对识别的环境或职业健康安全潜在紧急情况，必要时制定或修订相关《应急预案》，以确信过程能按策划得到实施。

② 演练或实际发生后形成《应急响应报告》

4. 支持性文件或记录

（1）WSH-DG-32《应急管理大纲》

（2）WSH-DG-32-GD01《核安全事故应急管理》

（3）WSH-DG-32-GD02《突发事件应急管理》

（4）WSH-DG-32-GD03《应急组织机构与人员任命》

（5）WSH-DG-32-GD04《应急文件与设施设备管理》

（6）WSH-DG-32-GD05《应急培训与演习管理》

（7）WSH-DG-32-GD06《承包商应急响应管理》

（8）WSH-DG-32-GD07《应急通知与启动》

（9）WSH-DG-32-GD08《应急环境监测》

（10）WSH-DG-32-GD09《应急公众信息管理》

（11）WSH-QES-CX-8.10《应急准备和响应管理程序》

（12）WSH-QES-CX-8.10-W01《应急预案》

（13）WSH-QES-CX-8.10-J01《应急响应报告》

万山红核电有限公司 综合管理手册	版本/状态	B/0
9 绩效评价/9.1 监视、测量、分析和评价	章节页次/总页	1/2
9.1.1 （绩效监测）总则	手册页次/总页	114/145

1. 目的

对监视、测量、分析和改进过程进行策划并实施，建立涵盖所有三体系相关部门和过程与公司战略协调一致的质量、环境和职业健康安全绩效的监测、分析和评价系统，以确保一体化管理体系及其绩效的有效性。

2. 职责

（1）安全质量处负责归口质量管理和工业安全管理绩效的监视、测量、分析和改进过程。

（2）环境应急处归口环境管理和职业健康管理绩效的监视、测量、分析和改进过程。

（3）各部门负责相关业务方面的一体化管理绩效监视、测量、分析和改进活动。

（4）主管副总经理为质量、环境和职业健康安全绩效的监测、分析和评价提供充分的资源保障，领域分管领导负责指导本过程的实施。

3. 管理要求

（1）本条款引用了公司已建立的《质量保证管理大纲》《环境管理大纲》《职业健康安全管理大纲》和《质量保证监督》《环境绩效监视和测量》《职业健康绩效监视和测量》《基建项目质量监督管理》《辐射防护现场监督管理》《全员绩效管理》《承包商绩效评价考核管理》等规定以及《环境和职业健康安全绩效监测与评价管理程序》，以支持其过程的实施。

（2）为监视、测量、分析和评价质量、环境和职业健康安全绩效和一体化管理体系的有效性，公司需确定：

① 需要监视和测量的对象，包括：

a. 适用的法律法规和其他要求；

b. 相关的活动和运行；

c. 运行控制措施；

d. 确定的目标。

② 确保有效结果所需要的监视、测量、分析和评价方法。

③ 评价绩效所依据的准则和适当的参数。

④ 实施监视和测量的时机。

⑤ 对监视和测量结果分析和评价的时机。

（3）在确定监视、测量、分析和改进过程的方法时，按相关管理程序确定使用适用的统计技术及其应用程度，并纳入到过程控制中。必要时，可利用统计技术分析方法进行质量、环境和职业健康安全绩效趋势分析。

万山红核电有限公司	版本/状态	B/0
综合管理手册 9.1.1 （绩效监测）总则	章节页次/总页	2/2
	手册页次/总页	115/145

（4）适当时，需确保使用和维护经校准或验证的监视和测量设备，并对承包方现场使用的监视和测量设备进行监督。

（5）按其合规义务的要求及其建立的信息交流过程，就有关质量、环境和职业健康安全绩效的信息进行内部和外部信息交流。

（6）保留适当的形成文件的信息，作为监视、测量、分析和评价结果的证据。

4. 支持性文件或记录

（1）WSH-DG-20《质量保证管理大纲》

（2）WSH-DG-03《环境管理大纲》

（3）WSH-DG-04《职业健康安全管理大纲》

（4）WSH-DG-20-GD01《质量保证监督》

（5）WSH-DG-03-GD12《环境绩效监视和测量》

（6）WSH-DG-04-GD15《职业健康绩效监视和测量》

（7）WSH-DG-20-GD02《基建项目质量监督管理》

（8）WSH-DG-11-GD06《辐射防护现场监督管理》

（9）WSH-DG-16-GD07《全员绩效管理》

（10）WSH-DG-16-GD10《承包商绩效评价考核管理》

（11）WSH-QES-CX-9.1.1《环境和职业健康安全绩效监测与评价管理程序》

万山红核电有限公司 综合管理手册 9.1.2 顾客和相关方满意度	版本/状态	B/0
	章节页次/总页	1/2
	手册页次/总页	116/145

1. 总则

将顾客满意度评价活动延伸到相关方满意度的评价并规范评价活动，确保评价的客观性和有效性，以提高顾客和相关方的满意程度，提高公司的核心竞争力。

2. 职责

（1）生产计划处负责对电网的顾客满意度测评。
（2）核安全处归口管理国家核安全主管部门的满意度测评。
（3）安全质量处归口管理国家工业安全主管部门的满意度测评。
（4）环境应急处归口管理国家环保相关部门的满意度测评。
（5）党群工作处归口管理公众满意度的测评工作。
（6）各部门对口相关方满意调查及相关问题的处理。
（7）管理者代表监督、协调重大问题的调查和处理。

3. 管理要求

（1）本条款引用了公司已建立的《公共关系管理大纲》和《顾客满意度调查》《相关方满意度调查》《外部接口管理》等规定以及《顾客和相关方满意度评价程序》，以支持其过程的实施。

（2）作为对一体化管理体系绩效的一种测量，各职能部门需主动征求顾客、相关方的意见，进行顾客和相关方的满意度测评，并将其情况进行内部沟通。

（3）公司已建立的《外部接口管理》等程序，规定职能部门与顾客和相关方的对应关系，职能部门作为对口部门开展实施满意度测评工作。

（4）监视顾客和相关方对其需求和期望得到满足的程度的感受，确定获取、监视和评审该信息的方法。监视顾客和相关方感受的方式包括：

① 书面调查了解。
② 会晤或会议。
③ 对交付产品或服务的反馈。
④ 市场占有率分析。
⑤ 赞扬或投诉。
⑥ 索赔担保和经销商报告等。

（5）归口部门将通过多种渠道监视顾客或相关方关于公司是否满足其要求的感受的相关信息，并对其进行分析、评价，得出顾客或相关方满意的定性或定量的结果，并将经评审的信息传达到相关责任部门。

（6）各责任部门负责处理顾客或相关方满意度调查中的相关问题，并对其予以利用

万山红核电有限公司	版本/状态	B/0
综合管理手册	章节页次/总页	2/2
9.1.2 顾客和相关方满意度	手册页次/总页	117/145

或找出差距，实施改进。必要时，形成文件的信息，将处理结果及时反馈顾客或相关方。

4. 支持性文件或记录

（1）WSH-DG-17《公共关系管理大纲》

（2）WSH-DG-17-GD02《外部接口管理》

（3）WSH-DG-17-GD05《顾客满意度调查》

（4）WSH-DG-17-GD06《相关方满意度调查》

（5）WSH-QES-CX-9.1.2《顾客和相关方满意度评价程序》

万山红核电有限公司 综合管理手册 9.1.3 分析与评价	版本/状态	B/0
	章节页次/总页	1/2
	手册页次/总页	118/145

1. 总则

分析和评价通过监视和测量获得的适当的数据和信息，利用其结果以改进和提升一体化管理体系的适宜性和有效性。

2. 职责

（1）安全质量处归口质量管理和工业安全管理的分析和改进过程。
（2）环境应急处归口环境管理的分析和改进过程。
（3）核安全处归口职业健康管理的分析和改进过程。
（4）各部门负责相关业务方面的一体化管理的分析和改进活动。
（5）主管副总经理为质量、环境和职业健康安全绩效的分析和评价提供充分的资源保障，领域分管领导负责指导本过程的实施。

3. 管理要求

（1）本条款引用了公司已建立的《体系管理与绩效提升大纲》和《指标体系管理》规定以及《数据和信息分析与评价程序》，以支持其过程的实施。
（2）通过数据分析提供以下方面的信息：
① 顾客和相关方的满意信息。
② 与产品和过程要求的符合性信息，如停堆停机等故障的类型和频次等。
③ 核电运行过程的特性及趋势，如机组运行过程参数、设备故障缺陷特性及趋势等，以及采取预防措施的机会。
④ 供方（含承包方）的动态信息。
⑤ 质量趋势和一体化管理体系的改进信息等。
（3）利用上述分析结果评价如下内容：
① 策划是否得到有效实施。
② 产品和服务的符合性。
③ 过程、产品和服务的特性及发展趋势。
④ 应对风险和机遇所采取措施的有效性。
⑤ 顾客及相关方抱怨和满意程度。
⑥ 外部供方的绩效。
⑦ 质量、环境、职业健康安全绩效和有效性。
⑧ 一体化管理体系改进的需求。
（4）各相关部门负责确定、收集和分析与本部门有关的数据和信息，选用适当的统计技术对其进行数据分析、评价、处理和反馈，并确定改进的机会和领域。

万山红核电有限公司 综合管理手册 9.1.3 分析与评价	版本/状态	B/0
	章节页次/总页	2/2
	手册页次/总页	119/145

（5）数据的收集包括来自监视和测量的结果以及其他有关来源的数据。各部门可采用适宜的方法进行数据分析，从波动数据中找出规律，确定需改进的方向和内容。

（6）必要时，数据分析还应提供与公司核电运行相关的事件对其质量和核与辐射安全的影响。

（7）安全质量处、环境应急处、核安全处各自统筹归口范围活动的数据和信息分析与评价的实施，对各部门进行技术指导、培训、推广良好实践。每半年汇总编写《数据和信息分析与评价应用报告》，经管理者代表批准后作为管理评审的输入之一。

4. 支持性文件或记录

（1）WSH-DG-06《体系管理与绩效提升大纲》

（2）WSH-DG-06-GD02《指标体系管理》

（3）WSH-QES-CX-9.1.3《数据和信息分析与评价程序》

（4）WSH-QES-CX-9.1.3-01《数据和信息分析与评价应用报告》

万山红核电有限公司 综合管理手册 9.1.4 合规性评价	版本/状态	B/0
	章节页次/总页	1/2
	手册页次/总页	120/145

1. 总则

对环境和职业健康安全合规义务（法律法规和其他要求）的遵守情况进行评价，确保环境和职业健康安全的运行活动符合法律法规和其他要求，并为持续改进提供契机。

2. 职责

（1）环境应急处归口公司环境和职业健康合规性评价的管理。

（2）安全质量处归口公司工业安全合规性评价的管理。

（3）各部门分别进行业务范围的环境和职业健康安全合规性评价，并将评价结果报告归口部门。

（4）主管副总经理为质量、环境和职业健康安全绩效的分析和评价提供充分的资源保障，领域分管领导负责指导本过程的实施。

3. 管理要求

（1）本条款引用了公司已建立的《法规管理大纲》和《法规监督管理》规定以及《合规性评价程序》，以支持其过程的实施。

（2）评价的方式：

① 一般在每次管理评审之前进行，或当某些法律法规和其他要求变化较大时，需适时进行；法律法规和其他要求的评价可以一起进行，也可以分别进行。

② 评价的内容主要是与重要环境因素和重大风险有关的法律法规和其他要求的遵守情况。

③ 评价的依据是遵守法律法规和其他要求的证据（包括良好或不良的），这些证据可能是定量的或定性的。

④ 评价证据可通过现场调查、核对支持性文件、记录等方式收集。

⑤ 保持公司员工对合规状况的知识和对其合规状况的理解。

（3）各部门将收集到的证据与适用的环境和职业健康安全法律法规和其他要求的相关规定进行比较，确定符合程度并上报归口部门。

（4）归口部门汇总公司各部门的相关证据，通过分析编写《合规性评价报告》，作为管理评审的输入之一。

（5）对合规性评价发现的不符合或对于处于边界状态的情况，按本手册"10.2 事件（事故）、不符合和纠正措施"实施纠正措施，必要时制定《管理方案》。

4. 支持性文件或记录

（1）WSH-DG-90《法规管理大纲》

万山红核电有限公司	版本/状态	B/0
综合管理手册	章节页次/总页	2/2
9.1.4　合规性评价	手册页次/总页	121/145

(2) WSH-DG-90-GD02《法规监督管理》
(3) WSH-QES-CX-9.1.4《合规性评价程序》
(4) WSH-QES-CX-9.1.4-W01《合规性评价报告》
(5) WSH-QES-CX-9.1.4-W02《管理方案》

万山红核电有限公司	版本/状态	B/0
综合管理手册	章节页次/总页	1/2
9.2　内部审核	手册页次/总页	122/145

1. 总则

按策划的时间间隔进行内部审核，以提供一体化管理体系的符合性和有效性的信息，作为体系改进的依据。

2. 职责

（1）管理者代表负责策划内部审核方案，批准年度内部审核计划，向公司最高管理层报告审核结果。

（2）安全质量处归口公司内部审核，编制审核计划，协助管理者代表组织审核组实施内部审核。

（3）审核组长带领审核员按审核计划实施审核。

（4）各部门接受内部审核，并对所发现的不符合和观察项进行整改，制订和实施纠正措施。

3. 管理要求

（1）本条款引用了公司已建立的《体系管理与绩效提升大纲》以及《内部审核程序》，以支持其过程的实施。

（2）内部审核需：

① 依据有关过程的重要性、对公司产生影响的变化和以往的审核结果，策划、制定、实施和保持审核方案，审核方案包括频次、方法、职责、策划要求和报告。

② 确定每次审核的准则和范围。

③ 选择可确保审核过程客观公正的审核员实施审核。

④ 确保相关管理部门获得审核结果报告。

⑤ 及时采取适当的纠正和纠正措施。

⑥ 保证所采取的应对风险和机遇的措施的有效性。

⑦ 保留作为实施方案以及审核结果的证据的形成文件的信息。

（3）管理体系实施一体化审核，每年至少进行一次，时间间隔不超过12个月。管理者代表负责策划审核方案，企业管理处按审核方案组成审核组（包括遴选组长和成员），制定按部门审核的审核计划经管理者代表批准后实施。

（4）管理者代表主持首末次会议，组织审核组成员实施审核并在审核期间进行相关沟通，处理相关争议。

（5）审核员按分工编写《审核检查表》，在审核中形成《审核记录》，发现不符合时形成《不符合项报告》，并配合审核组长完成审核工作。

（6）受审核部门的管理者在收到《不符合项报告》后，及时组织人员分析不符合的

万山红核电有限公司 综合管理手册 9.2 内部审核	版本/状态	B/0
	章节页次/总页	2/2
	手册页次/总页	123/145

原因，按本手册"10.2事件（事故）、不符合和纠正措施"的规定采取必要的纠正和纠正措施，以消除不符合的原因，关闭不符合项报告，并由开出《不符合项报告》的审核员进行验证。

（7）审核组长收集审核资料，编制《内审报告》，经管理者代表批准后，发放到各有关公司领导和各部门。

（8）安全质量处负责内部审核资料的存档，《内审报告》作为管理评审的重要输入之一。

4. 支持性文件或记录

（1）WSH-DG-06《体系管理与绩效提升大纲》
（2）WSH-QES-CX-9.2《内部审核程序》
（3）WSH-QES-CX-9.2-01《审核检查表》
（4）WSH-QES-CX-9.2-02《审核记录》
（5）WSH-QES-CX-9.2-03《不符合项报告》
（6）WSH-QES-CX-9.2-04《内审报告》

万山红核电有限公司 综合管理手册 9.3 管理评审	版本/状态	B/0
	章节页次/总页	1/3
	手册页次/总页	124/145

1. 总则

总经理按照策划的时间间隔对公司的一体化管理体系进行评审，以确保其持续的适宜性、充分性和有效性，并与公司的战略方向一致。

2. 职责

（1）总经理主持管理评审会议，批准评审输出报告。

（2）管理者代表向公司最高管理层报告一体化管理体系的运行情况，提出改进意见，负责组织管理评审的准备和组织协调，批准管理评审计划。

（3）安全质量处归口管理评审的组织，包括：编制评审计划；准备和收集评审输入资料；评审会议记录；编制评审输出报告及后续行动的跟踪验证。

（4）各部门负责质量、环境、职业健康安全管理体系运行的自我评价，准备和提供评审输入，并负责有关改进决策的实施与落实。

3. 管理要求

（1）本条款引用了公司已建立的《体系管理与绩效提升大纲》以及《管理评审程序》，以支持其过程的有效实施。

（2）管理评审的总体要求：

① 管理评审正常时一年一次，两次间隔不超过12个月；当公司的组织机构、产品范围、市场需求、顾客和相关方需求及法律要求和其他要求等发生重大变化或发生重大事件以及总经理认为必要时，可适时追加管理评审。

② 管理评审以评审会的形式进行，由总经理负责策划并主持管理评审，对一体化管理体系做出正式评价；管理者代表负责组织，企业管理处做好日常工作，各有关部门负责准备相应的评审输入材料并落实会议的决定。

③ 安全质量处制定《管理评审计划》，报管理者代表审核，并经总经理批准后，通知各部门进行准备。

（3）管理评审输入：

策划和实施管理评审时应考虑下列内容：

① 以往管理评审所采取措施的实施情况。

② 与一体化管理体系相关的变化：

  a. 内外部因素、风险和机遇；

  b. 相关方的需求和期望，包括合规义务；

  c. 重要环境因素和重大风险。

③ 综合方针和目标的实现程度。

万山红核电有限公司 综合管理手册 9.3 管理评审	版本/状态	B/0
	章节页次/总页	2/3
	手册页次/总页	125/145

④ 有关一体化管理体系绩效和有效性的信息，包括下列趋势性信息。
a. 顾客满意和相关方的反馈；
b. 员工参与和协商的输出；
c. 过程绩效以及产品和服务的符合性；
d. 事件、不符合以及纠正措施；
e. 监视和测量结果；
f. 合规义务履行及评价的情况；
g. 审核结果；
h. 外部供方的绩效。
⑤ 资源的管理。
⑥ 应对风险和机遇所采取的措施的有效性。
⑦ 来自相关方的有关信息交流，包括抱怨。
⑧ 持续改进的机会。

各部门依据管理评审输入内容编写《部门体系运行报告》，安全质量处汇总后提交管理者代表。管理者代表参考各《部门体系运行报告》，编写《公司体系运行报告》。

（4）管理评审输出。管理评审的输出应包括与下列事项有关的决定和措施：
① 对一体化管理体系的持续适宜性、充分性和有效性的结论。
② 综合目标未实现时采取的措施。
③ 持续改进的机会。
④ 需要时，改进一体化管理体系与其他业务过程融合的机会。
⑤ 一体化管理体系变更的需求。
⑥ 资源需求和组织结构调整。
⑦ 任何与公司战略方向相关的结论。
⑧ 与核与辐射安全相关的改进。

（5）总经理参考各《部门体系运行报告》和《公司体系运行报告》，依据管理评审输出的内容确定管理评审会议评审的主要内容；总经理主持管理评审会议，会议就评审的主要内容进行讨论并做出改进决定，并确定落实相关决定的责任部门。

（6）安全质量处记录管理评审会议的情况，并依据管理评审会议的信息，编制《管理评审报告》，经总经理批准后发至相关人员和有关部门；相关责任部门就管理评审的决定确定相关措施并予以落实，并将实施结果反馈安全质量处；安全质量处对管理评审决定的实施情况进行跟踪验证，并将验证情况向最高管理者和总经理报告。

（7）管理评审需保留形成文件的信息（包括输入资料、输出资料），并在公司内得到沟通，必要时与相关方沟通。

万山红核电有限公司 综合管理手册 9.3　管理评审	版本/状态	B/0
	章节页次/总页	3/3
	手册页次/总页	126/145

4. 支持性文件或记录

（1）WSH-DG-06《体系管理与绩效提升大纲》
（2）WSH-QES-CX-9.3《管理评审程序》
（3）WSH-QES-CX-9.3-01《管理评审计划》
（4）WSH-QES-CX-9.3-02《部门体系运行报告》
（5）WSH-QES-CX-9.3-03《公司体系运行报告》
（6）WSH-QES-CX-9.3-04《管理评审报告》

万山红核电有限公司 综合管理手册 10 改进/10.1 （改进）总要求	版本/状态	B/0
	章节页次/总页	1/1
	手册页次/总页	127/145

1. 总则

公司需确定和选择改进机会，并采取必要措施，以满足顾客和相关方要求和提升其满意度，并实现一体化管理体系的预期结果。

2. 职责

（1）总经理对管理提升重大问题进行协调、决策，为管理提升活动提供资源保障。

（2）公司主管副总经理对分管部门督促、协调管理提升工作。

（3）安全质量处负责管理提升的具体业务活动。

（4）各部门负责本部门管理提升工作，并参与公司的相关管理提升工作。

3. 管理要求

（1）本条款引用了公司已建立的《体系管理与绩效提升大纲》和《对标管理》《合理化建议管理》《创新成果管理》等规定，以支持改进过程的实施。

（2）改进机会包括：

① 改进核电运营（即产品和服务），以满足要求并关注未来的需求和期望。

② 纠正、预防或减少不利影响。

③ 改进一体化管理体系绩效和有效性。

④ 通过监视/测量/分析和评价、内部审核、管理评审实施改进。

（3）公司在一体化管理体系的运行过程中，可利用方针、目标、风险应对、数据分析，通过纠正、纠正措施、突变、创新或重组等持续改进一体化管理体系的有效性，不断实现改进；通过管理评审对一体化管理体系进行评价，提出更新、更高的改进目标和改进的决策，不断地进行 PDCA 循环，以实现持续改进。

（4）必要时，保留适当的形成文件的信息，作为改进的证据。

4. 支持性文件或记录

（1）WSH-DG-06《体系管理与绩效提升大纲》

（2）WSH-DG-06-GD03《对标管理》

（3）WSH-DG-06-GD04《合理化建议管理》

（4）WSH-DG-06-GD05《创新成果管理》

万山红核电有限公司	版本/状态	B/0
综合管理手册	章节页次/总页	1/5
10.2 事件（事故）、不符合和纠正措施	手册页次/总页	128/145

1. 总则

对事件（事故）、不符合和纠正措施进行控制，以减少事件和不符合的影响并避免再次发生。

2. 职责

（1）安全质量处负责工业安全事故、质量事故（事件）的管理和控制。
（2）环境应急处负责涉及环境的事件（事故）、职业病危害事故管理和控制。
（3）保健物理处负责辐射事件的调查与报告。
（4）保卫处负责火险事件或设备烧损事件的调查工作及报告编制工作。
（5）核安全处负责执行运行事件口头通告，负责组织编写并报送运行事件书面通告，负责报送运行事件报告。
（6）经验反馈处负责内外部经验反馈、状态报告管理、同行评估管理、人因管理、安全文化建设。
（7）安全分析处负责严重事故管理体系的建立与维护。
（8）各部门针对本部门职责范围内存在的事件（事故）的调查与处理，对部门内的不符合、缺陷进行原因分析，制定并实施有效的纠正措施。
（9）主管副总经理为事件（事故）、不符合和纠正措施提供充分的资源保障，并指导本过程的实施。

3. 管理要求

本条款引用了公司已建立的《体系管理与绩效提升大纲》和《事故报告、调查和处理》《纠正措施管理》《工业安全事故与工伤管理》《核安全相关报告和申请管理》《辐射事件调查与报告》《职业病危害事故处置与报告》《严重事故管理》《火灾调查与统计》《状态报告管理》《事件分析管理》等规定以及《事件（事故）报告、调查和处理程序》和《不符合和纠正措施控制程序》，以支持其过程的实施。

（1）相关概念
本条款约定如下相关概念：
1）事件：在工作或在工作过程中，引发的可能或已经造成人身伤害和健康损害，或质量损失、不良环境影响的情况。
2）事故：在工作或在工作过程中，已发生的人身伤害和健康损害，或严重的质量损失、环境污染的事项。
3）未遂事件：在工作或在工作过程中，未导致但可能导致人身伤害和健康损害，或质量损失、环境污染的事项。

万山红核电有限公司 综合管理手册 10.2 事件（事故）、不符合和纠正措施	版本/状态	B/0
	章节页次/总页	2/5
	手册页次/总页	129/145

4）不符合（不合格）：因工作或在工作过程中未满足要求（包括采用标准要求、公司体系文件要求和合规义务要求）的事项，但未造成事故的情况。本条款"不符合（不合格）"与本手册"8.7不合格输出的控制"条款所指的"不符合输出"的概念不同。"不符合（不合格）"是指某一事项（包括文件或程序）或过程的运作方式、步骤、做法等不符合规定要求，即人的行为或事物的状态不符合规定要求。

5）发生事故，按本条款"（2）事故报告、调查和处理"控制；发生不符合（不合格）按本条款"（3）不符合和纠正措施（纠正行动）"控制；未遂事件按本手册"6.1.1应对风险和机遇措施的策划"实施预防控制。

（2）事故报告、调查和处理

《事件（事故）报告、调查和处理程序》支持该项活动（事故报告、调查和处理）的实施。

1）事故报告：发现部门（人员）按规定及时向主管部门或领导报告，必要时向上级和相关政府部门报告，并尽快采取适当措施予以纠正，消除不良后果；发现部门（人员）不能处置的，由主管部门或领导组织采取措施；如险情扩大时，主管领导向救援机构求助尽速处置。

2）事故调查：

① 在员工参与和其他相关方参与下，通过以下活动评价消除事故的根本原因需要采取纠正措施的需求，以防止事故的再次发生或在其他地方发生。

a. 调查事故；

b. 确定事故的原因；

c. 确定是否存在或是否可能发生类似的事故。

② 适当时，评审其风险和其他风险的评价情况。

③ 依据层级控制及变更管理确定和实施所需的任何措施，包括纠正措施。

④ 在采取措施前，评价新的或危险源变更的相关职业健康安全风险。

⑤ 评审所采取的任何措施，包括纠正措施的有效性。

⑥ 必要时，对一体化管理体系进行变更。

调查需及时开展，需查清事实和过程，确定内在的、可能导致或有助于事故发生的质量、环境和职业健康安全缺陷或其他因素。

3）事故处理：

① 对事故做出及时反应，适用时直接采取措施控制并纠正该事故。

② 必要时，对事故造成事故的后果进行处理：包括报告、调查并按如下条款"（3）不符合和纠正措施（纠正行动）"的要求采取纠正措施。

③ 发生事故后的处理需符合相关法规（如《核安全法》《安全生产法》《污染防治法》《突发事件应对法》《职业病防治法》《消防法》以及《生产安全事故报告和调查处

万山红核电有限公司	版本/状态	B/0
综合管理手册 10.2 事件（事故）、不符合和纠正措施	章节页次/总页	3/5
	手册页次/总页	130/145

理条例》《生产安全事故应急预案管理办法》《特种设备安全监察条例》《危险化学品安全管理条例》等）的要求，并执行"五不放过"原则。

④ 必要时，针对已发生的事故或潜在的事件制定或完善《应急预案》。

（3）不符合和纠正措施（纠正行动）

《不符合和纠正措施控制程序》支持该项活动（不符合和纠正措施）的实施。

1）纠正：

发生不符合时（包括来自投诉的不合格），现场人员需立即对其做出响应或应对，并在适用时：

① 采取措施以控制和纠正不合格的发展或蔓延。

② 处置不良后果，包括减轻不利影响。

有些轻微的不符合，可能只进行纠正即可，只有那些严重的（可能造成重大损失或经常发生的），才进一步实施纠正措施。

2）纠正措施（纠正行动）：

① 通过以下方式评价消除不符合根本原因的措施需求，以防止不符合再次发生或在其他地方发生，必要时需有相关员工参与和其他有关方参加：

a. 评审和分析不符合；

b. 确定不符合的原因；

c. 确定是否存在或是否可能发生类似的事件（事故）或不符合。

② 适当时，对不符合带来的风险进行评审。

③ 确定并实施与控制层级和变更管理相一致的任何所需的纠正措施。

④ 评审所采取的纠正措施的有效性。

⑤ 需要时，更新在策划期间确定的风险和机遇。

⑥ 需要时，变更一体化管理体系。

3）质量保证纠正措施（纠正行动）的步骤：

① 安全质量处负责发出质保监查/监督相关的《纠正行动要求》（以下简称 CAR）和《观察意见》（以下简称 OBN）；责任部门负责确认安全质量处发出的 CAR 或 OBN，并对 CAR 或 OBN 制定计划纠正行动和计划完成日期，在规定的日期内回复安全质量处。

② 责任部门负责实施本部门 CAR 和 OBN 的纠正行动。OBN 由责任部门自行验证和关闭，并在关闭后报安全质量处备案。CAR 实施完成后报安全质量处，由安全质量处负责验证关闭。

③ 安全质量处对 CAR 和 OBN 进行整理、统计、考核和归档。

（4）采取的纠正或纠正措施需与所发生的事件或不符合造成的影响（包括质量、环境或职业健康安全影响）的重要程度相适应。

万山红核电有限公司 综合管理手册 10.2 事件（事故）、不符合和纠正措施	版本/状态	B/0
	章节页次/总页	4/5
	手册页次/总页	131/145

（5）状态报告管理

1）公司建立机制，鼓励每位员工和协作单位员工报告发现的各个领域任何异常或对安全、质量和环境有影响或有潜在影响的事件（包括低级别事件和未遂事件），并填写《状态报告》。根据《状态报告管理》，《状态报告》按照其重要程度以及后果的严重性经相关领导分别批准确定为 A、B、C、D 四级。

① 导致严重的后果，包括威胁到反应堆安全、造成重大设备损坏、人员重伤或造成环境影响等的任何状态称为 A 级状态。

② 导致重大的后果，包括降低核电站的安全性，影响或潜在威胁机组可用性，造成设备损坏和人员轻伤以上重伤以下的任何状态，重要的管理缺陷等称为 B 级状态。

③ 导致一般性后果，包括潜在影响电站安全，存在降低机组可用性风险、损坏设备风险等事件，或者与工业安全相关或辐射安全相关但未产生明显后果的一般事件，也包括那些未列入 B 级状态报告的管理问题等称为 C 级状态。

④ 简单、明确的缺陷，这些缺陷只需处理而无须进行原因分析，也不用制订纠正行动计划而只作为记录进行统计和趋势分析的状态，称为 D 级状态。

2）各级状态报告按《状态报告管理》规定处理，总体要求为：

① A 级状态报告需编制运行事件报告或内部事件报告，按上述条款"（1）相关概念"要求实施事件（事故）调查和处理。

② B 级状态报告需编制内部事件报告，按上述条款"（1）相关概念"要求实施事件（事故）调查和处理。

③ C 级状态报告需按上述条款"（3）不符合和纠正措施（纠正行动）"要求，实施纠正措施。

④ D 级状态报告需按上述条款"（2）事故报告、调查和处理"要求，只对其实施纠正的应对和记录，作为统计和趋势分析的信息。

（6）文件化信息

1）保留相关成文信息作为下列事项的证据：

① 事件或不符合的性质和所采取的任何后续措施。

② 任何措施和纠正措施及其有效性的结果。

2）与相关的员工、员工代表（如有）及其他相关方沟通这些成文信息。

4. 支持性文件或记录

（1）《核安全法》（2018 年 1 月 1 日施行）

（2）《安全生产法》（2014 年 12 月 1 日施行）

（3）《污染防治法》（2017 年 6 月 27 日修改）

（4）《突发事件应对法》（2007 年 11 月 1 日施行）

万山红核电有限公司 综合管理手册 10.2 事件（事故）、不符合和纠正措施	版本/状态	B/0
	章节页次/总页	5/5
	手册页次/总页	132/145

(5)《职业病防治法》（2002年5月1日施行）

(6)《消防法》（2009年5月1日施行）

(7)《生产安全事故报告和调查处理条例》（国务院，2007年6月1日施行）

(8)《生产安全事故应急预案管理办法》（安监局令第88号，2016年7月1日施行）

(9)《特种设备安全监察条例》（国务院令第373号，2003年6月1日施行）

(10)《危险化学品安全管理条例》（国务院，2013年12月7日修订）

(11) WSH-DG-06《体系管理与绩效提升大纲》

(12) WSH-DG-06-GD06《纠正措施管理》

(13) WSH-DG-21-GD01《事故报告、调查和处理》

(14) WSH-DG-21-GD02《工业安全事故与工伤管理》

(15) WSH-DG-21-GD03《核安全相关报告和申请管理》

(16) WSH-DG-21-GD04《辐射事件调查与报告》

(17) WSH-DG-21-GD05《职业病危害事故处置与报告》

(18) WSH-DG-21-GD06《火灾调查与处理》

(19) WSH-DG-21-GD07《事件分析管理》

(20) WSH-DG-21-GD08《严重事故管理》

(21) WSH-QES-CX-10.2/1《事件（事故）报告、调查和处理程序》

(22) WSH-QES-CX-10.2/2《不符合和纠正措施控制程序》

(23) WSH-QES-CX-10.2/2-01《状态报告管理》

(24) WSH-QES-CX-10.2/2-02《纠正行动要求（CAR）》

(25) WSH-QES-CX-10.2/2-03《观察意见（OBN）》

(26) WSH-QES-CX-10.2/2-04《状态报告》

万山红核电有限公司 综合管理手册 10.3 持续改进	版本/状态	B/0
	章节页次/总页	1/1
	手册页次/总页	133/145

公司领导层以及各部门和各类人员需按如下要求持续改进一体化管理体系的适宜性、充分性和有效性。

(1) 考虑分析和评价结果，以及管理评审的输出，以确定持续改进需求或机遇，这些需求或机遇应作为持续改进的一部分加以应对。

(2) 在如下方面建立持续改进目标和过程：

① 预防事件或不符合的发生。

② 宣传正面的企业文件。

③ 提升质量、环境和职业健康安全绩效。

需确保员工参与实施持续改进的目标和过程，并沟通持续改进的结果。

(3) 适当时，保留文件化信息，作为持续改进的证据。

万山红核电有限公司 综合管理手册 附录 A/附录 B/附录 C（规范性附录）	版本/状态	B/0
	章节页次/总页	1/1
	手册页次/总页	134/145

附录 A　公司所在区域平面示意图（略）
附录 B　公司平面示意图（略，注明实施环境、职业健康安全控制点）
附录 C　公司管网布置图（略）

万山红核电有限公司 综合管理手册 附录 D 引用公司文件清单（规范性附录）		版本/状态	B/0
		章节页次/总页	1/10
		手册页次/总页	135/145

D1 引用公司大纲和规定清单

序　号	文　件　编　号	文　件　名　称
1	WSH-DG-01	《经营管理大纲》
1-1	WSH-DG-01-GD01	《中长期规划管理》
1-2	WSH-DG-01-GD02	《综合工作计划管理》
2	WSH-DG-02	《风险管理大纲》
2-1	WSH-DG-02-GD01	《风险初始信息收集和风险评估》
2-2	WSH-DG-02-GD02	《风险管理策略和解决方案》
2-3	WSH-DG-02-GD03	《风险管理监督、改进和考核》
3	WSH-DG-03	《环境管理大纲》
3-1	WSH-DG-03-GD01	《环境因素监督细则》
3-2	WSH-DG-03-GD02	《环境监测管理》
3-3	WSH-DG-03-GD03	《工业"三废"治理》
3-4	WSH-DG-03-GD04	《废旧物资回收和处理管理》
3-5	WSH-DG-03-GD05	《污染防治管理》
3-6	WSH-DG-03-GD06	《资源、能源管理》
3-7	WSH-DG-03-GD07	《噪声控制管理》
3-8	WSH-DG-03-GD08	《生产区域保洁管理》
3-9	WSH-DG-03-GD09	《办公区域保洁管理》
3-10	WSH-DG-03-GD10	《生活区域保洁管理》
3-11	WSH-DG-03-GD11	《承包商现场环境管理》
3-12	WSH-DG-03-GD12	《环境绩效监视和测量》
4	WSH-DG-04	《职业健康安全管理大纲》
4-1	WSH-DG-04-GD01	《工业安全管理》
4-2	WSH-DG-04-GD02	《工业安全设施管理》
4-3	WSH-DG-04-GD03	《高风险作业工业安全监督细则》
4-4	WSH-DG-04-GD04	《工业安全工器具管理》
4-5	WSH-DG-04-GD05	《特种设备管理》
4-6	WSH-DG-04-GD06	《职业病防治管理》
4-7	WSH-DG-04-GD07	《员工职业健康检查》
4-8	WSH-DG-04-GD08	《劳动防护管理》
4-9	WSH-DG-04-GD09	《劳动保障管理》

万山红核电有限公司 综合管理手册 附录 D 引用公司文件清单(规范性附录)	版本/状态	B/0
	章节页次/总页	2/10
	手册页次/总页	136/145

(续)

序 号	文 件 编 号	文 件 名 称
4-10	WSH-DG-04-GD10	《女职工保护规定》
4-11	WSH-DG-04-GD11	《个人剂量管理》
4-12	WSH-DG-04-GD12	《生产区域安全管理》
4-13	WSH-DG-04-GD13	《工业安全事故与工伤管理》
4-14	WSH-DG-04-GD14	《承包商现场职业健康管理》
4-15	WSH-DG-04-GD15	《职业健康绩效监视和测量》
5	WSH-DG-05	《化学管理大纲》
5-1	WSH-DG-05-GD01	《化学控制管理》
5-2	WSH-DG-05-GD02	《化学物质排放管理》
6	WSH-DG-06	《体系管理与绩效提升大纲》
6-1	WSH-DG-06-GD01	《计划变更管理》
6-2	WSH-DG-06-GD02	《指标体系管理》
6-3	WSH-DG-06-GD03	《对标管理》
6-4	WSH-DG-06-GD04	《合理化建议管理》
6-5	WSH-DG-06-GD05	《创新成果管理》
6-6	WSH-DG-06-GD06	《纠正措施管理》
7	WSH-DG-07	《设施管理大纲》
7-1	WSH-DG-07-GD01	《厂房管理》
7-2	WSH-DG-07-GD02	《食堂管理》
7-3	WSH-DG-07-GD03	《仓储管理》
7-4	WSH-DG-07-GD04	《运输设备管理》
7-5	WSH-DG-07-GD05	《办公设备管理》
8	WSH-DG-08	《设备管理大纲》
8-1	WSH-DG-08-GD01	《设备分级管理》
8-2	WSH-DG-08-GD02	《备品备件管理》
8-3	WSH-DG-08-GD03	《设施维修管理》
8-4	WSH-DG-08-GD04	《设备维修管理》
9	WSH-DG-09	《IT系统管理大纲》
9-1	WSH-DG-09-GD01	《IT系统管理》
9-2	WSH-DG-09-GD02	《IT服务管理》
10	WSH-DG-10	《核燃料管理大纲》

万山红核电有限公司 综合管理手册 附录 D 引用公司文件清单（规范性附录）		版本/状态	B/0
		章节页次/总页	3/10
		手册页次/总页	137/145

（续）

序　号	文　件　编　号	文　件　名　称
10-1	WSH-DG-10-GD01	《核燃料管理》
11	WSH-DG-11	《辐射防护大纲》
11-1	WSH-DG-11-GD01	《辐射防护标识管理》
11-2	WSH-DG-11-GD02	《辐射分区管理》
11-3	WSH-DG-11-GD03	《辐射工作许可管理》
11-4	WSH-DG-11-GD04	《辐射防护用品管理》
11-5	WSH-DG-11-GD05	《辐射防护优化管理》
11-6	WSH-DG-11-GD06	《辐射防护现场监督管理》
12	WSH-DG-12	《安全保卫大纲》
12-1	WSH-DG-12-GD01	《生产区域安全管理》
12-2	WSH-DG-12-GD02	《生活区域安全管理》
13	WSH-DG-13	《人因管理大纲》
13-1	WSH-DG-13-GD01	《人因管理》
14	WSH-DG-14	《计量管理大纲》
14-1	WSH-DG-14-GD01	《实验室/试验仪器设备管理》
14-2	WSH-DG-14-GD02	《计量管理》
14-3	WSH-DG-14-GD03	《计量标准管理》
14-4	WSH-DG-14-GD04	《测量共用工器具管理》
14-5	WSH-DG-14-GD05	《检测用计算机软件管理》
14-6	WSH-DG-14-GD06	《电厂关口计量管理》
15	WSH-DG-15	《科技管理大纲》
15-1	WSH-DG-15-GD01	《科技项目管理》
15-2	WSH-DG-15-GD02	《知识管理》
15-3	WSH-DG-15-GD03	《知识产权管理办法》
16	WSH-DG-16	《人力资源管理大纲》
16-1	WSH-DG-16-GD01	《培训与授权管理》
16-2	WSH-DG-16-GD02	《操纵人员培训与再培训管理》
16-3	WSH-DG-16-GD03	《组织机构和岗位管理》
16-4	WSH-DG-16-GD04	《员工培训与资格管理》
16-5	WSH-DG-16-GD05	《技能培训管理》
16-6	WSH-DG-16-GD06	《岗位资格与岗位授权管理》

万山红核电有限公司 综合管理手册 附录 D 引用公司文件清单（规范性附录）		版本/状态	B/0
		章节页次/总页	4/10
		手册页次/总页	138/145

（续）

序 号	文件编号	文件名称
16-7	WSH-DG-16-GD07	《全员绩效管理》
16-8	WSH-DG-16-GD08	《安全生产责任制》
16-9	WSH-DG-16-GD09	《工作责任心管理要求》
16-10	WSH-DG-16-GD10	《承包商绩效评价考核管理》
17	WSH-DG-17	《公共关系管理大纲》
17-1	WSH-DG-17-GD01	《公众沟通管理》
17-2	WSH-DG-17-GD02	《外部接口管理》
17-3	WSH-DG-17-GD03	《行政会议管理》
17-4	WSH-DG-17-GD04	《厂务公开管理》
17-5	WSH-DG-17-GD05	《顾客满意度调查》
17-6	WSH-DG-17-GD06	《相关方满意度调查》
18	WSH-DG-18	《成文信息管理大纲》
18-1	WSH-DG-18-GD01	《文件编码管理》
18-2	WSH-DG-18-GD02	《文件编制管理》
18-3	WSH-DG-18-GD03	《技术文件管理》
18-4	WSH-DG-18-GD04	《生产文件管理》
18-5	WSH-DG-18-GD05	《采购文件管理》
18-6	WSH-DG-18-GD06	《电子文档管理》
18-7	WSH-DG-18-GD07	《记录管理》
18-8	WSH-DG-18-GD08	《档案工作管理》
18-9	WSH-DG-18-GD09	《文档保密管理》
19	WSH-DG-19	《软件配置管理大纲》
19-1	WSH-DG-19-GD01	《软件配置管理》
20	WSH-DG-20	《质量保证管理大纲》
20-1	WSH-DG-20-GD01	《质量保证监督》
20-2	WSH-DG-20-GD02	《基建项目质量监督管理》
20-3	WSH-DG-20-GD03	《核电厂运行质量保证大纲》
21	WSH-DG-21	《事故处理大纲》
21-1	WSH-DG-21-GD01	《事故报告、调查和处理》
21-2	WSH-DG-21-GD02	《工业安全事故与工伤管理》
21-3	WSH-DG-21-GD03	《核安全相关报告和申请管理》

			版本/状态	B/0
万山红核电有限公司 综合管理手册 附录D 引用公司文件清单（规范性附录）			章节页次/总页	5/10
			手册页次/总页	139/145

（续）

序号	文件编号	文件名称
21-4	WSH-DG-21-GD04	《辐射事件调查与报告》
21-5	WSH-DG-21-GD05	《职业病危害事故处置与报告》
21-6	WSH-DG-21-GD06	《火灾调查与处理》
21-7	WSH-DG-21-GD07	《事件分析管理》
21-8	WSH-DG-21-GD08	《严重事故管理》
22	WSH-DG-22	《电力营销大纲》
22-1	WSH-DG-22-GD01	《售电计划管理》
22-2	WSH-DG-22-GD02	《售电合同管理》
22-3	WSH-DG-22-GD03	《电价管理》
22-4	WSH-DG-22-GD04	《电力直接交易工作管理》
22-5	WSH-DG-22-GD05	《电力行业接口管理》
22-6	WSH-DG-22-GD06	《电力营销管理》
22-7	WSH-DG-22-GD07	《电网及用户沟通管理》
23	WSH-DG-23	《设计和开发管理大纲》
23-1	WSH-DG-23-GD01	《委托设计管理》
23-2	WSH-DG-23-GD02	《初步设计管理》
23-3	WSH-DG-23-GD03	《详细设计管理》
24	WSH-DG-24	《工程基建项目管理大纲》
24-1	WSH-DG-24-GD01	《工程基建项目管理》
24-2	WSH-DG-24-GD02	《新、改、扩建项目管理》
25	WSH-DG-25	《采购管理大纲》
25-1	WSH-DG-25-GD01	《采购技术规格书》
25-2	WSH-DG-25-GD02	《供应商管理》
25-3	WSH-DG-25-GD03	《重要物项供应商管理》
25-4	WSH-DG-25-GD04	《供应商资格评价管理》
25-5	WSH-DG-25-GD05	《供应商绩效评价管理》
25-6	WSH-DG-25-GD06	《承包商现场管理》
25-7	WSH-DG-25-GD07	《采购过程管理》
25-8	WSH-DG-25-GD08	《招投标管理》
25-9	WSH-DG-25-GD09	《采购文件管理》
25-10	WSH-DG-25-GD10	《物项采购质量管理》

万山红核电有限公司 综合管理手册 附录 D 引用公司文件清单（规范性附录）	版本/状态	B/0
	章节页次/总页	6/10
	手册页次/总页	140/145

（续）

序　号	文 件 编 号	文 件 名 称
25-11	WSH-DG-25-GD11	《物项和服务的质量保证分级》
25-12	WSH-DG-25-GD12	《物资入库管理》
25-13	WSH-DG-25-GD13	《物资出库管理》
26	WSH-DG-26	《生产计划管理大纲》
26-1	WSH-DG-26-GD01	《发电规划管理》
26-2	WSH-DG-26-GD02	《发电计划管理》
27	WSH-DG-27	《运行管理大纲》
27-1	WSH-DG-27-GD01	《生产运行调度管理》
27-2	WSH-DG-27-GD02	《运行操作管理》
27-3	WSH-DG-27-GD03	《系统在线管理》
27-4	WSH-DG-27-GD04	《设备运行状态管理》
27-5	WSH-DG-27-GD05	《设备编码管理》
27-6	WSH-DG-27-GD06	《设备标识管理》
27-7	WSH-DG-27-GD07	《标牌标识管理》
27-8	WSH-DG-27-GD08	《辐射防护标识管理》
27-9	WSH-DG-27-GD09	《系统状态控制》
27-10	WSH-DG-27-GD10	《运行隔离与行政隔离管理》
27-11	WSH-DG-27-GD11	《可追溯性管理》
27-12	WSH-DG-27-GD12	《供方及承包方财产的管理》
27-13	WSH-DG-27-GD13	《动火管理》
27-14	WSH-DG-27-GD14	《可燃物料防火管理》
27-15	WSH-DG-27-GD15	《厂区出入控制管理》
27-16	WSH-DG-27-GD16	《重点部位保卫管理》
27-17	WSH-DG-27-GD17	《厂区交通安全管理》
27-18	WSH-DG-27-GD18	《库存物资维护保养》
27-19	WSH-DG-27-GD19	《防异物管理》
27-20	WSH-DG-27-GD20	《常规作业清洁管理》
27-21	WSH-DG-27-GD21	《放射性作业清洁管理》
27-22	WSH-DG-27-GD22	《保温作业管理》
27-23	WSH-DG-27-GD23	《防腐作业管理》
27-24	WSH-DG-27-GD24	《行政隔离与运行隔离管理》

万山红核电有限公司 综合管理手册 附录 D 引用公司文件清单（规范性附录）	版本/状态	B/0
	章节页次/总页	7/10
	手册页次/总页	141/145

（续）

序 号	文 件 编 号	文 件 名 称
27-25	WSH-DG-27-GD25	《生产区域安全管理》
27-26	WSH-DG-27-GD26	《生产信息通告要求》
27-27	WSH-DG-27-GD27	《变更实施管理》
27-28	WSH-DG-27-GD28	《永久变更实施管理》
27-29	WSH-DG-27-GD29	《变更后试验管理》
27-30	WSH-DG-27-GD30	《变更投用检查管理》
27-31	WSH-DG-27-GD31	《变更验收评价管理》
27-32	WSH-DG-27-GD32	《在役检查管理》
27-33	WSH-DG-27-GD33	《堆芯监督管理》
27-34	WSH-DG-27-GD34	《核燃料相关组装件管理》
27-35	WSH-DG-27-GD35	《运行值交接班管理》
27-36	WSH-DG-27-GD36	《采购不符合项管理》
27-37	WSH-DG-27-GD37	《生产不符合项管理》
27-38	WSH-DG-27-GD38	《质量缺陷报告管理》
27-39	WSH-DG-27-GD39	《设备缺陷管理》
27-40	WSH-DG-27-GD40	《运行决策与缺陷管理》
27-41	WSH-DG-27-GD41	《状态报告管理》
27-42	WSH-DG-27-GD42	《新工艺、新材料、新技术应用管理》
28	WSH-DG-28	《维修管理大纲》
28-1	WSH-DG-28-GD01	《维修准备和实施》
28-2	WSH-DG-28-GD02	《维修支持管理》
28-3	WSH-DG-28-GD03	《设备定期试验管理》
28-4	WSH-DG-28-GD04	《维修后试验管理》
29	WSH-DG-29	《大修管理大纲》
29-1	WSH-DG-29-GD01	《大修计划管理》
29-2	WSH-DG-29-GD02	《大修准备管理》
29-3	WSH-DG-29-GD03	《大修实施管理》
29-4	WSH-DG-29-GD04	《堆芯监督管理》
29-5	WSH-DG-29-GD05	《大修后试验管理》
30	WSH-DG-30	《消防大纲》
30-1	WSH-DG-30-GD01	《消防器材管理》

万山红核电有限公司	版本/状态	B/0
综合管理手册	章节页次/总页	8/10
附录 D 引用公司文件清单（规范性附录）	手册页次/总页	142/145

（续）

序　号	文件编号	文件名称
30-2	WSH-DG-30-GD02	《消防人员管理》
31	WSH-DG-31	《放射性废物管理大纲》
31-1	WSH-DG-31-GD01	《放射性废物处理和整备》
31-2	WSH-DG-31-GD02	《放射性废物贮存》
31-3	WSH-DG-31-GD03	《放射性废物最小化管理》
31-4	WSH-DG-31-GD04	《放射性流出物排放管理》
31-5	WSH-DG-31-GD05	《压水堆乏燃料处置管理》
31-6	WSH-DG-31-GD06	《重水堆乏燃料干式贮存管理》
32	WSH-DG-32	《应急管理大纲》
32-1	WSH-DG-32-GD01	《核安全事故应急管理》
32-2	WSH-DG-32-GD02	《突发事件应急管理》
32-3	WSH-DG-32-GD03	《应急组织机构与人员任命》
32-4	WSH-DG-32-GD04	《应急文件与设施设备管理》
32-5	WSH-DG-32-GD05	《应急培训与演习管理》
32-6	WSH-DG-32-GD06	《承包商应急响应管理》
32-7	WSH-DG-32-GD07	《应急通知与启动》
32-8	WSH-DG-32-GD08	《应急环境监测》
32-9	WSH-DG-32-GD09	《应急公众信息管理》
90	WSH-DG-90	《法规管理大纲》
90-1	WSH-DG-90-GD01	《法规应用管理》
90-2	WSH-DG-90-GD02	《法规监督管理》
100	WSH-DG-100	《党建工作大纲》
100-1	WSH-DG-100-GD01	《企业文化建设管理》
100-2	WSH-DG-100-GD02	《精神文明建设管理》
100-3	WSH-DG-100-GD03	《核安全文化推进管理》
110	WSH-DG-110	《工会工作大纲》
110-1	WSH-DG-110-GD01	《职工代表大会工作管理》
110-2	WSH-DG-110-GD02	《职工代表大会提案制度》
110-3	WSH-DG-110-GD03	《厂务公开管理》

	万山红核电有限公司		版本/状态	B/0
	综合管理手册		章节页次/总页	9/10
	附录 D 引用公司文件清单（规范性附录）		手册页次/总页	143/145

D2 引用公司程序文件清单

序号	手册章节	程序文件编号	程序文件名称
1	4 组织所处的环境	WSH-QES-CX-4.1	经营环境管理程序
2		WSH-QES-CX-4.2	相关方需求和期望管理程序
3	5 领导作用与员工参与	WSH-QES-CX-5.4	员工的协商和参与管理程序
4	6 策划	WSH-QES-CX-6.1.1	风险与机遇管理程序
5		WSH-QES-CX-6.1.2	环境因素管理程序
6		WSH-QES-CX-6.1.3	危险源辨识和风险机遇评价管理程序
7		WSH-QES-CX-6.1.4	合规义务管理程序
8		WSH-QES-CX-6.2	目标及其实现的策划程序
9	7 支持	WSH-QES-CX-7.1.3	基础设施管理程序
10		WSH-QES-CX-7.1.4	过程运行环境管理程序
11		WSH-QES-CX-7.1.5	监视和测量资源管理程序
12		WSH-QES-CX-7.1.6	组织知识管理程序
13		WSH-QES-CX-7.2	人力资源管理程序
14		WSH-QES-CX-7.4	沟通和交流管理程序
15		WSH-QES-CX-7.5	文件化信息管理程序
16	8 核电营运	WSH-QES-CX-8.1	产品和服务实现过程的策划和控制管理程序
17		WSH-QES-CX-8.2	产品和服务要求管理程序
18		WSH-QES-CX-8.3	设计和开发管理程序
19		WSH-QES-CX-8.4	采购控制管理程序
20		WSH-QES-CX-8.5	生产和服务提供管理程序
21		WSH-QES-CX-8.6	产品和服务的放行管理程序
22		WSH-QES-CX-8.7	不合格输出的控制管理程序
23		WSH-QES-CX-8.8	环境运行过程策划和控制管理程序
24		WSH-QES-CX-8.9	职业健康安全运行过程策划和控制管理程序
25		WSH-QES-CX-8.10	应急准备和响应管理程序

万山红核电有限公司 综合管理手册 附录 D 引用公司文件清单（规范性附录）		版本/状态	B/0
		章节页次/总页	10/10
		手册页次/总页	144/145

（续）

序号	手册章节	程序文件编号	程序文件名称
26	9 绩效评价	WSH-QES-CX-9.1.1	环境和职业健康安全绩效监测与评价管理程序
27		WSH-QES-CX-9.1.2	顾客和相关方满意度评价程序
28		WSH-QES-CX-9.1.3	数据和信息分析与评价程序
29		WSH-QES-CX-9.1.4	合规性评价程序
30		WSH-QES-CX-9.2	内部审核程序
31		WSH-QES-CX-9.3	管理评审程序
32	10 改进	WSH-QES-CX-10.2/1	事件（事故）报告、调查和处理程序
33		WSH-QES-CX-10.2/2	不符合和纠正措施控制程序

万山红核电有限公司 综合管理手册 附录 E 综合管理手册修订记录（规范性附录）	版本/状态	B/0
	章节页次/总页	1/1
	手册页次/总页	145/145

序号	章/节号	页次	版本/修改状态	修改单编号	更改人/日期	批准人/日期

附件：

核电企业"六位一体"整合管理体系探讨
——中核核电运行管理有限公司 张丕钢

前言

秦山核电位于中国浙江省嘉兴市海盐县，是中国大陆核电的发源地。秦山核电目前共有9台运行机组，总装机容量为654.6万千瓦，年发电量约500亿千瓦时，是目前我国核电机组数量最多、堆型品种最丰富、装机容量最大的核电基地。

秦山核电由秦山核电有限公司、核电秦山联营有限公司、秦山第三核电有限公司三个业主公司以及中核核电运行管理有限公司组成。中核核电运行管理有限公司（以下简称"中核运行公司"或"公司"）是中国核工业集团公司为推动"集团化运作、专业化经营"战略方针而成立的核电专业化运行管理公司，由中国核能电力股份有限公司100%控股，于2010年9月19日注册成立，目前在册人数约3600人。

近年来，中核运行公司基于"标准化"战略观点，推动了秦山核电各公司管理体系建设的改革，建立了"六位一体"整合管理体系。现就管理体系整合中的一些具体做法探讨如下，以期与各同行企业交流经验并得到指导。

1 实施背景

（1）公司自身改革发展需要

2011年以前，秦山核电四家公司——秦山核电有限公司（秦山一期，大陆首台核电机组，自主研发）、核电秦山联营有限公司（秦山二期，四台60万千瓦压水堆核电机组）、秦山第三核电有限公司（两台70万千瓦重水堆）、中核核电运行管理有限公司，共有处级机构99个，管理各成体系，互不相通。根据中核集团"集团化运作、专业化经营"的总体思路，以及改革的总体部署，秦山地区率先开展了核电运行专业化改革。自2011年开始，秦山核电以"资源集约化、运行标准化、技术专业化、管理精益化"为目标，开展了四家公司的一体化、专业化改革，实施统一、标准的管理体系支持。改革按"三步走"规划实施：

第一步：2011—2013年，建立中核核电运行管理有限公司，开始平稳过渡，资源整合。

第二步：2014—2015年，在第一阶段改革调整的基础上，全面整合秦山地区资源，推进专业化、标准化。同时提出了"一体两翼"发展战略："一体"是指以秦山核电发展和创造秦山核电九台机组一流运行业绩为"主体"，苦练内功，打造核心竞争力；"两翼"一方面是参与市场化竞争，面向市场，增强秦山核电对外服务与经营管理能力，另一方面是支持中国核电规模化、标准化和国际化发展，建设中国核电运行管理、技术支持和专业培训的大本营。

第三步：2016—2017年，开展管理再优化（一体化）工作。

经过7年的"三步走"改革调整，处级机构精简至60个，完成34个领域的标准化制度编制和梳理优化。

（2）管理体系整合的需要

核电厂的管理体系起始于核电厂质量保证体系，依据文件是 HAF003《核电厂质量保证安全规定》及其导则，主要从核电厂设计、建造、制造、调试、运行和退役中物项和活动的质量管理方面建立。按照 2006 年 IAEA GS-R-3《设施和活动的管理体系》的要求，强调一体化的管理体系及改进的要求，秦山核电分别通过了质量、环境和职业健康安全管理体系认证、信息化与工业化融合管理体系认证。这些管理体系不能也不应各自编制一套管理体系文件，而应进行有机地融合。

（3）公司安全生产及运营的需要

管理体系需要"接地气"，如何立足核电主业，将体系管理成果应用于日常安全生产，将全面风险管理、内部控制管理体系的成果同日常的运营管理相结合，而不仅仅是编制一份内部控制手册，需要通过协同的合规管理、内审、内控流程优化等管理提升行动，确保制度体系落地，实现体系管理价值。

2 整合成果

按照"资源集约化、技术专业化、运行标准化和管理精益化"的要求，以管理体系整合为目标，通过深化信息系统应用，全面实现制度、上游文件、职责、流程、风险、指标"六位一体"协同管理体系，强化部门协同、消除横向阻力，管理体系要素"显性化"，消除内部控制手册流程与管理制度中流程的"两张皮"，深入利用管理体系认证成果，促进经营管理体制的转变，为中国核电的"标准化"战略实施起到了积极促进作用。

3 主要做法

3.1 成立标准化组织机构

成立标准化业务领导小组、总体协调组、领域业务工作组、业务小组。标准化业务领导小组负责总体协调组提交的重要业务流程决策并监督标准化业务工作体系运作的有效性；总体协调组负责组织跨领域业务流程审查与决策并负责组织制定核电运营标准业务流程；领域业务工作组负责领域内业务流程、业务规范决策并负责领域管理绩效评价分析；业务小组负责业务流程编制及规范化工作、业务流程绩效监督、绩效评价、业务流程问题收集、分析、方案策划、问题处理跟踪。程序负责人由副科级或相当资格以上人员担任，负责具体程序流程运作监督及程序流程优化方案策划。各领域业务工作组定期召开会议，讨论领域流程改进、管理绩效评价等业务标准化工作。通过领域业务工作组打通各电厂同专业处室间的通道，共享知识和经验。在管理层面，固化了业务模式和管控方式，消除三家电厂9台机组、60多个处室横向协同化的阻力点。也能发挥不同处室、不同专业技术人员多年来沉淀的秦山核电本土化流程中的特色，使之更加适合中国的核电厂组织机构框架下的生产管理活动。

3.2 废除各厂旧管理体系，创建新的管理体系

（1）对比并汲取多方面管理体系优势

通过对比 HAF（核安全法规）、WANO（世界核电运营者协会）、SNPM（标准核电业绩模型）、exelon（美国一家核电公司）、南方电力（美国一家核电公司）、三体系（GB19001/24001/28001）、企业内控基本规范和指引、中国核电、国内同行的管理体系架构和要求，结

合秦山实际情况，建立了新的管理体系架构，同时彻底废除了原各厂管理体系。设立了运行、维修、设备管理等35个子领域。根据专业特点集合，将子领域归集到八大领域：生产运行领域，包含运行、生产计划、培训与授权、生产准备；维修领域，包含维修、大修；技术领域，包含设备、配置、化学管理、核燃料、安全分析与审查、科技；安全质量领域，包含质量保证、核安全、人因、经验反馈、辐射防护管理、工业安全、职业健康、放射性废物、应急准备与响应、环境保护、消防、保卫；企管商务领域，包含经营及资产、采购仓储、信息、文档、管理提升；财务领域，包含财务；行政领域，包含人力资源、行政后勤、法律事务及公共关系；党群监察审计领域，包含党群监察、审计。公司所有60个处室完全划入各领域内。纵向，各厂有相应的运行、维修、技术处室保证生产，财务、人力等共性处室各厂共享。横向，各领域消除处室边界，体系管理流程一致、知识经验共享。

（2）建立新的管理体系架构

管理体系架构包括管理政策、管理大纲、管理制度、工作程序、部门程序五个部分，分为三个层次：第一层次，管理政策、管理大纲；第二层次，管理制度；第三层次，工作程序、部门程序。每一份管理程序包括目的、适用范围、定义、依据文件/参考文件、职责、流程/规定、记录、附录八部分。

3.3 管理体系建模，实现六位一体管理模式

整合各电厂管理体系，利用建模工具平台ARIS，创建建模技术方法，对管理制度建模。构建了以领域为框架，制度为载体，以流程为核心的制度、上游文件、职责、流程、风险、指标"六位一体"新管理体系，将所有的要素合为"一体"，建立各体系间的关联关系。各体系间既可动态关联引用，又可动态即时修改、单体系调整会非常便捷地体现到其他体系中。以角色配置流程，以岗位配置角色。具体做法包括以下七个方面：

1）建立统一的定义库，同一管理术语有且仅有一个定义，将3100个定义集中管理，所有制度的编写都必须要引用定义库中的定义，若有异议，需经过定义责任领域主管的认可才能修改。定义的修改来自法律、法规、标准要求或经验知识。每一个定义出现在哪些制度中都通过模型一目了然。定期更新和发布定义手册，通过专门开发的管理体系架构平台进行实时展示，可以通过平台便捷搜索到定义及其相关的制度，有修改意见可立刻反馈到体系管理部门进行统一修改，定义库一处修改，所有制度中的定义自动同时修改。

2）建立统一的上游文件库，收集整理了核电相关1700余条上游文件及实体文件，要求同一名称的上游文件仅有一个，通过程序制度模型，可以清楚知道每一个上游文件对应哪些程序制度，当有法律、标准等上游文件变化时，体系管理工程师查找到对应的制度责任人，及时通知其进行评估修改，保持管理体系的合规性。收集实体上游文件，放入审批平台BDX数据库中，形成核电上游文件知识库。对重要法律法规，逐条拆解，分析其中和核电相关的条款，由相应领域评估并对程序制度进行适应性的修改。

3）建立职责体系，将重要岗位、处室作为职责部分及流程角色的名称，每个处室的职责同程序制度及流程建立关联模型，把公司发布的红头文件中对每一个处室的职责对应到程序制度中，分析每一条职责的落地情况，找出没有落地或落地情况不好的职责。通过管理体系架构平台，展示各处室的职责清单，当发生组织机构变动时，导出相应需要合并或拆分处室的职责，通过流程角色的匹配，快速进行改变。

4）建立流程体系，共建立四级流程，分别为：流程区域、流程功能组、管理流程、工作流程。流程区域是对企业一个完整的业务范围的描述，包括50个领域。流程组由一类流程构成，每一个流程组表示一类相似的工作或者一类相似的对象。采用EPC（事件驱动的流程）模式绘制具体的流程和工作流程，流程中包括事件、功能、表单、角色、流程、风险点、内控点、流程接口。所有审批步骤为两步及以上的均编制流程图。以流程为核心载体，把实际业务流程中的表单和软件审批串联起来，每个流程有入口和出口，每个步骤有具体的角色或岗位，每一个流程有输出产品包括报告、审批表等，流程可以跨程序和跨领域，消除流程孤岛。

5）建立表单管理体系，将表证单书视为实际的流程的表现形式，同一个表单仅能出现在一个流程中。以表单为流程，以流程为媒介，实现表单同岗位的衔接。各处室消除存于本处室主页及电脑中的表单，通过公司主页查询设立唯一的表单查询渠道，保证内部控制实施的有效性。

6）将内控风险同管理体系进行整合，首先将风险内控管理部门同体系管理部门合并，体系管理科负责体系管理和风险内控管理。按照国资委内部控制指引，梳理管理流程中的风险点和内部控制点，将风险点、控制点标注到管理流程和工作流程中，而不是将内部控制流程单独编制。每个管理制度的附录中包括一个风控信息表，包括风险对应控制措施的频度、方式、表单等，同内部控制手册动态相关联。公司管理层想了解公司内部控制风险点在哪里，直接从管理体系架构平台中进入风险模块即可以看到，制度在升版时相应的风险内控点同步更新。消除内部控制手册流程与管理制度中流程的"两张皮"，也消除了日常流程频繁变动导致的内部控制手册流程同实际运作流程不相同的问题。

7）将指标同管理体系整合，在每一份制度附录最后一节中增加指标说明页，对制度、流程相关指标的指标名称、指标定义、基础数据、计算公式、阈值、统计处室、统计频度、最小对象进行说明，制度升版时一并修订。

3.4 管理体系设计支持管理变革

组织机构需要变化时，梳理相应管理组织的六大管理要素，通过对管理要素的分析，快速制定解决方案。通过流程纵向穿透和横向衔接，将要求贯彻到执行层，若管理要求发生变化，只需将新的管理要求匹配到流程环节，便可迅速落实到岗位。若组织岗位发生变化，只需修改部门与岗位、岗位与流程的匹配关系，便可动态导出新部门、岗位的职责，各级人员就能够快速了解所要遵循的全部管理要求，准确实施职责梳理和审查，快速实现管理变革和流程落地。

（1）设立新生产单元的管理体系变动

按照公司拟设立4个生产单元的变革需求，在管理体系层面开展顶层设计，首先通过模型管理平台导出生产领域分管、主管领导在所有制度、流程的职责到同一个分析表中，从程序流程、队伍建设、日常生产、大修、技术文件、技改、物资保障、对外服务、部门考核等方面将分管领导同拟设立的厂长进行职责划分讨论，在表格中逐一对应调整，最后要求程序制度编制人员按照讨论结果精准调整相应的流程步骤及管理规定。

（2）处室合并时的管理体系变动

按照公司拟合并的几个部门的变革需求，首先通过模型管理平台导出相应处室制度、流程的职责到同一个分析表中，分析可以保留的职责，并提出优化要求，在表格中逐一对应调整，最后要求程序制度编制人员按照讨论结果精准调整相应的流程步骤及管理规定。

3.5 对公司部门职责梳理

对公司所有处室职责进行梳理，通过模型管理平台将所有60个处室在各制度中的职责导出到一张表中，各处室自评后，由体系管理人员对相应的问题进行梳理，包括职责分配不当、职责描述不清、职责/流程优化三大问题，同相应处室充分沟通后提出优化方案，发现仍存在争议没有落实的问题。对比传统的职责梳理，制度模型将一千多份制度中相应处室职责无一遗漏地导出到一张表中，极大提高了职责梳理的效率和准确程度。2017年，按照国家发改委、国家能源局等四部委检查梳理职责的要求，10分钟内即完成了处室职责导出，3个月内即完成了对1000余份制度的梳理，并制定了制度升版计划。传统的制度体系管理很难做到这一点。

3.6 开发管理体系架构平台

开发了管理体系架构平台（见图1），突破传统制度停留在纸面上的问题，利用平台，可以清晰准确地看到上千份管理制度中各处室、关键岗位（公司管理层、各处室负责人）对应的管理要素，落实管理要求，实现管理体系同信息化深度融合。所有员工可以通过公司网页访问本处室、岗位相应的制度、流程、上游文件、职责、制度、风险、指标，也可以看到接口处室的职责、流程等关键管理要素，保证了管理体系要求落实到岗位，所有信息同当前管理制度关联。

图1 管理体系架构展示平台

3.7 将三体系认证危险源、环境因素辨识用于现场作业风险分析

将制度管理要求、三体系认证辨识的危险源、经验反馈重大风险事件、技术文件等体系数据同作业风险分析单有机结合，开发作业风险评估软件平台，平台可以通过作业地点展示所在区域的危险源、环境因素，通过作业类型展示相应的国内外重大风险事件，实现体系管理与现场作业风险管控的深度融合。

3.8 管理制度要求同"每日一条安全信息"相关联

各处室轮流编制"每日一条安全信息"，将本部门需要提示的安全信息、经验反馈通过PPT的形式展示出来，同时必须说明该事件违反了公司哪项管理制度要求，每天公司内部任何会议的第一项任务就是学习"每日一条安全信息"，确保重要管理要求落地。

3.9 体系评审、流程优化评审、内控诊断联合开展

编制体系内审、流程优化评审，内部控制诊断联合审查计划，同时审查管理制度的执行情况、流程的优化情况和内部控制风险点、控制点的执行情况。每年集中征集管理问题，通过领域总体组审查年度流程优化项目，制定TOP流程优化计划，在流程优化实施完成3个月后，由企业管理处组织对流程优化情况进行评价。通过内控诊断，评估内部控制风险及内部控制的变化情况，更新相应管理制度。内部控制手册可随时从管理体系模型管理平台直接导出，保证同管理制度的一致性。

4 实施效果

4.1 保证了秦山一体化改革的顺利实施

由于建立了一个统一的管理体系，各电厂职能部门开始协同思考和设计企业的管理体系。由于各类管理制度均通过管理模型生成和输出，所以，当职能部门的管理者要发布新的管理制度时就必须修改管理模型，而修改管理模型时他们可能会发现相关的内容已经被其他职能部门锁定了，因为其他职能部门已经提出了相应的管理要求。因此，各职能部门间必须协调一致才能完成最终的修正。这在很大程度上可以规避现在五花八门的管理文档由不同的部门或项目团队撰写，相互之间重复、冗余甚至冲突的问题，保证了改革的顺利实施。

4.2 管理者不再靠重复撰写大量的制度和流程文档来构建和说明管理体系

传统上，企业内部的管理体系是通过撰写一本本的制度和流程文档来构建的，而每一次的修撰都会需要编写定义、流程等管理要求，且不说质量如何，工作本身就十分繁琐。通过体系建设，建立一个统一的管理模型来构建企业的管理体系，管理者的主要工作是将管理思路在此模型中加以体现和显性化。这是一个全面梳理管理思路的过程，而且可以持续进行，而管理定义、流程的出具则交由模型管理平台ARIS系统来完成。管理者更多地关注于管理体系的分析和优化，这无疑是一次革命性的转变。

4.3 从管理要素的细度来构筑企业的标准化和精细化管理基础，将管理体系的标准化和精细化提高到一个新的境界

将企业的管理体系细化成由定义、上游文件（依据文件/参考文件）、职责、流程、表单（附录）及风险、指标等众多管理要素构成的综合体。首先实现这些管理要素的标准化，然后再由这些"标准组件"来搭建企业的整体管理模型，并最终输出相应的管理文档。比如，首先建立"组织岗位"的模型，明确维护此模型的负责人。之后，任何管理要求的模

型构建都只能引用"组织岗位"模型中的岗位信息，从而彻底避免目前大家各说各话的现象，也为企业组织及岗位设定的标准化打下基础。需要指出的是，这些都是靠信息化技术来保证的，而不是靠人的自觉和认真来实现的。

4.4 增强了管理体系设计的柔性，适应企业的高速发展和变化

传统的管理体系设计靠撰写管理文档来实现。一旦管理现状和要求发生变化，就要同步修改这一堆管理文档。事实上这是件很困难的事。比如，现有的管理文档中都大量引用了组织架构的信息，最常见的描述就是"某某岗位负责某某事"。那么，当组织架构发生大的调整时，原来所有的管理文档需再重写一遍。改进后，只需将组织架构模型及相关的关联信息进行调整，整个管理体系模型的修正也就完成了，基于此模型生成的管理文档也就同步修正完成了。这就是管理体系标准化和模型化的价值。流程图通过角色、授权条件和角色图的关联，实现了组织与流程的"松耦合"。但组织架构发生变化时，新的组织架构通过新的授权条件与原有流程重新进行匹配，然后自动生成新的管理文档执行。当然，实现了组织与流程的"松耦合"后，如果组织架构变化后，流程改动的量相对传统将极大减少，而且处于一种可控制的状态。

4.5 以业务流程为纽带，实现了多管理主题的整合

传统上，管理者通过撰写和发布大量管理文档让员工知道应该如何开展工作。现在，体系管理维护的是一个统一的管理模型，产生这些管理文档的主要目的已不再是让员工来看，而是让管理者来确认管理模型所描述的管理思路和要求是否正确。员工工作时可以直接从管理体系架构展示平台中知晓本岗位的员工相关的所有业务流程和活动，以及与这些活动相关的所有工作要求。这些工作要求可能来自不同管理主题，而且会随着相关管理主题的管理要求的变化而同步变化。这样，员工就不再需要去翻阅各类管理文档，只要看管理体系架构平台就可以了。从根本上解除了日益复杂的管理体系给执行者造成的无所适从的困境，为员工执行这些管理要求创造了可能性。

4.6 提高了认识和分析自身管理问题的能力

由于企业的管理体系通过建模技术变成了一套由标准化的管理要素搭建而成的"沙盘"模型，因此比以往更为精细的分析和优化就成为水到渠成的事了。企业的管理是过严还是过松了，现有流程是否存在信息断点、组织断点和流程断点，哪些岗位的工作负荷可能过重，哪些岗位又可能无所事事，哪些流程是企业的关键流程或关键能力，目前的授权体系是否有风险，哪些签字是多余的，哪些需要的签字没有签，大量类似的问题，都可以通过模型管理平台给出科学的分析报告。管理者的更多时间将花在模型分析上，而不是翻来覆去地撰写管理文档。企业对于管理体系的设计和优化水平必将达到一个前所未有的高度。同时，可以直观看到本处室、岗位的相应风险及内控信息，有针对性和目的性地识别风险，提高了风险应对和内部控制能力。

4.7 实现体系审查的合力

以风险和问题为导向，联合开展体系认证内部审查、内控风险诊断，核质保监查。实施年度 TOP 流程优化，发现问题，持续改进，促进管理体系的"自我完善"。

4.8 为支持中国核电"标准化"战略实施起到积极促进作用

按照秦山"核电业务标准化"为一翼的"一体两翼"战略引领，通过历时七年的管理体系建设，整合三家核电公司的管理体系，通过了三体系认证、两化融合认证，优化了全面

风险管理与内部控制体系。为整合体系及风险管控资源，融合多管理体系，创新了建设方法、完善了业务流程，构建了以制度为载体，以流程为核心的"六位一体"标准管理体系。2018年，中国核电已在各成员公司全面开展标准导则的编制工作，经过长时间的考验和实际运作，中核运行的管理体系、管理方法及相关平台成为了主要的依据体系和运作平台，中核运行"六位一体"标准管理体系建设为承接核电标准化战略实施打下了良好的基础并起到了积极促进作用。

参考文献

[1] 中国认证认可协会. 质量管理体系审核员 2015 版标准转换培训教材 [M]. 北京：中国质检出版社, 中国标准出版社, 2015.

[2] 北京质量协会. 2015 版质量管理体系审核员实用教程 [M]. 北京：中国铁道出版社, 2015.

[3] 约瑟夫 M 朱兰. 朱兰质量手册 [M]. 5 版. 北京：中国人民大学出版社, 2003.

[4] 詹姆斯 J 罗尼. 有效驾驭风险：一种判定决策中潜在风险及其负面效果的有效流程 [J]. 李文远, 译. 中国认证认可, 2017（2）：27-32.

[5] 理查德 E 马洛里. 过程成熟度测量：过程成熟度测量有助于预期一个组织体系运行结果 [J]. 李文远, 译. 中国认证认可, 2017（7）：15-17.

[6] 戈文德·拉姆. 整合管理体系有效提升组织一体化管理：在 ISO 9001：2015 转版过程中有效整合组织的管理体系 [J]. 李文远, 译. 中国认证认可, 2017（9）：31-35.

[7] 德文 I 麦克罗伊. 深入问题核心, 发现缺陷的根本原因 [J]. 刘健, 译. 中国认证认可, 2017（12）：23-25.

[8] 戈文德·拉姆. 实施最有效的管理评审：如何才能增加质量管理体系管理评审会议的价值？[J]. 李文远, 孟凯, 译. 中国认证认可, 2018（4）：21-23.

[9] 李在卿. 准确理解 ISO 45001 标准, 做好职业健康安全管理体系转化 [J]. 中国认证认可, 2018（5）：22-25.

[10] 秦山核电. 质量、环境和职业健康安全管理手册 [Z]. 2018 年 1 月.